水之行，避高而趋下，
兵之形，避实而击虚。

BEYOND THE TRADE WAR

超越贸易战

主　编　杨再平
副主编　戴　硕

中国金融出版社

责任编辑：李　融　董　飞
责任校对：李俊英
责任印制：程　颖

图书在版编目(CIP)数据

超越贸易战（Chaoyue Maoyizhan）/杨再平主编. —北京：中国金融出版社，2018.8

ISBN 978-7-5049-9423-3

Ⅰ.①超… Ⅱ.①杨… Ⅲ.①国际贸易—贸易战—研究 Ⅳ.①F742

中国版本图书馆CIP数据核字（2018）第020009号

出版发行 中国金融出版社
社址 北京市丰台区益泽路2号
市场开发部 (010) 63266347，63805472，63439533 (传真)
网 上 书 店 http://www.chinafph.com
(010) 63286832，63365686 (传真)
读者服务部 (010) 66070833，62568380
邮编 100071
经销 新华书店
印刷 北京市松源印刷有限公司
尺寸 169毫米×239毫米
印张 17
字数 230千
版次 2018年8月第1版
印次 2018年8月第1次印刷
定价 52.00元
ISBN 978-7-5049-9423-3

本书编委会

目录

第三篇 博弈推演篇

贸易战毕竟不同于真刀真枪、你死我活流血的军事战争，而是体现于贸易的国家利益算计、冲突与较量。这里更需要懂贸易、善贸易战的专业博弈，而不是情绪化的热战冷战思维应对。专业应对须遵循基本的国际贸易规则以及贸易战规则，善用贸易战常规及非常规武器，按规则出牌博弈，从而“有理有利有节”地应对。

第四篇 超越战略篇

在战略空间上，不要局限于贸易战之“一城一地”，而是要从更广阔的战略空间出兵发力，是为“战略空间超越”。

第五篇 和平发展篇

贸易战无赢家，而贸易发展可让各方多赢，让世界更美好。所以，虽迫不得已我们须应对贸易战，但在互相尊重的基础上，按世贸组织等既有多边框架国际规则协商解决贸易争端与摩擦，终战止战，和平发展，仍应成为我们的首选。这符合中国人内在的国民性。

导语

本书从策划到成稿历时两年。这两年，我们一直在跟踪观察诡谲多变的世界各主要经济体之间的贸易争端与摩擦。尽管包括中国在内的各相关方前期正式官方语言都讳言贸易战，或者都在极力避免贸易战；尽管中美双方曾就经贸问题开展多轮磋商，力图解决分歧，实现双赢，但是美方置双方已经形成的共识于不顾，反复无常，美国总统特朗普最终批准了对大约500亿美元的中国进口商品加征25%关税，挑起了对中贸易战。很显然，世界各主要经济体之间贸易混战之“潘多拉魔盒”已被打开，全球已不以多数国家或经济体的良好意愿为转移而进入了“贸易战国”时代。

《孙子兵法》开宗明义：“兵者，国之大事，死生之地，存亡之道，不可不察也。”贸易战，虽或不如真战难免人员伤亡。但既称“战”，难免经济伤亡，不言而喻，当然也是“国之大事，死生之地，存亡之道，不可不察也”。这正是策划编写本书的大理由。

我们将书名定为《超越贸易战》。如果说，这个书名有点独出心裁的新意，这应归功于本书出版单位中国金融出版社的魏革军社长。在我与他讨论该书定位时，我说不局限于贸易战，而是要跳出贸易战谋划应对方略，魏社长脱口而出：Beyond the trade war，《超越贸易战》，书名就这么定了。

何谓“超越贸易战”？一曰战线范围超越。美方悍然发动以中方为重点攻击对象的贸易战，真的只因贸易失衡，只为减少其贸易赤字，增加其就业岗位，而单纯挑起贸易战？现在已然明白，“项庄舞剑，意在沛公”，美方挥舞贸易战之剑，更意在阻止一个新兴大国的继续发展。其明显剑指“中国制造2025”，对我中兴公司下狠手，已充分暴露其战略意图。其对中国经济崛起的焦虑昭然若揭，其阻止中国继续发展的处心积虑昭然若揭。对方的战略意图已然超越贸易战，我对战线范围的认知岂能局限而不超越贸易战?

二曰专业博弈超越。贸易战毕竟不同于真刀真枪、你死我活流血的军事战争，而是体现于贸易的国家利益权衡、冲突与较量。这里更需要懂贸易、善贸易战的专业博弈，而不是情绪化的热战冷战思维应对。专业应对须遵循基本的国际贸易规则以及贸易战规则，善用贸易战常规及非常规武器，按规则出牌博弈，从而“有理有利有节”地应对。我们在“博弈推演篇”分别阐述的精准应对关税战、还治其人非关战、依法维权诉讼战、有利有节汇率战、据理力争准入战、纵横捭阖协定战，正是上述思想的体现。

三曰刚柔相济超越。“凡为将者，当以刚柔相济，不可徒恃其勇。若但任勇，则是一夫之敌耳。” 这是《三国演义》第七十一回曹操作手书与之夏侯渊军营所言。刚柔相济，乃兵法之要义。有《孙子兵法》为证：“夫兵形象水，水之行，避高而趋下；兵之形，避实而击虚。水因地而制流，兵因敌而制胜。故兵无常势，水无常形；能因敌而制胜者，谓之神。”用老子《道德经》注解：“天下莫柔弱于水，而攻坚强者莫之能胜。以其无以易之。柔之胜刚，弱之胜强，天下莫不知，而莫能行。” 我们的太极拳讲究“以柔克刚、借力使力、以弱胜强”，也是这一兵法及老子《道德经》思想的体现。面对来势汹汹的贸易战，就须娴熟运用刚柔相济的兵法，善打太极拳，有避有让，避高趋下，避实就虚，以柔克刚。

四曰战略空间超越。“凡战者，以正合，以奇胜。故善出奇者，无穷如天地，不竭如江海。……战势不过奇正，奇正之变，不可胜穷也。奇正相生，如循环之无端，孰能穷之哉。” “正合奇胜”兵法，首先体现在战略空间的奇正变幻上。“中国是一个大国——‘东方不亮西方亮，黑了南方有北方’，不愁没有回旋的余地。”这是当年毛泽东主席在《中国革命战争的战略问题》中提出的一个著名论断。这一论断对当今中国必须应对的全球贸易战颇具借鉴意义。“农村包围城市”“不争一城一地之得失”“打得赢就打，打不赢就走，你打你的，我打我的”，毛泽东主席的这些重要军事思想更可直接应用于当今这场全球贸易战。概而言之，就是在战略空间上，不要局限于贸易战之“一城一地”，而是要从更广大的战略空间出兵发力，是为“战略空间超越”。我们在“超越战略篇”分别阐述的何必过分倚重外需这驾“马车”、优化出口结构是王道、东方不亮西方亮、实施“一带一路”大倡议、博弈国际治理大棋局，正是这一战略思想的体现。

五曰自身内功超越。毋庸讳言，这场全球贸易战初战已暴露出我方软肋，那就是我们在国际产业分工及价值链上处于低端劣势，很多方面技不如人，中兴上游技术供应链遭禁而惶恐教训深刻。所以，要赢得贸易战，还必须苦练内功，超越自我。只有苦练内功，超越自我，超越目前仍处国际产业分工及价值链低端的自我，才可能超越全球贸易战。

六曰持久卧薪超越。上述目标，当然不可能一蹴而就，而是要假以时日。就是说，要有打持久战的思想准备，不要幻想速战速决。还要有暂时吃亏的思想准备，不要幻想所谓“完胜”。假以时日无可虑，只要我们现在就开始，就从长计议，就知行合一，就付诸行动，十年卧薪尝胆又何虑之有！只要这场全球贸易战能激发我们卧薪尝胆、奋发图强的坚强意志与实际行动，暂时吃亏而最终胜利，坏事变好事，岂非令人鼓舞之大“超越”？

七曰和平发展超越。贸易战无赢家，而贸易发展可让各方多赢、让世界更美。所以，虽迫不得已我们须应战，但在互相尊重的基础上，按世贸组织等既有多边框架国际规则协商解决贸易争端与摩擦，终战止战，和平发展，仍应成为我们的首选。这符合中国人内在的国民性。早在17世纪初，英国学者罗伯特·勃顿就在其著作中称赞中国人“和平而安静”。20世纪20年代，英国著名哲学家罗素在他的《中国问题》一书中写道："中国至高无上的伦理品质中的一些东西，现代世界极为需要。这些品质中我认为和气是第一位的"，这种品质"若能够被全世界采纳，地球上肯定会比现在有更多的欢乐祥和"。"和为贵""和气生财"，这一处世哲学无疑可推广于全球。这正是本书"和平发展篇"围绕"构建人类命运共同体"所阐述的重要理念。

全球贸易战也须遵循孙子兵法的胜战律："夫未战而庙算胜者，得算多也；未战而庙算不胜者，得算少也。多算胜，少算不胜，而况于无算乎？"我们策划编写本书意在为应对全球贸易战之庙算抛砖引玉。

1

BEYOND
THE TRADE WAR

超越贸易战

第一篇 贸易战国篇

○ 美国选战与贸易宣战

○ 战云密布全球紧张

○ 中国首当其冲

两年前，特朗普在总统选战期间即对贸易发出宣战，待其入主白宫后，贸易战“潘多拉魔盒”便被打开。

时至2018年3月初，特朗普突然宣布，将对美进口钢铁加征25%的关税，对进口铝产品加征10%的关税，并且关税将维持“很长一段时间”。

6月1日，特朗普宣布针对欧盟、加拿大和墨西哥加征25%的钢铁产品关税和10%的铝制品关税。欧盟随后在6月6日宣布，鉴于美国对欧盟钢铝产品加收高额关税，欧盟将从7月起针对28亿欧元的美国产品加收报复性质的关税。加拿大政府宣布将对总价值128亿美元的进口美国商品征收报复性关税。

6月15日，美国正式公布针对中国的“301关税”制裁清单。对500亿美元从中国进口的包括高科技以及与“中国制造2025”相关的产品征收25%的关税。此外，投资限制、对中国个人与先进工业技术出口控制等规定将在6月30日公布。6月16日，中国宣布对美国采取同等规模、同等力度的征税措施。6月18日，特朗普威胁将额外对中国2000亿美元的商品加收10%的关税。

至此，美国挑起的贸易争端已经覆盖了世界上主要的经济体，各国与美国的贸易摩擦还会波折不断，时而缓和、时而激化。但无论各方做出怎样的努力，贸易战还是未能避免，一场世界范围内的贸易纷争已经风起云涌，“贸易战国”时代已经来临。

美国选战与贸易宣战

2016年，一场空前的选战将唐纳德·特朗普（Donald Trump）推送上美国总统的宝座。这位从未涉足政坛的房地产大亨在纷纷攘攘的选战中战胜了热门人物希拉里，令很多人大呼意外。而自参选以来，特朗普惊世骇俗的言论和特立独行的作为，更令原本就已动荡不安的世界再添变数。

2017年，特朗普上任伊始即雷厉风行，“新官上任，到处点火”，密集出台新政，令全球为之侧目。从令全球哗然并最终遭到美国大法院抵制的“禁穆令”，到退出奥巴马政府精心策划的泛太平洋伙伴关系协定（TPP）；从在墨西哥边境修墙，到推翻奥巴马政府的“气候行动计划”和医改政策；从与媒体擦枪走火，到内阁重组新人辈出，特朗普一反常规的旋风式作为，掀起一股前所未有的新风向。

特朗普所表现出的强烈的“美国第一”的自我情结，反全球化的封闭倾向，略显过激的强硬风格，不按牌理出牌的任性手段，向外界传达了充满不确定性又极具威胁感的信息。人们纷纷担忧，全球贸易保护主义势力抬头，贸易战阴云或已压顶。

参选时语出惊人

早在参选之时，特朗普就频发惊人之语。2016年4月27日，在美国大选初选中引人瞩目的共和党参选人特朗普在华盛顿发表了他的首次外交政策演讲。人们发现，一贯擅长煽动性言辞和讲段子的特朗普风格大变，变身成“严肃的段子手”。此时，特朗普还没有成为正式的共和党总统候选人，他通往白宫的道路可以说是关隘重重、迷雾茫茫。但此时，特朗普已经十分鲜明地传递出了“美国第一”的理念，在贸易政策上流露出保护主义意图，并把中国描述成一个充满威胁的竞争对手，竟然认为中国加入世贸组织是“比基地组织还要可怕”的事情。

“美国第一”，从一开始就成为特朗普的鲜明口号。“我的外交政策永远将美国人民、美国安全放在第一位。这将是我作每个决定的基础。我带领的政府，‘美国第一’将是主要也是永远的主题。”

特朗普对开放包容的全球化理念不感兴趣，对现有贸易秩序充满不满和不屑。“我们也将改变贸易、移民和经济政策来使我们的经济再次强大——让美国人再次成为世界第一。这将保证我们的工人能够得到工作，获得高薪，这将使税收增长，从而增强国家的经济实力。”

对于中美贸易，特朗普流露出复杂的情绪，或许是赞叹或许是嫉妒中国现在的发展，并对中国对美贸易顺差耿耿于怀。“中国尊重强国，让他们在经济上占据优势，我们已经失去了他们的尊重，我们和中国有庞大的贸易赤字，我们必须尽快找到方法来平衡这种赤字。强大、聪慧的美国一定是能和中国结交好友的美国。我们可以彼此获益，而互不干涉。”

尽管特朗普提出“彼此获益”这样看似温和的观点，但同一场演讲中，特朗普针对贸易的言论仍是咄咄逼人。“我们将不再把这个国家或人民交给全球化的虚假赞歌。民族国家仍然是幸福、和谐的基础。对那些将我们约束起来、降低美国地位的国际联盟我持怀疑态度，我绝对不会让美国参与任何降低控制自己事务能力的协议。举个例子，北美自由贸易协定就是美国的一次灾难，该协定掏空了美国的制造业和工作机会。但历史永不会重演。相反，我们将保留我们的工作机会，并引进新的工作机会。对于那些离开美国只是为了利用美国的公司来说，会有惩罚性后果的。”

特朗普认为全球化不过是“虚假赞歌”，这也就不奇怪为什么观察家们都认为这匹“黑马”掀起了一股反全球化的浪潮。

在接下来的竞选演讲中，尽管特朗普屡放大炮，为外界瞩目，但他的核心思想却一以贯之，并不断进行新的演绎。2016年7月21日，为期4天的美国共和党全国代表大会在美国俄亥俄州克利夫兰市落下帷幕，特朗普当晚正式宣布接受总统候选人提名，并在速贷体育中心面对数万名支持者发表演讲。在这次演讲中，特朗普公开宣称要与中国重新进行贸易谈判，“我们要把一切都推倒重来”。

他再次流露出反全球化意图，并称美国之前签署的贸易协议是“灾难性的”。“我已经做了百亿美元的生意，现在我要让我们的国家更富裕，我要改变糟糕的贸易协定。由于比尔·克林顿和希拉里·克林顿支持的灾难性的贸易协定，自从1997年，美国已经丢失了近1/3的制造业岗位。记住，是比尔·克林顿签署了北美自由贸易协定，这个我们国家史上最糟糕的经济交易。决不能重演了！我要把我们的工作带回俄亥俄，带回美国，我不会再让公司搬到其他国家，在这过程中不计后果地解雇员工。而另一方面，我的对手（希拉里）支持几乎每个摧毁我们的中产阶级的贸易协定。她支持北美自由贸易协定，支持中国加入世贸组织——这是她丈夫的另一个巨大错误。她支持与韩国之间造成失业的贸易协定。她支持TPP，TPP不仅会摧毁我们的制造业，还会使美国服从于外国政府的裁决。我承诺永远不会签署任何会伤害我们的工人，或减少我们的自由和独立的贸易协定。我会代之以与个别国家达成私下的交易。”

尽管特立独行的特朗普在竞选伊始不被看好，民调数字与媒体呼声似乎都倾向于支持他的竞争对手希拉里，但是他的鲜明个性也吸引了大量粉丝，特别是在网络阵地上，他与众不同地以推特为舆论阵地，赢得了不少民众支持，事实上，美国社会也在这场大选中分裂为两大阵营。当对手希拉里因“邮件门”等负面新闻缠身时，很多对希拉里失望的人也转向特朗普。很多选民无奈地将自己称为“不情愿的投票者”，在进行“艰难选择”。2016年11月，美国大选投票开始，依然充满悬念。最终，特朗普以274:218的选票战胜希拉里。

尽管很多人认为这是一个爆冷的结局，但是特朗普的当选还是反映出美国社会一些阶层对移民、失业、复苏乏力等现状的不满和对变革的渴望。而观点激进的特朗普在一些选民看来，是说了大实话。一些美国人隐隐约约担忧美国正处于“衰落”之中，特别是那些对生活现状不满的中下层白人，成为特朗普的坚定支持者，而“让美国再次伟大起来（Make America Great Again）！”的竞选口号赢得了一部分人心。在医疗保险、气候变化、移民政策等问题面前，在一些人看来，讲究“政治正确”，不如来点“真性情”。特朗普的支持者认为他可以带领美国走出现在的僵局。

可是，特朗普的反全球化的主张，“孤立主义”“封闭主义”的倾向，“美国第一”、自我中心的原则，对全球而言，却具有威胁性，火药味十足的贸易战阴影开始浮现。

上任后惊世骇俗

“我上任后，这一切都将改变”，早在竞选演讲时，特朗普就信誓旦旦地承诺自己将履行参选诺言。

2017年1月20日，特朗普就任美国第45任总统，上任一个月内就发布了46次行政令，创历史先河，体现出一种强烈的行动派作风。就职后的首个工作日（美国时间1月23日），特朗普就宣布退出TPP；第二天（1月24日），签署政令要求建造美国和墨西哥之间的“边境墙”；第五天（1月27日），签发“禁穆令”，令各界瞠目结舌。种种作为，都似在履行承诺，在把竞选时的主张变为现实。尽管不少政策引发争议，外界一片哗然，但是特朗普依然表现出坚决贯彻到底的强硬立场。这也让人不禁猜想，特朗普既然言必信、行必果，断然推行他的种种主张，那么他关于贸易政策的想法是不是也将不打折扣地贯彻到底？如果真是这样，全球贸易战或将一触即发。

除急不可耐地履行竞选诺言以外，特朗普还以出人意料的富有攻击性的做法清扫工作障碍。2月24日下午，白宫出现奇特一幕，《纽约时报》、美国有线电视新闻网（CNN）、《洛杉矶时报》等多家媒体被拒之门外，不得参加白宫小范围记者吹风会，获许参会的美联社和《时代》周刊记者退出以示声援。事情的起因是特朗普认为媒体“说谎”，也就是说，他不愿意接受舆论对他所推行的宏伟事业的指指点点。3月4日，特朗普更是出乎意料地在推特上指责前总统奥巴马在他竞选期间监听他，全球再次哗然。

种种作为不但挑战了美国一直标榜并倡导的多元化、民主化传统，体现出一种独裁倾向、铁血手腕、个性做派，同时也表明这位不按常理出牌的新总统将会为推行他的主张不惧任何阻力。

一方面，特朗普雷厉风行地推行自己的竞选承诺；另一方面，又以秋风扫落叶之势对反对者、不配合者、不同声音者采取火药味十足的攻击做法。以同样的风格，美国挑起贸易争端，也同样这般横冲直撞、不可预测。

“从今天起，一个新的愿景将领导这片土地。从今天起，只有美国第一、美国第一！”2017年1月20日，特朗普就任美国第45任总统发表就职演说，并再次强调了他鲜明的保护主义主张，“每一个贸易、税收、移民和外交的决定都将以美国劳工和美国家庭的福祉为第一考虑。我们必须保护我们的边界免受他国蹂躏，他们生产我们的商品，偷走我们的公司，破坏我们的工作机会。只有保护，才能带来繁荣富强。我会倾尽全力为你们而战，而我永远不会让你们失望”。

本着这种保护主义思维，特朗普的就职演讲中有些论调显得咄咄逼人。“我们将夺回我们的工作。我们将夺回我们的边界。我们将夺回我们的财富。我们将夺回我们的梦想。在我们辽阔的土地上，我们将建设新的道路、高速公路、桥梁、机场、管道、铁路。我们将让我们的人民不再依赖福利，而是重返岗位。用美国工人的双手重建我们的国家。我们将遵循两个简单的原则：买美国货，雇美国人！”他认为应该用“夺回”的办法维护美国利益，而这样做的结果无异于制造纷争。“买美国货，雇美国人”这两个特朗普式的两大简单原则，也就意味着在贸易政策上，特朗普可能会采取贸易保护主义策略，并可能通过争论、纠纷乃至贸易战的手段实现这两大简单原则。

“如果说白宫以前的新主人希望人们用执政的头100天来评价自己，那么特朗普似乎希望用头100个小时。在现代史上从来没有哪位总统一开始就在这么短时间内在这么多领域采取过这么多行动”，美国媒体这样评价特朗普上任以来雷厉风行的种种惊人之举。

退出 TPP 以显贸易保护决心

就职后的首个工作日，特朗普就对美国现有的贸易政策动刀，宣布退出TPP。这也体现了商人出身的特朗普对国际贸易的重视，只是这种重视，却可能表现为贸易保护、贸易壁垒乃至贸易战争。这位“黑马”总统初登白宫舞台就效率神速、四面开花，尽管仍未形成有体系的贸易政策主张，但听其言、观其行，仍可以从他上任以来的大事小事中发现其贸易保护主义倾向、反全球化思维以及打贸易战的动机。具体而言，特朗普的新贸易政策表现出以下三大特点：

第一个特点是贸易保护主义，积极保护美国企业，特别是美国制造业。“买美国货，雇美国人”成为特朗普就职演说所提到的两大简单原则。

美国时间2017年1月23日，特朗普宣布退出TPP，果断决绝，毫不拖泥带水。上任伊始就对前任的贸易政策开刀，而这一政策将对亚太地区的贸易体系产生深远影响。他竞选时的对手希拉里在担任国务卿期间曾积极支持TPP，这也是奥巴马政府的重点外交政策目标之一。外媒因此评价说：“这是白宫新主人上任后扔向世界的首枚‘经济炸弹’，其冲击波将加速现有世界经济版图和全球贸易市场的分化与裂变，对世界各大经济体、主要贸易大国和地区贸易大国，既是机遇亦是挑战。”

2017年3月1日，美国贸易代表办公室发布的《2017年贸易政策议程报告》，更准确地表明美方立场，报告说，通过退出TPP，特朗普发出了美国将对贸易议题采取全新应对方式的清晰信号，同时这也为美国与TPP成员展开潜在双边贸易谈判铺平了道路。

但是，特朗普之所以这样做，也有他的算盘。他认为，TPP“对美国制造业将是致命的一击”，因此保护美国企业是他的核心出发点。早在2016年7月21日，特朗普在竞选时就表示，“TPP不仅会摧毁我们的制造业，还会使美国服从于外国政府的裁决。我承诺永远不会签署任何会伤害我们的工人或减少我们的自由和独立的贸易协定。我会代之以与个别国家达成私下的交易”。退出TPP，体现了特朗普“自扫门前雪”的封闭倾向和务实策略，更加关注国内建设和美国利益，而不是以经济利益损失为代价徒然争夺美国的在外影响力。

特朗普一直大力倡导将制造业工作机会留在或迁回美国本土，并暂时收到一定成效，包括日本企业在内的一些外国企业宣布加大对美投资，而一些美国企业则回归本土。以汽车业为例，2017年1月3日，福特汽车宣布，将会取消价值16亿美元的墨西哥建厂计划，并斥资7亿美元扩大在密歇根州原有的工厂，预计将创造700个岗位；1月8日，意大利菲亚特克莱斯勒汽车宣布，在2020年前投资10亿美元用于美国中西部两座工厂的设备及现代化升级，将创造2000个工作岗位；1月9日，日本丰田宣布，今后5年将向美国投资100亿美元；1月16日，宝马汽车在受特朗普威胁后回应称，该公司的汽车生产在美国本土化程度很高，在美国直接和间接雇用了7万人；1月17日，通用汽车宣布在美国投资10亿美元，新增7000个工作岗位；此外，现代汽车也承诺，未来5年将增加50%在美投资，用于研发自动驾驶汽车、人工智能等。

“自我当选以来，福特、克莱斯勒、通用汽车、斯普林特、软银、洛克希德、英特尔、沃尔玛和许多其他公司已经宣布它们将在美国投资数十亿美元，并将在美国创造数以万计的新工作”，这是特朗普2017年3月1日首次在美国国会联席会议上发表国情咨文时的自我表扬。

不过，无论是外国企业投资，还是本土制造业回归，本身都是市场化的行为。在全球化的浪潮下，跨国企业的生产与经营已经形成复杂严密的链条，你中有我，我中有你。而反全球化的保护主义做法，如果违反市场规律，必将成为市场逆流，终将损害包括自己在内的各方利益。

第二个特点是反全球化，倾向于实施单边主义策略。

“我们将不再把这个国家或人民交给全球化的虚假赞歌……对那些将我们约束起来、降低美国地位的国际联盟我持怀疑态度，我绝对不会让美国参与任何降低控制自己事务能力的协议。”早在竞选期间，特朗普就对美国的国际贸易现状不满，认为全球化可能损害美国利益。

作为其反全球化观点的一个反映，特朗普上任后又对世贸组织充满不屑并公开叫板。2017年3月1日，美国贸易代表办公室发布的《2017贸易政策议程及2016关于贸易协定项目的总统年度报告》中列举了特朗普政府2017年的贸易议程：确保美国的知识产权所有者具有充分和公平的机会行使权利，并从他们的知识产权中获取利润；严格执行美国贸易法，以防止美国市场被倾销和损害国内产业及工人的补贴性进口而扭曲；执行现有贸易协定的劳工条款，执行关于强制劳工所生产货物的进口、销售禁令；抵制其他国家——或者世贸组织等国际机构成员对于相关条款的解释，如果这样的解释会削弱美国作为成员国的权利或提升美国的义务；必要的时候，对现有贸易协定进行更新，以反映时间和市场条件的变化；保证美国的贸易政策能够加强必需的经济力量和制造业基础，以保持和提高美国的国家安全；强力支持所有的美国工人、农场主、牧场主、服务提供商和企业，无论大小，能得到保证，在美国市场和全世界市场上得到尽可能公平的待遇。该报告在“总统的2017贸易政策议程”部分还指出，美国过去20多年来在国际贸易领域的做法并没有给美国劳工和企业争取到更好的境遇；现在捍卫美国主权、执行新贸易政策的时候到了。该报告甚至主张世贸组织的争端如果不利于美国，则美国将不会遵守。即便世贸组织争端解决机构或上诉机构裁定美国败诉，也不必一定导致美国改变法律法规。

美国贸易专家担心，如果美国抛弃世贸组织走向单边主义，将严重损害多边贸易体系的效力和信誉，加大美国与其他贸易伙伴之间爆发贸易冲突的风险。

我行我素，不愿受制于多边贸易体系的束缚；唯我独大，不愿接受开放包容的全球化理念，这成为特朗普新政府的贸易政策新倾向。作为这种倾向的体现，这份由美国贸易代表办公室向美国国会提交的年度贸易政策议程报告列出了特朗普政府贸易政策的四大重点：维护美国贸易政策主权，严格执行美国贸易法，利用杠杆打开外国市场，就新的更好的贸易协定进行谈判。

第三个特点是颠覆原有贸易秩序，火药味十足，多边及双边贸易关系面临重新洗牌。

早在竞选期间，特朗普就对美国现有的多个贸易协议不满，这其中，包括北美自由贸易协定、TPP、美韩自由贸易协定等，同时也对美国之前支持中国加入世贸组织一事感到愤怒。因此，重新洗牌，重建规则，重新谈判，甚至不惜燃起贸易战火，成为特朗普所下的一大盘棋。在这个过程中，将不缺少争执、纠纷、博弈，甚至掀翻桌子，打贸易战。

“我们要把一切都推倒重来”，作为对洗牌的第一步，特朗普就职的首个工作日就退出了TPP。接下来，又剑指北美贸易协定，强调要重新协商美国、墨西哥、加拿大之间的北美自由贸易协定。这一协定是1994年由时任美国总统比尔·克林顿签订的。美国商务部部长罗斯于2018年3月表示，计划在4月左右推动北美自由贸易协议(NAFTA)谈判。

2018年，美国重新洗牌的动作更加猛烈，于2018年3月宣布将对进口钢铁和铝产品分别征收25%和10%的关税。3月22日，美国表示，将暂时豁免对欧盟、阿根廷、澳大利亚、巴西、加拿大、墨西哥、韩国等经济体的钢铝关税，豁免期将于 5 月 1 日结束。此举引发国际社会的普遍不满，在3月23日召开的世贸组织货物贸易理事会会议上，世贸组织成员就中国和俄罗斯建议的美国钢铝关税措施议题展开讨论，欧盟、日本、韩国、澳大利亚等成员代表均发言，警告美国的这一措施不仅可能影响多方贸易利益，而且会对以规则为基础的多边贸易体制的稳定性构成威胁。

多项政策显示强硬立场

尽管一切仍不明朗，但特朗普火药味十足的强硬风格已浮出水面。不过，强硬所带来的挫折和反弹，会否重塑他的政治个性，还不得而知。在贸易以外的领域，特朗普上任以来的做法也颠覆传统、咄咄逼人，同样的攻击性风格如果复制到贸易领域，后果不可想象。

比如，2017年1月27日，特朗普签署行政令，要求国务院采取“新审查措施”，120天内暂停所有难民入境美国，90天内暂停向伊朗、苏丹、叙利亚、利比亚、索马里、也门和伊拉克七国普通公民发放签证，无限期禁止叙利亚难民进入美国，这就是著名的“禁穆令”。于是，数以千计的反对民众涌入肯尼迪机场抗议，纽约、旧金山、洛杉矶等美国数十个城市也都举行了抗议示威活动。英国首相、加拿大总理等都表示不认可，一些社会名流也对此强烈不满。“短短的一个星期内，美国似乎已经处于一个疯子的掌控之中。”英国著名运动员、电视评论员、节目主持人莱因克尔这样讽刺说："为了证明我们也有点神经错乱，我们会让精神病院的院长对美国进行国事访问。"当地时间2月3日，美国西雅图联邦法官罗巴特判决美国总统特朗普的"禁穆令"违宪，应在全国范围内暂停此项行政命令。在美国三权分立的体制之下，法院的反对有效。

这可能是第一位上任即如此惊世骇俗的美国总统，也可能是第一位上任即遭遇如此强烈反弹和阻碍的美国总统。此后，特朗普不得不宣布将修正这一决定。此外，从与各路媒体打口水仗，到对前任总统奥巴马的窃听指责，乃至宣布扩大美国军备，特朗普的战略攻击大于防守，如此不顾后果、"不择手段"、不惜代价的作风，如果延伸到贸易领域，会不会加重多边及双边贸易摩擦？

"老实说，我接了个烂摊子，一团糟。"2月16日，面对自身的处境和外界的质疑，特朗普替自己辩护说，这都是前任的错，而自己上任以来"已取得重大进展，我不认为有任何一个当选总统能在这么短的时间内完成我们所做的一切"。

在对外政策大洗牌之前，特朗普首先要完成的是内阁重组。2017年1月3日，特朗普宣布提名曾在里根总统时期担任美国副贸易代表的罗伯特·莱特希泽出任美国贸易代表一职。莱特希泽在里根时期，曾在对日钢铁磋商中迫使日本自主限制出口。随后他成为美国钢铁巨头美国钢铁公司的顾问律师，曾严厉指责因过剩产能而加强低价竞争的中国钢铁企业对外倾销，一直要求美国政府采取反倾销关税。一些分析人士认为，莱特希泽具有贸易保护主义倾向，是对华强硬派。

此前的2016年11月，亿万富翁威尔伯·罗斯(Wilbur Ross)受到美国商务部部长的提名，这是一个具有双重面孔的人，一方面熟悉中国，另一方面又主张对华征收重税。一方面，他因与中国公司保有业务往来，而被美国国内一些人质疑是否会影响其与中国打交道时的公正性；另一方面，作为特朗普经济顾问团队的一员，罗斯倡导对中国产品征收重税。

2016年12月，特朗普宣布新建白宫国家贸易委员会，任命彼得·纳瓦罗担任主席，未来该委员会将发挥贸易政策制定的主导作用。新设的白宫国家贸易委员会与国家经济委员会、国内政策委员会等属同级机构，共同组成白宫办公室。该委员会与白宫执行办公室的国家安全委员会也是平级，重要性不言而喻。

该委员会在贸易谈判方面为总统提供具有“革新性战略”的建议，协同其他机构评估制造业生产率和国防工业基础，帮助美国失业者重获合适的就业机会。同时，在国防、基础设施建设等诸多领域的政府采购和项目中，该委员会将负责实施“买美国货、雇美国人”计划，履行总统竞选承诺。

白宫国家贸易委员会是美国未来推行贸易战略的重要一环。为未来实现从多边贸易向双边贸易、从自由贸易向所谓的“公平贸易”转变做积极准备，统筹、整合行政资源，突出该委员会的重要地位，大幅提升贸易政策制定和执行的效率，有助于在对他国经贸政策施压中占得先机。

罗斯、纳瓦罗和莱特希泽在对外贸易方面都有鹰派立场。分析人士担忧，从主要商贸官员的人选来看，特朗普执政后可能更加关注贸易执法而非推动贸易自由化。

进入2018年，特朗普政府的人事更替依旧像走马灯一样。这似乎反映了两件事，一是初任美国总统特朗普所依赖的政治团队依然存在不稳定性，依旧需要治理“烂摊子”；二是频繁炒人、换人也显示出特朗普我行我素的强硬作风，正在组建执行个人意志的强硬团队。

“以后我绝不会再签署这样的政府预算案”，2018年1月23日，特朗普在白宫签署了1.3万亿美元的政府预算案，以避免出现美国在24日零时出现“闭门”的窘境。2018年1月和2月，因国会未能及时通过临时拨款案，特朗普政府曾两度“关门”。但他表示对该法案中的很多内容“不高兴”。政府预算案种种细节未能达成一致，以致于“临门一脚”勉强签署，体现了美国共和党与民主党的摩擦与不和谐始终存在。

“You are fired！”这是特朗普在没有当美国总统之前主持的一档节目《飞黄腾达》里面的口头禅。现在，不按牌理出牌的特朗普又开启了美国总统在推特上炒人的先例。3月22日，就在中美贸易战“擦枪走火”的前一天，特朗普依然在为人事更迭忙碌。他当天在推特上说：“我开心地宣布，约翰•博尔顿将是我的新任国家安全事务助理，2018年4月9日生效。”言下之意，现任国家安全事务助理麦克马斯特遭解职。

这位钦点的“军师”被认为是“战争鹰派”，博尔顿外表文质彬彬，但内心强硬。他曾就职于里根、老布什、小布什三任政府，在国务院、司法部、美国国际开发署等处担任过多个高级职位，以对外政策立场强硬著称。比如，博尔顿曾撰文批判奥巴马政府在外交上“没有骨气”；在担任美国常驻联合国代表期间，博尔顿因立场强硬多次引发外交风波，甚至公开威胁不缴纳联合国会费，以免会费被人“贪污”，令美国和联合国关系紧张。在《经济学人》杂志看来，博尔顿是“美国送到联合国的最富争议的大使”。

事实上，在短短10天左右的时间里，特朗普把包括国务卿、副国务卿、中央情报局局长、总统国家安全顾问在内的要职都换了一遍。

不仅如此，3月上旬，特朗普首席经济顾问、白宫国家经济委员会主席科恩提出辞职。科恩是坚定的自由贸易支持者，曾力劝特朗普放弃征收全面关税，但收效甚微，特朗普向钢铝征收高额关税是引发科恩辞职的导火索。

特朗普的团队看似一片混乱，但是白宫里特朗普的“亲信”越来越多，有外界认为，“白宫组建了一支堪称近四十年来最强硬的总统班底”。在鹰派人士的主导下，美国点起了贸易战的战火。

进退与平衡间的盘桓较量

在2017年的农历春节，特朗普没有像前几任美国总统一样，在大年初一给中国人民拜年。于是引发中国舆论的猜疑，怀疑特朗普是不是疏远或怠慢中国？正月初五的时候，特朗普的女儿伊万卡却来到中国驻美大使馆拜年，还在推特上发表了她的女儿用普通话演唱的中国歌曲《新年好》。

正月十五到来之前的2月8日，特朗普致信中国国家主席习近平，感谢习主席祝贺特朗普总统就任，并祝愿中国人民元宵节快乐，鸡年兴旺。这个迟到的祝福，更加深了人们对这位“不按常理出牌”的新总统的印象。

随后的2月10日，习近平主席同特朗普通电话。白宫当天发表声明说，特朗普当晚与习近平进行了一次长时间的“极其真诚的”电话交谈，讨论了许多议题。特朗普同意遵守“一个中国”政策。两国代表将就涉及共同利益的诸多问题举行讨论和谈判。此前，特朗普在赢得大选但尚未就任美国总统以前，就一反常态地与台湾地区领导人蔡英文通了电话，这违反了美国政府40年来坚持的“一个中国”政策，中国对此表示不满。

2016年8月，时任美国总统奥巴马曾忍不住发声称特朗普不适合担任总统，原因是他外交经验不足，“缺乏对欧洲、亚洲和中东事务的基本认知”，“总有一天你们该（对特朗普）说够了，说我不支持这样的人成为美国总统”。如今，特朗普上任以来表现出了与从前的美国总统都迥然不同的鲜明个性和强硬作为，而外界的评价也接踵而至，但更多的仍是观望。

北京时间2017年3月1日，特朗普迎来他就任美国总统40天来最重要的时刻——首次向国会发表演讲。就在讲话开始前，《纽约时报》统计的数据显示，特朗普是自艾森豪威尔以来最不受欢迎的美国总统。在长达60分钟的“国情咨文式”演讲中，特朗普一改此前言辞激烈的风格，转而呼吁两党合作，“让美国再次伟大”。美国《时代》周刊因此评论称，“特朗普终于像个总统了”。不过也有分析人士注意到，剥去“温和的外衣”，特朗普政策主张的“瓤”大都没有改变。在演讲中，特朗普提到中国一次：“签订北美自由贸易协定以来，我们失去了制造业1/4的工作岗位。2001年中国加入世贸组织以来，我们关闭了6万家工厂。2016年，与世界其他国家的贸易赤字达到8000亿美元。我们要接手应对的是一场重大的、悲惨的外交政策灾难”。他还搬出林肯为他的贸易保护主义正名，“第一任共和党总统林肯就警告过我们，美国政府抛弃保护政策，会导致人民生活艰难、遭受打击。林肯说的对，是时候听取他的建议了”。对此，《纽约时报》分析说，将制造业失业率与贸易对立起来是不成立的。美国在2000年以来确实失去了很多工厂工作，但最大的原因并非国际竞争，而是科技的进步，美国的制造业产出正处于历史上的最高水平，因此已经不需要那么多的工人。

特朗普当选以后，中国领导人以真诚的态度与其开展积极的外交会晤。2017年4月6日至7日，习近平主席和特朗普在美国首次举行了会晤，中美之间同意启动一个经贸谈判的“百日计划”（100-day plan），在随后举行的首轮中美全面经济对话后，尽管未达成有建设性的成果，但中国对美国加大了进口力度，双方贸易气氛一度有所缓和。

然而，2017年8月18日下午，美国贸易代表罗伯特·莱特希泽发表声明称，将根据美国《1974年贸易法》第301条，在涉及技术转让、知识产权和创新领域对中国正式启动贸易调查。

2017年11月8日至10日，特朗普对中国进行首次国事访问，中方给予超高规格接待。习近平主席和夫人彭丽媛迎接特朗普夫妇，双方在故宫宝蕴楼茶叙。几天来，受到热情款待的特朗普至少10次向习近平或中方表示谢意，感谢习近平为他安排了一场极妙的欢迎仪式，令他相当难忘，又强调对习近平“非常尊重”。

2535亿美元！11月9日，就在特朗普总统访华期间，两国企业在两场签约仪式上共签署合作项目34个，签约总额创下了中美经贸合作史上的纪录，也刷新了世界经贸合作史上的新纪录。可以说，双方取得丰硕的商业成果，既有贸易项目，也有双向投资项目；既有货物贸易，也有服务贸易。11月10日，当特朗普乘坐“空军一号”离开中国的时候，中国宣布决定扩大外资在中国金融行业的准入标准。然而，天价的经贸大单仍然不能满足特朗普的胃口。2017年12月1日，美国向世贸组织正式提交书面文件，首次公开表示拒绝承认中国市场经济地位；12月18日，美国公布首份《国家安全战略报告》，点明中国为战略竞争者。除了美国，日本与欧盟早就公开正式拒绝承认中国的市场经济地位，且对中国进行了多项所谓的“制裁”。

进入2018年，贸易战的阴云继续聚拢。1月28日，美国商务部对自中国进口的通用铝合金板自主发起反倾销反补贴调查，即“双反调查”；当月，特朗普称，他正考虑在知识产权保护方面对中国进行“罚款”，并且数额巨大到“你想象不到”；2月4日，中国商务部决定对原产于美国的进口高粱进行反补贴立案调查，初步证据显示原产于美国的进口高粱接受了美国政府的补贴；3月初，美国贸易代表办公室向特朗普提交了一份300亿美元的中国商品关税一揽子计划，路透社称，特朗普对助手说这个金额还不够高，随后他将规模提高到600亿美元，此外，与“301条款”知识产权调查有关的关税也酝酿启动；同期，特朗普宣布对进口钢铁和铝产品分别征收25%和10%的关税。3月22日，美国一位贸易官员称，欧盟和加拿大、澳大利亚、墨西哥、阿根廷、巴西、韩国将被豁免，最终这一关税可能针对的只有中国等少数国家；3月23日，特朗普在白宫正式签署对华贸易备忘录。

一石激起千层浪。不仅中方各界人士认为特朗普此举是“搬起石头砸自己的脚”“捡了芝麻丢了西瓜”“损人不利己”，美国国内的政经界人士以及普通老百姓对此也颇多质疑和反对。

美国45家贸易协会3月18日联名致信特朗普政府，请求不要对中国加征关税，并警告称此举将对美国经济和消费者带来极大的伤害。这些协会代表了美国部分最大的企业。他们在信中写道："对中国征收关税将提高消费品的价格，将扼杀就业，拖累金融市场"。包括沃尔玛、百思买和梅西百货等在内的24家大型零售商3月19日致信特朗普，敦促他不要对从中国进口的商品征收巨额关税。他们在信中表示，任何附加的广泛关税，都会惩罚美国的工薪家庭，导致他们的家庭基本用品，例如衣服、鞋子、电子产品和家居用品等价格上涨。在另一封联名信中，包括耐克、安德玛在内的82家鞋业公司也表达了担忧，表示美国目前已对从中国进口的鞋类产品征收了惩罚性关税，而如果在此基础上进一步增加关税，"将意味着鞋类消费者的成本上升和美国就业机会的减少"。

很多美国人士纷纷表达了自己的不同观点。耶鲁大学高级研究员史蒂芬·罗奇在中国发展高层论坛上表示，美国政策受到现任总统特朗普"飘忽不定的想法决定"，这种政策让人担忧，"美国有点迷失方向了"；美国前财长萨默斯也吐槽说，现任美国政府的政策逻辑"很难理解"，大国关系之所以伟大，就在于尊重彼此的尊严和传统，并就共同关切进行合作，中美完全可以合作打造一个更加美好的世界，但"如果打贸易战以牙还牙，不太可能共赢"；贝莱德集团首席执行官劳伦斯·芬克呼吁特朗普去看看金融市场，听听市场的声音，"我不相信贸易战能解决问题，打贸易战是没用的"；苹果CEO 蒂姆·库克表示，拥抱贸易、开放的国家会取得成功，反之则失败，"1+1=3，大家应该努力把蛋糕做大，而不是争夺一块蛋糕。全球化是人类的伟大成就，中美企业都是受益者，我认为贸易战不是答案，对话才是"。

有关备忘录签署的消息一出，美国三大股指立即全线下挫，这是金融市场对美方有关错误政策和行动投出的不信任票，也从一个侧面说明了国际社会对美方有关政策和举动的鲁莽和危险性的担忧。

"'伟大的谈判家'正在毁掉我们的经济，他会让我们都破产的，就像他自己的许多企业那样"，不少美国老百姓同样深感忧虑，纷纷在网上吐槽。有网友称，特朗普的言行，旨在混淆视听，转移民众视线。还有网友表示，特朗普的作风一贯我行我素，根本不考虑普通老百姓或是穷人的利益，美国的物价可能会随着贸易战的打响水涨船高，随之而来的是美国人的生活水平受到严重影响。

和则两利，斗则俱伤。在全球化的今天，世界上最大的两个经济体之间燃起贸易战火，引发全球瞩目。

战云密布全球紧张

近年来，贸易保护主义相关新闻“出镜率”日渐提高。在全球经济增长乏力的背景下，各国正加速实施贸易保护措施，发达经济体政策不确定性在很大程度上影响了全球贸易增长。根据英国智库经济政策研究中心最新发布的《全球贸易预警》（*Global Trade Alert*，*GTA*）的数据，2015年10月中旬到2016年5月中旬，G20经济体平均每月新采取的贸易限制措施就达21项。2015年，美国采取了90项贸易歧视措施，位居各国之首，成为限制贸易自由化的头号国家。

2017年2月22日，世贸组织签署成立以来的首个多边协定——《贸易便利化协定》在瑞士日内瓦正式生效。3月18日，G20财长和央行行长会议对外发布的联合公报中，则10年来首次删掉了“反对贸易保护主义”内容。代表较发达经济体的G20默许删除联合公报中“反对贸易保护主义”的措辞，而新兴经济体则力挺通过《贸易便利化协议》。曾经新兴经济体对融入全球化很担心，但现在反过来了，发达经济体似乎开始阻碍进一步全球化。这似乎印证着贸易保护主义确实在抬头，作为经济交往最重要的形式之一，国际贸易正陷入前所未有的矛盾境地。

与以往的贸易保护措施的区别更加明显，此时的贸易保护广泛采取和强化了种种非关税壁垒措施作为实行贸易保护主义的主要手段，以“公平贸易”为旗帜。这时候的贸易保护措施更侧重进口限制、反倾销和反补贴措施、自动出口限制、报关手续干扰、技术和卫生标准等非关税壁垒。同时，出现区域化特点，从欧共体到北美自贸区，发达国家开始形成以集团力量或区域力量为主的保护主义。集团和区域内部相互取消关税，实现商品和生产要素的自由流动，享受自由贸易；区外推行限制措施，借助集团力量应对外部竞争，以获取贸易保护的局部利益。此外，这一时期的保护主义并没有公然披上保护的外衣，而依然打着自由、公平的名义，却行使保护主义的实质。具体做法是通过颁布各种法律条例实行“管理贸易”，这是一种介于自由贸易和贸易保护之间的协调性保护政策，即通过各种贸易立法强调单边管理，将非关税壁垒措施法律化、制度化，使国家对外贸易的管理合法化，为贸易保护披上合法的法律外衣。

说到这里，又不得不提及美国。在美国，涉及管理外贸的法律多达1000余种，是实行管理贸易的典型代表。例如，美国著名的“301条款”，它授权总统可以针对向美国出口实施不公平待遇的国家采取报复性措施；综合贸易法更以反对一切不公平贸易为由，强化美国单方面采取报复行为的能力，尤其是“超级301条款”和“特别301条款”，分别要求政府对没有进行公平贸易和没有对美国知识产权进行有效保护的国家进行谈判或报复。

现在看来，全球化从扩张到收缩的转折时刻出现在2008年。在随后的很多年内，每个国家都疲于应付金融危机的影响，这个过程中国家内部的分化和不平等也在出现。“现在，全球已经到了政治和经济非常复杂和敏感的危机点了，西方世界不断地四分五裂，而美国不断地转向民粹主义和保护主义，现在这种情况短期内是不会好转”，马丁·沃尔夫表示。

世贸组织的数据显示，在截至2016年5月中旬的7个月里，G20经济体出台了145项贸易保护主义措施，为2009年世贸组织开始这项监测以来最高。其中89项属于传统的“贸易防御”措施，主要是针对价格处于不公平的低位或得到政府补贴的进口商品的反倾销和反补贴关税。

考虑到特朗普极端贸易保护主义言论，这种状况值得担心。

“现在的特朗普，就如一头豹子，四处张望，在寻找目标，准备发动攻击，以力挽狂澜，绝处逢生。”有评论指出，美国开始由“霸权的宽容”走向“霸权的焦虑”，对外政策趋于自私和激进。有分析师指出，全球贸易存在着崩溃的风险，贸易战一触即发。

对美国贸易顺差大的几个国家，显然最易成为美国贸易战攻击的第一批目标。从2016年第三季度数据看，中国、墨西哥、德国和日本对美国的贸易顺差位列前四。其中，中国对美国贸易顺差最大，高达934亿美元；墨西哥紧随其后，为233亿美元；德国和日本排在第三、第四位，分别为162亿美元和153亿美元。美国的“邻居”加拿大对美贸易顺差也相当大，位列第五，约为117亿美元。

特朗普的贸易战思维引起了全球的“恐慌”。

英国脱欧引发的担忧

“自从国际金融危机爆发以来就有很多人警告，很快就会出现攻击行为了，但传统贸易保护主义这条狗一直好好地呆在狗窝里，只是偶尔吠两声，现在终于有一些迹象可能表明这条猎犬开始躁动了。”

“贸易保护主义之狗”的比喻并非空穴来风。就在英国《金融时报》这篇社评发表的几天前，英国脱欧——被认为是欧洲版的“黑天鹅”，再次引发了全球对欧洲经济、金融和政治不确定性的担忧。

2016年6月23日，英国脱欧公投的投票结果正式出炉：51.9%的英国人投票支持脱欧。

整个公投运动期间，欧洲仍在艰难应对欧元区经济放缓以及第二次世界大战以来最严重的移民危机。从巴黎、罗马到华沙，民粹主义在欧洲各地横行，传统体制正在败退。匈牙利总理欧尔班·维克托说，英国脱离欧盟的主要原因之一就是不满欧盟应对移民危机的政策，欧盟必须要倾听人民的声音，这是英国“脱欧”留给欧盟最大的教训。

英国此次公投结果很可能将作为“转折时刻”永载史册，英国、欧洲乃至整个西方都将感受到此次事件的余波。

英国《金融时报》评论说，“退欧将是一种自我伤害的行为。退欧将破坏英国经济，削弱英国的全球地位”。加入欧洲经济共同体(European Economic Community)40余载后，英国选择了要弃船独行。自1973年以来，欧盟成员国身份锚定了英国的外交和经济政策。如今，英国将脱离欧盟（剩下其他27个国家），放弃进入5亿人口市场的有保障通道，再想回头可就难了。

“今天对于英国和欧盟来说都是悲伤的一天”，德国外长施泰因迈尔评价说。英国退出欧盟的决定无疑是柏林墙倒塌以来对欧洲大陆最大的冲击。对欧盟或许意味着民粹主义横行、传统体制败退的转折时刻来临。

60年来，欧盟成员国数量一直不断扩大，这是历史上第一次“做了减法”，且是由英国人自己提出的“脱欧”要求，对欧洲一体化不啻为“重大冲击”。比利时前首相伏思达在德国《焦点》周刊撰文说，英国不仅人口占欧盟总人口的13%，而且是欧盟第二大经济体，也是欧盟预算可信的纯出资者。没有英国，欧盟的经济实力和国际影响力将会受损。曾经长期报道欧洲事务的英国人保罗·埃姆斯认为，英国退出还可能在欧洲大陆引发“多米诺骨牌效应”，助长许多国家的疑欧势力，加大欧盟进一步分裂及欧洲不稳定的风险。

事实上，欧洲对现有制度秩序的政治反抗情绪日益高涨：除了英国脱欧之外，民粹主义者的反全球化运动在欧洲其他地区也开始占据优势，并在某种程度上因人们对移民的不安情绪不断高涨而加剧。

继公投脱欧整整280天后，英国脱欧的“靴子”终于落地。当地时间2017年3月29日，英国首相特蕾莎·梅向欧盟送达退出通知，由此启动了英国退欧的两年倒计时。在“摁下”脱欧启动键前的这大半年时间内，英国经历了颇多曲折和困难：卡梅伦黯然辞职、百万人抗议脱欧、特蕾莎接棒组阁、硬脱欧方案出炉、议会上院多番“刁难”、苏格兰趁机闹“独立”……

对于正式启动脱欧程序，特蕾莎·梅坦言，“这是一个历史性的时刻，自此没有回头路”。

在2017年1月17日兰卡斯特宫的退欧演讲中，·特蕾莎·梅列出了她的英国退欧目标以及英国政府为实现这些目标准备付出的代价。目标是控制移民、摆脱欧洲法院的管辖以及达成自己的贸易协议的自由。代价是退出单一市场以及欧盟关税同盟，不过英国将寻求在特定领域获得优惠市场准入并希望避免代价高昂的跨境贸易管制。

诸多问题为双方协议的达成带来了极大的不确定性：有关英国“分手费”的严重争议，欧盟预计为数百亿欧元；数百万生活在英国的欧盟公民和生活在欧盟国家的英国人在身份合法性上面临不确定性；北爱尔兰与爱尔兰共和国之间重新出现的海关边境。

如果“未能达成协议”，意味着英国将回到世贸组织规则框架下，这对于英国企业而言是现实的担忧，它们在供应链、监管标准和劳动力方面与其他欧盟企业高度融合。如果“未能达成协议”，将使英国作为外国直接投资目的地的吸引力下降。出口欧盟市场的能力是英国的吸引力的关键组成部分。

对此，欧盟27国指出，与英国达成的任何协议都不能达到（更不用说超过）其作为欧盟成员国时享有的条件。

“最好的希望是，英国仍然保持与欧洲的关系、面向欧洲开放，并以最大的热情支持欧洲。”英国《金融时报》评论，“这才是通往未来之路”。

特雷莎·梅担任英国首相以来，英国脱欧进程取得了一定进展。2018年3月23日在布鲁塞尔闭幕的欧盟春季峰会通过了英国“脱欧”第二阶段谈判纲领，欧盟强调致力于同英国建立“尽可能紧密”的伙伴关系。当天公布的谈判纲领共7页，大篇幅阐述双方未来关系。欧盟决心与英国建立尽可能紧密的涵盖经贸合作、安全防务及反恐等领域的伙伴关系，但欧盟也会考虑英国离开欧洲共同市场和欧盟关税同盟等诉求，对未来伙伴关系的深度有所限制。在双方未来经贸关系方面，纲领强调欧盟愿意启动“一份平衡、有雄心、涵盖面广的自贸协定”起草工作，前提是英国能对公平竞争环境提供足够保证。

美国退出 TPP 让安倍政府焦虑不安

特朗普当选后，最使日本感到难以心安的，是美国当地时间2017年1月23日，特朗普在美国白宫签署了行政命令，正式宣布美国退出TPP，彻底打乱了日本安倍政府的“如意算盘”。

加入TPP是安倍政府经济战略的核心举措之一。安倍政府视TPP为“安倍经济学”三支箭之一的“经济成长战略”的重要推动力。安倍政府认为，一方面，加入TPP可以增加出口，利好日本制造业，尤其是作为日本经济支柱的汽车业；另一方面，加入TPP后外国商品将变得更加便宜，这对日本民众有较强吸引力。

日本内阁官房2013年算过一笔账，TPP生效10年后，日本GDP将比不加入TPP的情况下增加3.2万亿日元（约合300亿美元）。日本政府一直希望TPP能够进一步促进贸易和投资，推动因人口减少及老龄化而陷入停滞的日本经济实现强劲增长。

TPP生效必须满足以下两个条件之一：12国在协定签署两年内（也就是2018年2月前）完成国内立法机构批准手续，或者6个以上国家完成批准手续且这些国家GDP合计超过12国GDP总量的85%。数据显示，美国GDP占12国GDP的比重达60.4%，日本占17.7%，也就是说缺少美日任何一方，TPP都无法正式生效。

持悲观态度的专家认为，TPP实际已经“胎死腹中”。日本安倍政府对此焦虑不安。

事实上，特朗普在竞选中就曾多次抨击TPP将“摧毁”美国制造业，承诺当选后不再签署大型区域贸易协定。而特朗普于当地时间2016年11月9日当选为2017年美国总统后，TPP的前景更加难料。

在美国没有批准可能、众议院也不深加讨论的情况下，日本政府却决定“发车”了。2016年11月10日下午，也就是特朗普当选的第二天，作为本届日本国会焦点的TPP批准案和相关法案，在日本众院全体会议上表决通过。

11日在参议院审议过程中，参议院国会对策委员长浜口表示，“特朗普竞选胜利使TPP的环境发生激变，在不会生效可能性极大的情况下，只有日本不进行任何修正地强行推进，让人完全不能理解”。

面对国内舆论质疑，在14日的参议院TPP特别委员会会议上，安倍表示，“我认识到并且坦率地承认，因为特朗普获胜，TPP生效的形势变得严峻，但这绝没有结束，美国处于政府换届的当下，日本必须主导TPP的早日生效”。

虽然日本众议院通过了TPP批准案，但日本人仍然觉得“看不到方向”。为此，安倍计划在日本先行批准TPP的基础上，再努力劝说特朗普改变主意。

2016年11月17日晚，安倍晋三在纽约与特朗普进行了约90分钟的会晤。日本首相在美国总统上任前与其会晤实属罕见，充分反映了安倍政府对日美关系前景的焦虑。

目前，日本国内对于特朗普对日政策以及日美关系前景众说纷纭。部分意见对日美关系前景保持乐观，认为不必把特朗普在竞选期间讲的“狠话”当真，他上台后会转向务实主义路线。也有意见认为，不能排除特朗普上台后落实当初的“狠话”的可能性。如果这样，作为日本外交基础的日美同盟关系或受到严重冲击，安倍政府也将被迫全面修正经济和外交战略。

《日本经济新闻》称，安倍本来打算到2018年为止，把和日本缔结了贸易协定国家的贸易额提高到日本贸易总额的70%，其主干就是TPP。日本第一生命经济研究所经济学家永滨利广表示，TPP若无法生效，将给日本造成难以估量的损失。首先，加入TPP预计可给日本带来的经济利益大部分将无法获得；其次，美国只向与之签署经济合作协定的国家出口页岩气，美国退出TPP后，日本将很难获得价格较低的能源。

亚洲各国的担忧

相比其他地区，可以说全球贸易的快速增长对亚洲更为重要。自第二次世界大战以来，亚洲的转型举世瞩目。日本领跑，“亚洲四小龙”——新加坡、中国香港、韩国和中国台湾紧随其后，接下来是中国，现在则是其他东南亚经济体，如马来西亚、泰国、越南和印度尼西亚。

概括而言，以外向型、出口为主的战略进行重新定位是亚洲各经济体发展的共同路线。世贸组织发布的全球商品出口份额数据显示，亚洲目前约占全球贸易的三分之一。

特朗普宣称将退出TPP，正在从根本上不断修正奥巴马政府此前推进的自由贸易路线。美国对亚洲的外交政策无疑将大幅改变。

对此，亚洲另外几个国家的担心不比日本少。

作为一个自然资源缺乏、经济严重依赖进口的岛国，新加坡一直以来主张零关税，促进贸易自由化和投资便利化。回顾TPP的发展历程，从2002年仅有四个小国参与的松散协定——“跨太平洋战略经济伙伴关系协定(P4)”，到2015年覆盖12个国家、占全球40%经济体量的跨太平洋协议，TPP已经从一个非主流的贸易体系变为全球重要的自贸协定。能造就今天的局面，可以说，新加坡“功不可没”。

而新加坡总理李显龙则是推动TPP谈判进程的核心人物。经过5年多谈判，美国、加拿大、日本、智利、马来西亚、墨西哥、秘鲁、新加坡、澳大利亚、新西兰、越南和文莱等12个国家在2015年10月就TPP达成一致，并于2016年2月正式签署协定文本。依据协定，相关国家间约1.8万种商品的关税将在未来一段时间内逐步减少或完全取消。

“TPP是美国‘亚太再平衡’不可或缺的支柱。不仅是市场开放和制定贸易规则等经济好处，作为安全保障战略也至关重要。”2016年8月2日，首次以总理身份访问美国华盛顿的李显龙与奥巴马举行会谈，随后在白宫召开的记者会上，他表达了对美国尽快批准TPP的期待。李显龙的发言与以往一样用词温和，不过他敏锐地暗示了东南亚各国是如何看待当时因面临总统大选而迷失方向的美国政治。

TPP设定了对亚洲新兴市场国家来说可以认为是无法达到的高标准，一直以强硬态度进行交涉的美国却要放弃TPP，亚洲各国对此非常失望，逐渐蔓延至东盟各国政权的感情与其说是失望，不如说是不信任。再进一步说，也许更接近愤怒。

“TPP如果夭折，对新加坡这样的小经济体非常糟糕。我们已经对英国脱欧有诸多担忧，现在TPP有可能未成形就死亡”，新加坡华侨银行财政研究和策略主管赛琳娜·林认为。

“面对即将到来的特朗普时代，韩国将面临重大经济冲击”，韩国《中央日报》2016年11月11日称。韩国最担心的是可能被美国指定为“汇率操纵国”，最难受的就是重启韩美FTA谈判和废除TPP。特朗普反对全球化，而韩国却是自由贸易和全球化的最大受益者之一。

对越南来说，糟糕的消息是，不管美国新总统及其内阁实施怎样的政策，贸易自由化都不可能是首要议程，因此越南“不得不为众人期盼的TPP之死默哀”。不过，越南不会为TPP的“葬礼”驻足太久。实际上，即使在大选前民调对特朗普不利之时，越南也已开始对美国国会2017年2月前不批准TPP做风险防范。“越南已经开始寻求替代方式，比如一系列双边自贸协定，包括与澳大利亚、中国、印度、韩国和欧盟等，以维系该国迅速成长的出口型经济”，美国《福布斯》杂志网站2016年11月10日报道称。

马来西亚《邮报》2016年11月11日称，东南亚地区已经感到，特朗普上台后，TPP注定会夭折。马来西亚已经承诺，2018年批准TPP。该国国际贸易及工业部部长达图表示，美国是TPP背后的关键推动力量，如果美国退出，该协定会大大受损。

美国退出TPP，标志着美国的贸易政策进入一个全新时期。未来特朗普政府贸易政策是否会偏离国际合作成为各方关注的重点。也有专家提议修改TPP条款，使TPP在美国退出的情况下依然能够生效。

对此，德勤在其研究报告《亚洲之声》2017年1月第一期中写道，好在其余的TPP 签署国有可能会排除美国，继续推进类似的协定。该等协定的范围亦有扩展的可能，可能接纳其他国家（尤其是中国）的加入。事实上，现有的区域全面经济合作伙伴关系谈判——涉及东盟、澳大利亚、中国、日本、印度、韩国和新西兰在内，可能会发展出类似 TPP 但范围更广的协定，这种可能性令人鼓舞。

2017年3月15日，TPP11个成员国在智利比尼亚德尔马举行美国退出TPP后的首次部长会议，并签署声明，重申将继续推进这一协议。

这次TPP部长会议的焦点是，能否在亚太地区为没有美国的多边贸易协议描绘未来。最终，11个TPP成员国代表签署声明，各国重申在维持市场开放，商品、服务和投资自由流通，经济一体化以及加强国际贸易体系合作上的坚定承诺，强调对世界上一些国家出现的贸易保护主义趋势感到担忧。

智利外交部经济司司长宝琳娜说："TPP确实有一项条款，一些重要的国家没有确定，那TPP是不可能生效的，美国退出毫无疑问让TPP生效变得不可行，但各国就原则性的谈判已长达五年之久，这就是我们在讨论的如何能够保留这些原则，或许进入新的谈判，或许能够作为新的谈判的参考。"

声明回顾了TPP的平衡结果以及经济和战略的重要性，强调这一机制的原则和高标准是区域经济一体化的关键因素，是经济增长、竞争、创新和生产力的动力所在，具备创造就业机会和降低消费者成本的潜力。各成员国代表就TPP与在亚太地区推动经济一体化的内在联系和进程交换了意见。

日本代表认为，TPP是12个国家克服了许多困难才达成的协议，是一个拥有高度自由及公平性的协议，认清TPP的目的很重要，既然11个国家达成了共识并发表了声明，日本也确定会继续参与讨论，并会评估各项选择，尊重高标准，但仍将争取美国留在TPP。

声明最后决定，将在2017年5月21日召开的APEC会议的间隙召开部长级会议，各国贸易部门高官将为此举行筹备会议。美国代表出席了当天举行的亚太一体化高层对话，但与中国代表一样，没有出席上午召开的TPP部长级会议。

日本先是在TPP上碰了钉子，而后在贸易战中，日韩两国又都成了靶子，在特朗普"美国至上"为纲、"单边主义"为目的战略下，作为美国的盟友，特朗普并不把与其的合作和利益放在眼里。美国"薅羊毛"行为，也促使日韩将其贸易重心放在亚洲。5月8日，李克强总理访问日本，时隔两年半的"中日韩领导人会议"在日本东京隆重登场。中日韩宣布加速2012年启动的"中日韩自由贸易协定"磋商，三国还就推进《区域全面经济伙伴关系协定》谈判达成一致。

北美自由贸易协定的未来

就在特朗普正式宣布美国退出TPP的当天，白宫发言人斯派塞在例行新闻发布会上表示，特朗普政府未来将与美国盟友和其他国家发掘双边贸易机会。

“美国与加拿大、墨西哥等贸易伙伴的关系将迎来重大变化”，对此，美国彼得森国际经济研究所资深研究员加里·赫夫鲍尔分析指出。

从白宫网站公布的特朗普政府贸易战略计划来看，美国在退出TPP之后，将集中精力推动北美自由贸易协定(North American Free Trade Agreement，NAFTA)重新谈判。特朗普曾公开宣布，北美自由贸易协定是“美国历史上最糟糕的协定”，他已经约好与加拿大总理特鲁多和墨西哥总统涅托重开谈判。一旦谈不拢，这项已施行20多年的法案就会被美国废弃。

特朗普政府修改北美自由贸易协定的初步草案让期待美国在重新谈判中采取强硬立场的议员倍感失望，认为特朗普是对奥巴马萧规曹随、毫无新意，但鼓舞了国会中支持重商主义和自由贸易主义的一派。

上述文件显示，白宫将“购买美国货”条款纳入贸易协定的态度是认真的，并且希望在征收或恢复墨西哥和加拿大商品关税方面争取更大的灵活性。文件中包含七大目标，旨在强化北美劳工和环境规则——这些目标被民主党议员视为头等大事。但这份草案不包含汇率操纵方面的规则，也没有废除北美自由贸易协定现有的处理企业和政府间纠纷的仲裁体系。这个体系受到企业欢迎，但遭到自由派议员和一些保守人士的普遍批评。

美国商会(U.S. Chamber of Commerce)执行副总裁Myron Brilliant说，他对美国政府在北美自由贸易协定问题上的政策方向感到满意。他表示，看到政府在很多方面与商界意见大体一致，那些对特朗普政策方向深表忧虑的人可以松口气了。墨西哥非官方经济学家对此基本持欢迎态度，因为相比退出贸易协定或是实施全面配额限制贸易的种种威胁，当前的草案远没有那么极端。但这些经济学家也提醒说，这只是个开始。对于加拿大，特朗普曾表示涉及加拿大的部分只需要“微调”，这让加拿大商界产生了谈判过程会比较简单的期望。但如今的草案却似乎打破了这种希望。

同时，美国企业继续把工厂迁往墨西哥。圣地亚哥的一家企业就把工厂迁往墨西哥，带走4500个工作岗位。墨西哥2017年1月数据显示，该国制造业人口比2016年还增加了3.2%，而美国制造业人口却降低了0.3%，特朗普的贸易政策看样子也就是姿势大于实质了。

自2017年8月中旬启动北美自由贸易协定重谈以来，美国、加拿大、墨西哥已进行多轮谈判，但进展缓慢。其间，美国一直态度强硬，但加拿大和墨西哥并没有让步。有分析指出，对加拿大和墨西哥而言，北美自由贸易协定更新谈判的主要目的是“更新”，即简单地扩充协议，纳入电子商务、数字经济、服务贸易、知识产权、劳工保护、环保标准等新内容，以符合经贸发展趋势。两国都认为，新的协定应当实现各国共赢，尽量减少对本国贸易以及经济的影响，而不是简单地满足美国的利益。而美国的主要目的是“重构”经贸合作框架，削减美国贸易逆差，减少美国制造业岗位流失。因此，谈判进入实质阶段后分歧集中爆发。

在谈判过程中，美国总统特朗普就多次威胁终止北美自由贸易协定，并表示不排除与加拿大、墨西哥分别达成双边贸易协定。也有人将特朗普的表态视为“交易的艺术”，即通过恐吓来逼谈判对手作出更大让步。特朗普之后又表示，将对进口钢、铝产品征收高额关税，随后他在推特上表示，假如北美自由贸易协定更新谈判得以完结，他将给予两国相关产品豁免权。2018年5月11日，新一轮北美自由贸易协定谈判进入尾声，美国与墨西哥和加拿大在汽车产业等领域利益分歧明显，没有显现取得突破性进展的迹象。

“过去说去全球化是一个思潮，以特朗普上台为标志，去全球化成了建制化的一个安排，这可能是开启了新时代”，前中国银行首席经济学家、中国人民大学国家发展与战略研究院高级研究员、中银国际研究公司董事长曹远征指出，“过去的时代我们叫和平发展的时代，由此我们进入了一个竞争冲突的时代，这是重大的变革”。

盟友也照打不误

七国集团首脑会议（G7），是七个最发达的工业化国家（美国、日本、德国、英国、法国、意大利和加拿大）的国家元首或政府首脑就共同关心的重大问题进行磋商会晤的机制。

它的形成首先是着眼于大国关系的协调，但同时反映了“全球治理”的客观需要，也反映了当前治理机制的中枢所在的区位。G7对全球的影响从经济层面扩展到政治层面直至全球问题，成了与联合国、世贸组织、国际货币基金组织和世界银行等国际组织并行的治理机制。因此，G7首脑会议一直认为是西方发达国家的最为紧密的联盟，对全世界产生着重要影响，也备受全球的关注。

然而，特朗普上台以来，将贸易争端矛头也对准了自己的盟友，除了日本外，欧盟也未能幸免。特朗普政府2018年2月宣布加征钢铝关税计划，欧盟与美国之间龃龉不断，以德国、法国为代表的欧盟希望能够申请豁免，但美国并没有把它们作为盟友加以照顾。

2018年6月1日，美国商务部部长罗斯宣布向来自加拿大、墨西哥和欧盟的钢铝产品开征25%和10%的关税。美国的对外贸易冲突正式开辟了新的战场。欧盟委员会主席容克当天表示，欧盟将对美国的这一决定采取报复行动。

法新社随即评论称，美国最终作出这个决定，是因为在6月1日豁免截止日期前“未能从其贸易伙伴身上捞到好处”。据《华盛顿时报》报道，美国和欧洲官员周四在巴黎举行最后一次谈判，但“欧盟最后一次妥协尝试失败”。据德意志广播电台周四报道，罗斯拒绝了欧洲提出的针对钢铝关税的永久豁免要求，罗斯在巴黎说：“并不是说要加征关税就不能谈判了，谁都知道，欧盟对许多美国产品征收了关税……”德国总理默克尔抨击美国的钢铝关税是“单边”和“非法”的，警告这将招致“报复升级”，“到最后伤害到所有人”。6月7日，法国总统马克龙与加拿大总理特鲁多一起举行联合新闻发布会。针对美国日前的“关税大棒”，指责美国的“孤立主义”与“霸权”，还呼吁G7其他六国做好“G6+1”的准备。

在此背景下，2018年6月8日在加拿大举行的G7峰会上，关于关税和贸易的问题便成了会议的焦点。会议开始后，美国总统特朗普声称必须平衡六国和美国之间的贸易，取消对美国产品征收关税，否则美国将实施报复行为，全面暂停相关国家和美国的贸易。特朗普此言一出迅速招致了其他六国的严重反对。六国一反常态地将矛头全部对准美国，而特朗普则提前离开峰会。一系列的分歧导致9日正式落幕的G7峰会在历史上首次没有在联合公报上达成一致。

就在加拿大总理特鲁多在发布会上称七国领导人均认为，需要“自由、公平和互利的贸易”，反对保护主义十分重要时，特朗普在“空军一号”上下令——退出联合宣言。特朗普还在推特上认为加拿大总理特鲁多发表了“虚假言论”，是一个“软弱和虚伪”的人，引发加拿大与美国的矛盾加剧，这也折射出美国与其“盟国”的矛盾，从始至终，2018年G7峰会就笼罩着不和的气氛。彭博社报道称：特朗普对G7可能造成了“永久性的打击”；CNN则称：“严酷的”G7峰会收场表明，跨大西洋联盟从未这么分裂过，连表现团结的“脆弱”姿态都因为特朗普的表态而破灭。

6月14日，欧盟终于打响了美国贸易战的第一枪，欧盟成员国一致同意对总额28亿欧元（约合32.4亿美元）的美国商品征收25%的关税，以回应美方月初对欧盟国家钢铝产品征收高关税。加拿大政府也宣布将对总价值128亿美元的进口美国商品征收报复性关税。国际货币基金组织警告，美国加征关税“损人不利己”，不仅破坏全球贸易体系，同时有损美国经济。

2018年G7峰会，特朗普与其余六国领导人的“角斗”以及从来未有过的无果而终，不仅打破了第二次世界大战后西方发达国家为集体利益而相互协调妥协的惯例规则，也更显示出它们彼此间的分歧已经在逐步撕裂西方世界的原有体系。美国政府如今高举单边主义大旗，不仅在关税问题上让加拿大、日本和欧盟苦不堪言，同时也不顾反对宣布退出伊核协议，破坏中东原有的稳定，并威胁制裁相关的欧洲企业。可以说，如今美国与其余六国间的对立，也是单边主义与多边主义的对立。美国以贸易问题搅动国际关系的新动态，势必将对世界局势带来深远影响。

中国首当其冲

“美国确实变残废了，我们欠了17万亿、现在18万亿，很快就到19万亿（美元）的债务。”2015年11月3日，在密集的、闪烁不停的闪光灯下，当时还是美国共和党参选人的特朗普愁容满面，出现在新书发布会上，并发表了上述言论，话语之间不乏对美国经济前景的担忧。

“致命中国”

这本新书名为《跛脚的美国——如何让美国再度伟大》（*Crippled America: How to Make America Geat Agian*），它是特朗普出版的第一本与政治相关的书籍。书中除了告诉选民为何应该选他做总统外，还系统阐述了对美国经济、政治的看法，而中国不可避免地成为了特朗普的声讨对象。他毫不客气地将中国描述为美国的敌人，声称中国破坏了美国的制造业，抢了美国人的饭碗。“美国的大多数贸易逆差来自中国，中国是个大问题”，特朗普在接受英国《泰晤士报》专访时赤裸裸地表达了对中国的敌意。

在大选期间，特朗普团队一直延续着“中国威胁论”的调子，被提名为美国商务部部长的威尔伯·罗斯就曾在参议院任命听证会上声称，“中国是贸易保护主义最严重的国家”，他上台后第一个要对付的是北美自由贸易协定，第二个就是中国。

特朗普另外一名御用经济学家彼得·纳瓦罗，也以反华而著称。过去八年中，纳瓦罗共写了三本针对中国的著作：《卧虎：中国的军国主义对世界意味着什么》《致命中国》《正在到来的中国之战》。其中，这位“多才多艺”的经济学家还作为导演将《致命中国》拍成纪录片，他在影片开始时敦促观众“帮助保卫美国和保护你们的家庭，不要买‘中国制造’”。他还呼吁美国对中国展开贸易战以及对中国出口到美国的商品提高关税，如今他已是特朗普全美贸易委员会的主任。

有分析指出，美国政府未来会更加注重贸易执法而不是推动贸易自由化，这可能导致美国与其他国家的贸易摩擦增加。包括世界银行和国际货币基金组织在内的国际机构都警告，在全球经济进入衰退期后，贸易保护主义明显抬头。中国作为全球贸易第一大国，在全球贸易保护主义暗潮汹涌之际，首当其冲成为国际贸易争端的靶心，更是美国贸易保护主义的首要敌人。

特朗普明确攻击中国倾销产品和操纵汇率。事实上在中美经贸博弈中，美国一直面临财政赤字与贸易赤字的“双赤字”窘境，美国的政客也一直指责中国操纵汇率或扬言应对中国产品进行反倾销制裁，历届美国总统在参选时也常常拿中国作为靶子表明心迹。但和那些“陈词滥调”相比，特朗普以其反全球化观点为支撑，对中国等国提出了非常鲜明的富有攻击性的主张，甚至认为:“我们和中国与其他国家这些可怕的贸易协定，都将彻底重新谈判，包括重新谈判一个对美国有利得多的北美自由贸易协定——要是我们得不到我们想要的，我们就离开谈判桌。我们要把一切都推倒重来”。

针对中美关系和中美贸易，特朗普在各种不同场合表达了他的一些观点。一方面，特朗普似乎在酝酿和中国打一场贸易战，他说，“因为中国，我们失去了5万个制造业工作机会，甚至是700万个工作机会”，“我们与中国的贸易是非常不平衡的，2014年我们对中国的贸易赤字是5050亿美元”，“我们的经济实力比他们强大，我们的商品来自中国。我们同中国有那么大的贸易量，在和中国做生意时，他们向我们征税”。特朗普还曾称要对来自中国的进口商品征收45%的关税。这使得一些观察家担心，中美的贸易摩擦将不可避免。

实际上，若仔细回顾中美贸易史，不难发现美国对中国的态度“既爱又恨”，而爱恨背后有着一套清晰的美国逻辑和规律，即每当美国经济不景气时，就高举贸易保护主义的大旗，而当美国经济繁荣时，它又摇身一变，极力鼓吹贸易自由化，反复之间目的无外乎是确保美国利益最大化。

如今，美国经济实属难尽如人意。2007年起，源于次贷危机的金融危机席卷全球，美国作为危机发源地经济遭受重创。此次金融危机的直接影响造成了美国大量金融机构的破产或重组，导致货币供给紧缩，逆转了美国经济增长的势头，失业率开始加速上升。

美国财政部数据显示，2008财务年度联邦政府赤字达到了4548.1亿美元的历史纪录，而该财务年度其财政收入同比仅增长了1%。2009财年，美国政府的财政赤字规模更是首次突破了1万亿美元。在就业方面，2008年美国申请失业金的人数飙升到了25年以来的最高点，其中初次申请失业金的人数达到了16年来的最高点，同时失业率也刷新了14年以来的最高纪录。更糟糕的是，美国的GDP年增长率也从2007年的4.9%滑落到2008年的2.2%，到2009年更是首次出现–1.8%的负增长。

时至今日，美国这个庞大的“经济巨人”，在遭受金融危机重创后前行步伐依然蹒跚，尽管国内经济已经逐渐好转，但正如特朗普所担忧的一样，作为“伟大的国家”，美国却有很多令人担忧之处。美国财经网站BusinessInsider就列举了美国不再伟大的15个理由，如美国的桥梁、道路和堤坝状况糟糕等。据美国土木工程师学会估计，在未来十年内，美国需要3.6万亿美元用于基础设施投资，对于目前大部分的基础设施状况，该学会给了B+级的评分。16个类别中有10个被评为D级或D–级。该网站还指出，受人口老龄化、金融危机和大衰退残余的综合影响，美国人工作或正在找工作的比例较1977年以来任何时候都低。

用特朗普自己的话来说，“我们在海外投入成千上万亿美元，自己的基础设施却年久失修、长年荒废。我们帮助其他国家走上了富裕之路，自己的财富、力量和自信却逐渐消失在地平线上。我们的工厂一个接一个倒闭，却没有考虑被落下的成千上万名工人”。

美国经济的不尽如人意，物价水平持续上涨，新增就业岗位日益减少，社会养老负担日趋加重，导致了美国中坚阶层——中产阶级的陷落，越来越多的中产阶级难以维持原有的生活水平，美国社会的贫富分化也愈发严重，美国正变得越来越不平等，基尼系数从1960年稳步上升。以致美国社会形成了“哑铃状”分布，即中上收入和低收入阶层分别占多数，居中的中产阶级占总人口比例却越来越低。据统计，2015年，全美中等收入人口40余年来首次跌到50%以下，而在1971年，这一比例则接近61%。按照家庭数来看，2015年，全美中等收入家庭占家庭总数的比例仅为43%。这进而影响到了美国的政治生态环境，陷落的中产阶级逐渐演变为美国新一轮民粹主义思潮的始作俑者，他们迫切需要改变现状，政治诉求更为激进，需要找到新的政治代言人。

贸易威胁论一直是特朗普参选打出的一张重要底牌，这为他赢得了政治筹码。因此，从特朗普参加竞选以及就任总统以来，他屡屡提及的一项经济主张就是“要把制造业带回美国”。于是，特朗普挥动起了贸易保护主义的大旗，将矛头首先指向了贸易大国——中国。2016年，美国贸易赤字6480亿美元，其中40%是对华贸易逆差。现年86岁的金融大鳄乔治·索罗斯在瑞士举办的达沃斯世界经济论坛上就曾表示，特朗普“肯定在准备要与中国打一场贸易战”。

“我们有的领导人……认为，国际政治是一场零和游戏；如果别国获得利益，那一定说明我们国家正陷于不利。而这就是导致政治极端化和国际冲突的典型逻辑。”与特朗普角逐总统大位而未果的希拉里在2018年耶鲁大学毕业典礼上的这段演讲词，虽未指名道姓，却正中当下贸易战始作俑者特朗普“典型逻辑”之要害。

在市场经济国家地位上向中国发难

除了对中国“外汇操控国”的指控，特朗普还不承认中国的市场经济国家地位。严格来说，“市场经济”难以准确定义。每一个国家都有不按市场经济规律办事的时候，不管是联合国，还是世贸组织，没有一个国际组织能够拿出相应条款来准确判断一个国家是否是市场经济国家。

2016年12月11日是中国加入世贸组织15年过渡期之关键节点，根据中国加入世贸组织时签订的《中国加入世贸组织议定书》第十五条规定，“在针对来自中国的产品发起反倾销调查时，并不自动用中国产品国内价格作比对价格，而是选择第三国产品价格，即替代国价格作比对价格，这种待遇保持15年”。也就是说，中国将在2016年末自动获得“完全市场经济地位”，届时欧盟须终止对华反倾销“替代国”做法。加入世贸组织后，中国认真履行开放国内市场的承诺，平均关税从2001年的15.3%降到了9.8%；并且进一步简化进口管理，完善进口促进体系，提高贸易便利化的程度，基本上取消了进口配额管理。根据中国商务部统计，全球已经有80多个经济体承认中国市场经济地位，包括俄罗斯、巴西、瑞士、澳大利亚和新西兰等国，而包括北欧、英国以及荷兰在内的国家也都支持中国获得市场经济地位，而美国则充分利用《中国加入世贸组织议定书》相关条款的模糊性和歧义性，拒绝承认中国市场经济地位。

自中国加入世贸组织以来，美国成为对中国产品发起反倾销诉讼最多、力度最大的国家之一，其利用的武器便是中国的“非市场经济”国家身份，市场经济地位将导致中国出口飙升，美国必定更加难以承受。正像美国对欧盟警告的那样，承认中国市场经济地位，无异于“单方面解除”对中国的贸易防御。奥巴马政府拒绝承认中国作为市场经济的地位，特朗普在此问题上也态度强硬，他在2016年12月的一次集会讲话中指责中国导致了美国几乎一半的贸易赤字，他称：“美国将中国认定为非市场经济，这是大事”。为什么特朗普坚决否认中国的非市场经济国家地位呢？这是因为“市场经济”与“非市场经济”是反倾销调查确定倾销幅度时使用的重要概念，若能获得市场经济国家的认定，就能大幅降低中国商品在全球被征收的反倾销税，这当然是特朗普不愿看到的。

美贸易战摩拳擦掌剑指中国

诺贝尔经济学奖获得者斯蒂格利茨曾言，美国很可能在全球经济的不确定环境中点燃贸易战。如今看来，竟一语成谶，但这更像是历史的轮回。国际贸易的产生和发展，不仅加强了国家间的经济联系与合作，也加深了国家间的相互依赖，从而推动了全球化的进程。但不同国家由于经济发展水平和社会制度存在较大差异，各国从国际贸易中获得的实际利益很难均衡，因此，历史上贸易战争从不曾断过。对于崛起的经济贸易大国来说更是如此。中国国际问题研究所姜跃春研究员从中国整体出口形势的发展角度指出，贸易量的增加必然伴随着贸易摩擦的增加，“这是任何一个国家都不能避免的”。

2001年，中国加入世贸组织，世界市场的大门向中国敞开，中国经济发展至此进入新的发展阶段和快车道。中国抓住了进入低端产业链的机会，成功融入了世界经济体系，实现了高速增长，取得了一系列令人瞩目的成绩。在加入世贸组织前夕，中国仅为全球第六大经济体。现在，中国经济规模先后超过英国、法国、德国、日本成为全球第二大经济体、最大货物贸易国、世界第二大对外投资国，人均国内生产总值接近9000美元。

美国贸易代表办公室（USTR）发布的《2015年中国履行世贸组织承诺情况报告》（以下简称《报告》）指出，14年前（2001年12月11日），中国正式加入世贸组织。加入世贸组织以来的数据显示，中国与主要贸易伙伴美国之间的贸易和投资额出现急剧扩张：2014年，美国对中国出口的货物贸易总额达1240亿美元，比2001年增长了545%；美国对中国的服务贸易出口额达

430亿美元，比2001年增长了733%。

成绩背后，贸易摩擦却如影随形。尽管中国出口只占全球出口的10%左右，但每年针对中国企业的反倾销反补贴案件占全球案件高达1/3左右。上述《报告》认为，当前中美之间在贸易和投资领域存在的诸多问题均涉及中国政府的干预政策和做法，以及中国经济中的国有企业问题，产生了明显的贸易扭曲，从而引起贸易摩擦。自中国加入世贸组织以来，美国已在世贸组织争端解决机制项下提起了针对中国的17起诉讼，是其他世贸组织成员针对中国提起诉讼的两倍多。《报告》称，美国此举旨在迫使中国遵守世贸组织规则，并作为一个成熟的经济体完全参与到世贸组织的全球贸易体系中，并从中受益。

在世贸组织中，中国面临的贸易摩擦包括两个层面：一个层面是中国的出口企业面临其他国家政府反倾销和反补贴等贸易救济措施。长期以来，中国一直是其他国家反倾销调查的重点对象，1995—2007年6月底，世贸组织各成员发起反倾销调查近3097起，其中针对中国的调查高达551起，使中国每年数百亿美元的出口产品受到影响。2015年，针对我国钢铁产品新发起的贸易救济调查多达37起，比2014年增加19起。2016年1~10月，我国共遭遇21个国家（地区）发起的贸易救济调查65起，涉案金额58.3亿美元。另一个层面是成员政府之间诉诸贸易争端解决机制的案件。截至2012年底，世贸组织共有450多起争端解决案件，其中中国发起的争端解决案件11起，其他成员对中国发起的案件30起。这些案件都需要中国政府各个相关部门与商会协会及企业密切配合。

伴随中美贸易逆差的持续扩大，美国对中国的贸易制裁手段多样，如采取了反倾销调查、反补贴调查和“377调查”“301调查”、贸易壁垒等手段，不一而足。如2009年9月11日，美国总统奥巴马决定，对从中国进口的所有小轿车和轻型卡车轮胎实施为期三年的惩罚性关税，税率第一年为35%，第二年为30%，第三年为25%。2010年9月24日，美国国会众议院筹款委员会通过了一项旨在对所谓低估本币汇率的国家征收特别关税的法案。

需要关注的是，2016年9月，该委员会的执掌者纳瓦罗和罗斯共同撰文称：“中国是世界最大的贸易‘骗子’，中国加入世贸组织是美国经济低迷的催化剂，美国进口了失业，出口高质量的生活水平。因此，这点必须改变”，“应以高关税手段对华施压，如果中国不停止‘欺骗’行为，特朗普政府将采取保护性的关税，保护美经济利益”。因此，未来纳瓦罗势将把强硬政策主张付诸实施，中国将面临严峻的外部贸易压力。

有分析指出，如果美国政府想要通过贸易战最大程度地提振经济，那么拥有较高附加值的行业将进入优先考虑，比如计算机和电子产品、汽车及零部件。另外，如果美国政府想要“把就业带回来”，特别是在低薪行业，就应当首先从纺织、服装和皮革产业着手。因为这个产业的劳工成本相对较低，届时其给美国国内带来的就业岗位或许是所有产业里最多的。

2017年7月19日，首轮中美全面经济对话在美国华盛顿举行。中国国务院副总理汪洋与美国财政部部长姆努钦、商务部部长罗斯共同主持。中国本着维持中美新型大国关系、双方合作共赢的一贯态度，从大局出发，作出了诸多承诺。随后的100天里，中国按照计划，放开美国牛肉进口，放开美国大米进口，进口美国液化天然气，并将逐步在金融领域继续对美扩大开放，等等。然而，特朗普力图通过强硬姿态，想从中国得到更多经济利益的态度没有变，他甚至希望用贸易不平衡问题跟其他政治问题做交易。

8月14日，美国总统特朗普签署行政备忘录，指示美国贸易代表对所谓“中国贸易行为”进行审查，重点是在技术转让领域中国是否涉嫌违反美国知识产权，并以此决定是否对中国展开贸易调查。根据“301条”规定，美国贸易代表首先寻求与外国政府协商，以寻求贸易补偿或消除贸易壁垒。如果协商无法解决问题，美国可以采取贸易救济措施，比如征收额外的关税、费用和对进口的限制。

美国当地时间2017年8月18日下午，美国贸易代表罗伯特·莱特希泽发表声明称，将根据美国《1974年贸易法》第301条，在涉及技术转让、知识产权和创新领域对中国正式启动贸易调查。这意味着半年多来中美贸易之间的纷争进入了新的阶段。中方对此表示："打贸易战没有前途，没有赢家，只会双输。"同时，美国采取单边行动损害中美经贸关系的行为，也引发了国际上对美国贸易保护主义抬头对世界贸易秩序和格局所带来的破坏的担忧。

目前看来，中美贸易战已是"离弦之箭"。双方在这场没有硝烟却又争斗激烈的利益之战中都将承受巨大损失。大国博弈从之前彼此剑拔弩张、两军对垒到如今你中有我、我中有你的利益纠葛，贸易战彰显出冷战结束后国际关系发展变化的新形态，也表现出国际格局和秩序的新走向。

2018年4月10日，习近平主席在博鳌论坛上发表讲话强调："中国开放的大门不会关闭，只会越开越大"，"中国始终是世界和平的建设者、全球发展的贡献者、国际秩序的维护者"。宣布大幅度放宽市场准入、创造更有吸引力的投资环境、加强知识产权保护、主动扩大进口。特朗普随后表态："中美之间的贸易问题我不会称之为贸易战，因为这真的是一场贸易谈判。"

5月3日，美国总统特使、财政部部长姆努钦率领的美方代表团访华，就双方共同关心的扩大美对华出口、双边服务贸易、双向投资、保护知识产权、解决关税和非关税措施等问题与中方充分交换了意见，从会后发表的简短新闻稿可以看出，双方并没有达成实质性的协议。当地时间5月15日，习近平主席特使、中共中央政治局委员、国务院副总理、中美全面经济对话中方牵头人刘鹤率领中方经贸代表团抵达华盛顿，就中美贸易问题继续磋商，两国就不相互开展贸易战达成共识。但没过几天，美国白宫5月29日发布声明，宣称将对500亿美元从中国进口的包括高科技以及与"中国制造2025"相关的产品征收25%的关税，最终征税名单将在6月15日宣布，并在随后开始征收关税。此外，投资限制、对中国个人与先进工业技术出口控制等规定将在6月30日公布。

6月15日，美国正式公布针对中国的金额为500亿美元的关税制裁清单，美国贸易代表总署公布两份关税制裁清单。第一份清单包含了涵盖340亿美元进口值、共计818项的中国进口商品，并将于7月6日起课征额外的25%关税。第二份清单则是涵盖160亿美元的284项商品。6月16日，商务部回应美方将立即出台同等规模、同等力度的征税措施，并表示，双方此前磋商达成的所有经贸成果将同时失效。6月18日，特朗普威胁将额外对2000亿美元的中国商品征收10%的关税。

双方从剑拔弩张，到稍作缓和，到又起波澜，这也表明，贸易战是大国博弈的手段与工具，会根据各自的战略利益而起起落落。中美贸易争端会走向何方？是随着美国的予取予求更加激化，还是随着中国以更加开放的姿态深度融入世界经济和相关开放政策落地而渐渐消弭？这并不取决于贸易战本身，而是看双方在发展不平衡加剧的世界格局中以怎样的战略角度来寻求和平衡各自的利益。

BEYOND
THE TRADE WAR
超越贸易战

2

第二篇　战史回眸篇

- 都是贸易保护主义惹的祸
- 激荡历史天空的贸易战例
- 回眸全球贸易混战的冷静思考

国际贸易可双赢、多赢，但赢多赢少也时不时把人们心中最激烈、最卑鄙、最恶劣的感情，把代表各自国家私利的复仇女神召唤到战场上来。所以，纵观历史，自有国际贸易以来，贸易战就如幽灵一般，与之如影随形。其形式既有纯粹商业性质的竞争与博弈，也有因此而引发真正军事甚至大规模战争的。

贸易战穿越人类国际社会数百年，诸多战例曾激荡历史天空。英国“航海条例”、“美苏两极”贸易战、美日汽车贸易争端、拖垮日本经济的广场协议、美欧钢铁多轮贸易纠纷、美欧香蕉贸易冲突、美国石油歧视案例、秘鲁诉欧盟沙丁鱼案、中日蔬菜贸易摩擦、稀土贸易之争等最为经典。

历史是一面镜子。当此战云压顶之际，回眸贸易战史，以史为镜，可以知兴替，可以悟应对。

都是贸易保护主义惹的祸

从重商主义到自由贸易

香料成为探索发现的催化剂。从重商主义到自由贸易的发展史，就是一部由香料诱惑衍生的历史。当时，香料在欧洲的政治、经济和日常生活中有着极其特殊的地位。长期以来，在欧洲需求量极大的香料都需要从东方进口，售价极为昂贵，贩运利润奇高。15世纪中叶，欧洲人口迅速增长，对香料的需求进一步加大。而就在这时，地中海东部风云突变，政治形势发生重大变化。奥斯曼帝国的军队占领了西亚、北非和东欧巴尔干半岛的部分地区，阻断了东西方之间的通商要道。传统香料贸易的商路被牢牢掌握在与欧洲人处于敌对状态的土耳其人手中。即使花费高昂的价钱，欧洲人依然不能得到足够的香料，焦躁不安中他们开始寻找打破贸易困境的出路。

当然，欧洲人想要寻找的绝不仅仅是香料。此时的欧洲正陷于早期重商主义的狂热当中，无论是王公贵族还是普通百姓，都认为黄金白银是衡量财富的唯一标准。一切经济活动的目的都是为了获取金银，一个国家拥有的金银越多，就越富有、越强大。此时欧洲各国之间的贸易，在重商主义的指导下都纷纷选择了贸易保护政策，一方面竭力鼓励出口，另一方面大力限制进口，因为只有贸易顺差才能让他国的黄金和白银流入本国。整个欧洲贸易壁垒重重。为了追求更多的黄金和白银，开辟新的市场已经成为唯一的选择。

通过海洋控制世界。为了获得香料和真金白银，欧洲人克服了对大海的恐惧，葡萄牙走在了欧洲各国的最前面。在恩里克王子的统帅下，在迪亚士、达·伽马等航海家的开拓中，葡萄牙人“将世界踩在了脚下”。葡萄牙依靠海权取得的暴富，让整个欧洲红了眼。在西班牙女王伊莎贝尔的鼎力支持下，1492年，哥伦布发现了“新大陆”，从那一天起，全球贸易的版图开始清晰起来。16世纪初，西班牙在大西洋两岸间穿梭往返，在欧洲和美洲之间互通有无，向世人炫耀着西班牙帝国的繁荣与昌盛。葡萄牙和西班牙靠冒险精神征服了海洋、控制了世界，但单靠冒险并不能让贸易持久顺畅地运转下去。虽然财富像潮水一般涌入了伊比利亚半岛，但这些真金白银并没有转化为产业。

当全球贸易走过靠冒险精神领航的最初阶段，它需要一种更先进的商业模式来满足资本对于超额利润的追逐。此时，荷兰这个葡萄牙和西班牙的挑战者出现了。荷兰人凭借其不断创新的商业模式迅速占据海上霸主的位置。这一时期的荷兰，创造了太多人类历史上经济、金融领域的第一：成立第一家联合股份公司、第一只股票、第一个股票交易所、第一家现代意义的银行……与荷兰在全球贸易的垄断地位相对应的，是其财富爆炸式的增长。

自由贸易大旗高高飘扬。自从英国也加入到世界贸易的战局中，火药味就越来越浓重，战争的规模也逐步升级。经历了三次英荷战争，荷兰海上实力大大削弱，在辉煌了近一个世纪以后，出尽风头的荷兰人逐渐退出了曾经任其自由驰骋的茫茫海域，英国逐渐成为了新的海上霸主。最初，英国政府把重商主义作为立国之本，始终不渝地追求财富。英国沿袭欧洲大陆各国的贸易保护政策，一方面，实行鼓励本国商品出口、限制他国商品进口的贸易政策；另一方面，在海外拼命抢夺竞争对手的殖民地，打压竞争对手的海外贸易。如果英国沿着这条路走下去，它的命运也会和葡萄牙、西班牙、荷兰相同，被新的贸易竞争对手所取代，而颇受幸运女神眷顾的英国通过制度创新完成自我救赎。通过“光荣革命”，英国资产阶级确立了世界上第一个君主立宪政体，结束了封建专制的君主统治。一个全新的国家，一个完完全全追求利润最大化的国家出现在了人类历史的舞台上。1769年，蒸汽机的发明标志着英国继“光荣革命”之后完成了“工业革命”，从此进入工业时代。

“工业革命”让英国的棉纺织生产力很快过剩，19世纪中叶，英国的棉布产量相当于世界其他国家产量的总和。而1860年英国人口仅占世界总人口的2%、欧洲总人口的10%，这带来了一个巨大的难题：生产这么多的衣服、布料卖给谁呢？一个睿智的英国人在这时开始全面反思统治欧洲长达300多年的重商主义贸易保护政策，这个人就是亚当·斯密。他认为，英国可以继续通过贸易保护主义、征服其他领域以及保持独有的垄断地位来赚取金钱，但是如果选择自由贸易，英国可以挣到更多的钱。而且，如果英国让别人有钱了，他们就能够向英国购买更多的产品。亚当·斯密通过《国富论》为“工业革命”后的全球贸易缔造了一个新的秩序。在过去，所有的贸易大国都是靠贸易保护、用武力保持贸易垄断来获取财富，而亚当·斯密认为：平等竞争的自由贸易才能使利益最大化。英国这种打开大门的自由贸易政策取得了巨大成功，1760年，英国占世界制造业的份额只有1.9%；1860年左右，英国占欧洲贸易总量的30%、欧洲工业品出口的43%。英国制造品的出口量甚至一度占世界制造品贸易的2/3，这让英国成为主宰世界的“日不落帝国”。在英国最为强盛的时候，自由贸易开始由这个“日不落帝国”推行到了全世界，世界贸易和世界经济也因此有了极大的促进和发展。当然，英国是这项经济政策的最大受益者。为了打开其他国家的市场，英国甚至不惜使用战争手段强行进入。

就在“日不落帝国”看似如日中天的时候，太阳其实已经在悄悄倾斜。伴随着19世纪70年代“第二次工业革命”的开始，世界经济格局发生了翻天覆地的变化，英国世界霸主的地位也变得岌岌可危。“大萧条”时代的全球性金融危机以及之后发生的第二次世界大战，使英国的实力进一步衰退，随着国力的日渐衰落，英国对外贸易政策也开始和自由贸易主义渐行渐远。而美国却大发“战争财”，顶替英国成为世界经济的新霸主，高高擎起自由贸易的大旗，并使之再度飘扬。

贸易战场上争论不休的两大派系

上述历史告诉我们，在大国崛起过程中，对外贸易始终是促进经济发展的重要推动力。对国际贸易理论的研究，西方理论界已经形成较为完善的、影响较大的国际贸易理论体系。其基本思想可分为两大类，一类是倾向于自由贸易的思想，另一类是倾向于保护贸易的思想。两类思想分别代表不同时期不同国家的利益，并展开了长期、激烈的论战。在国际贸易理论发展史上，从未停止过自由主义与保护主义之争。两种思想自诞生以来，就一直是国际贸易的核心，对后世各种不同类型国家的贸易理论和政策产生了深远的影响。

自由贸易思想起源于亚当·斯密，它代表发达国家资产阶级的利益。该思想认为，建立在自由竞争基础上的经济，能够实现最有效的资源配置，将带来各国收入水平的提高和经济的发展。自由贸易理论通过分析国际分工和贸易对生产结构、分配关系和经济发展有何影响等问题，主要说明国际分工和贸易产生的原因，研究国际分工和贸易形成的基础。也就是各国间为什么会发生贸易，各国间在什么情况下发生贸易，各国间的贸易模式又是如何，双方可以获得怎样的好处，一国的贸易模式都受哪些因素的限制等。其中比较有代表性的理论有：绝对优势理论、比较优势理论及要素禀赋理论等。

由亚当·斯密的绝对优势理论、大卫·李嘉图的比较优势理论和赫克歇尔—俄林的要素禀赋理论构成了传统自由贸易理论，在西方贸易理论体系中一直占据主导地位，特别是大卫·李嘉图的比较优势理论长期以来一直受西方主流经济学家所推崇，成为指导国际贸易的永恒定律。无论是“古典”的绝对优势理论、比较优势理论，还是“新古典”的要素禀赋理论，不妨将其合称为传统贸易理论，所强调的比较利益结构都是建立在一国产业之比较优势的基础之上的。通常的情况是，发展中国家缺乏资本和技术，而有自然资源和劳动力资源丰富便宜的优势，发达国家则具有资本和技术方面的优势。因此，比较优势的贸易格局一般表现为发达国家进口劳动密集型和自然资源密集型产品，出口资本或技术密集型产品，发展中国家则进口后者，出口前者。

应该说，上述理论在解释现实中的某些贸易格局上是相当成功的，并曾在相当长时期内构成了国际分工与贸易理论的主流，但它们终究存在着局限性。1953年，里昂惕夫利用他的投入—产出分析方法对美国1947年和1951年实际贸易结构进行具体实证分析。根据赫克歇尔—俄林的理论，美国的资本要素相对充裕，而劳动力相对稀缺，因此美国应进口劳动密集型产品，出口资本密集型产品，而验证的结果却与定理恰恰相反。这就是人们所熟悉的“里昂惕夫之谜”，也就是“比较优势陷阱”。这种结果令经济学家们迷惑不解，后来其他学者对日本、加拿大等工业国家的情况的验证也发现了这个矛盾，证明了“里昂惕夫之谜”具有一定的普遍性。这说明以比较优势为基础的国际贸易理论对现实的解释力不够，需要继续探索。此外，理论界还出现了以生产技术变化即成本优势动态变动为基础的产品生命周期理论，用偏好不同解释贸易基础的需求偏好相似说，以规模经济和不完全竞争为基础的新贸易理论等。

保护贸易思想起源于重商主义，其后经过发展，形成了较为系统的保护贸易理论。这一理论从相对比较落后的国家的角度，认为国际贸易对发达国家有利，而对经济落后国家不利，甚至会阻碍其经济发展，并指出在政府的干预下，生产力的发展比单纯地靠国际分工发展要快很多。因此，反对放任自流的自由贸易，支持保护贸易，主张一国政府应该采取措施干预对外贸易。

贸易保护主义的开端要追溯到国际贸易起源时，15 ~ 17世纪兴起与发展的重商主义是贸易保护主义的鼻祖，到了19世纪初，德国与美国民族工业受到当时推行贸易自由化的英国商品的威胁。针对这种客观经济状况，美国的汉密尔顿和德国的李斯特提出了“幼稚产业保护理论”。随后，在这种保护主义思想下，穆勒、巴斯塔布尔、肯普及日本的小岛清都进一步深化了保护总体经济的结构和方向。在第一次世界大战与第二次世界大战之间，以凯恩斯为代表的超保护贸易理论盛行。进入 20 世纪 80 年代以后，加拿大经济学家布兰德和美国经济学家斯潘塞提出了战略性贸易政策理论。该理论的背景是国际经济中不完全竞争较为普遍，在寡头市场中，如果政府补贴该国企业的出口，那么，这个国家的企业在另一国竞争性的国内市场份额将增加，这样就可提高国民收入水平。为了弥补政府操纵贸易条件动机在贸易保护解释方面的缺陷，贸易理论中还相继出现了垄断市场理论、动态比较利益理论以及新政治经济学等理论的解释。

主要贸易保护理论的历史评价。重商主义理论——开辟了国际贸易理论的系统研究。重商主义贸易学说是重商经济理论的核心，是西方最早的国际贸易学说。马克思认为，重商主义是对资本主义生产方式的“最早的理论探讨”，是资产阶级政治经济学的第一个学派。

李斯特保护贸易理论——推进比较利益理论更高层次上的统一。李斯特的关税保护主义并不是无原则地一味强调对国内工业的保护，而是主张对具有发展潜力的幼稚工业进行有期限的保护，保护的目的是最终实现自由贸易，这与后来的贸易保护主义特别是以维护国内市场垄断价格、夺取海外市场为特征的“超贸易保护主义”显然是存在区别的。相反地，虽然李斯特公开声明是反对古典学派的比较利益原理，但在事实上他的理论与比较利益原理是相统一的，并且是对比较利益原理的进一步发展。李斯特幼稚产业保护理论的提出，是保护贸易理论体系形成的标志，它确立了保护贸易理论在国际贸易理论体系中的牢固地位，对当前国际贸易决策和理论研究仍具有重要的指导和借鉴意义。

凯恩斯主义贸易理论——萧条经济下的贸易政策理论。凯恩斯主义贸易理论的产生有着深刻的历史背景，20世纪30年代世界性的经济危机导致市场矛盾进一步尖锐化，社会失业现象严重。可以说，凯恩斯主义的贸易保护政策理论是一个在特定的经济运行阶段所实施的贸易保护政策论，或者说，它是萧条经济下的贸易政策理论，从而是临时性的贸易保护政策。由于经济波动呈现出一定的规律性、周期性，它总是伴随着工业发达国家经济萧条时期的到来，不断地被政策制定者们启用。在理论上，自亚当·斯密提出绝对优势理论标志着自由主义体系创立以后，尽管出现过以李斯特为代表的贸易保护政策理论，但在170年的历史中，自由主义的经济思想始终占据了理论上风，可以说，直到凯恩斯主义经济理论的提出，才从根本上动摇了自由主义的理论基础。

战略性贸易政策理论——新贸易理论重要的政策注释。战略性贸易政策理论的产生有其深刻的理论依据，它是新贸易理论的政策安排，是新贸易理论在逻辑上的延伸，也可以说是新贸易理论重要的政策注释，它的提出令人耳目一新。战略性贸易政策理论的实质是放弃自由贸易，在国际贸易中实行政府干预主义，从市场结构的不完全竞争出发，全面否定了自由贸易理论的现实意义。在他们看来，只要市场是不完全的，政府就要干预对外贸易，干预的目标是本国获取最大限度的经济利益或利润，而并非是贸易收支的顺差。因此，从某种意义上讲，战略性贸易政策理论是对李斯特保护幼稚产业的贸易政策理论的部分继承，但又是对追求贸易顺差的凯恩斯主义贸易政策理论的部分否定。

贸易保护主义理论的反思与展望

贸易保护理论给予当下的启示。贸易保护的根源在于国家利益的差别，无可否认的是：无论在历史上，还是在现实世界中，没有一个国家能够超越自身的国家利益。在这个互相依赖不断加深的世界上，民族国家利益仍高于一切。任何一国的对外贸易政策的制定都是以本国利益为基点，而不是为谋求全世界的福利。正如美国经济学家所坦率而深刻地指出的：“各个民族国家几乎不会对外国人的利益像对本国人利益那样重视。在大多数情况下，各国的政策对外国人的利益是漠不关心的。”[①]因而在自由贸易的利益分配对本国有利时便倡导实施自由贸易，否则就施行保护贸易。以凯恩斯新重商主义为例，它是从维护发达国家眼前利益出发的，是一种超贸易保护政策的理论，为20世纪70年代中期以来新贸易保护主义的兴起和发达国家的贸易保护政策提供了理论基础。对这些贸易保护政策及其理论依据的判断，完全取决于立场所在。就从发达国家本身的立场来看，不无某种经济学上的合理性。但若从发展中国家的立场和从世界经济平衡发展和共同繁荣的长远观点来看，就只能看作发达国家损人利己政策的“口实”而已。其后发展的各种经济与非经济理论依据也不例外。

发达国家之所以能基于眼前利益实施损人利己的贸易保护，是因为它们具备强大的经济实力。当今世界仍然是“实力”外交的时代，除非有特殊例外，发展中国家往往无法以同样的理由实施同样的措施，更何况还是积极的基于长远发展的政策措施。在所谓“公正”的国际贸易组织中，发展中国家在谈判上常常也处于不利境地。

对经济发展水平落后的国家来说，在国际经济交往中无所谓真正的公平可言。原来在历史上就埋下了不公平的基础，在还没有从根本上改变这个起点的不平等以前，发达国家的以“公平”或者“互惠”理由对发展中国家的要求其本身就是不公平的。更何况发达国家本身就从来没有以全世界共同繁荣的“自由贸易的理想”来要求过自己，而是要求别的国家来服从这一天真的理想。其自由贸易也好，保护贸易也罢，其根本出发点从来都是出于自身利益的考虑。[②]

对贸易保护主义的未来发展预测。国际贸易理论的发展仍将不会停止自由

① 彼得·林德特，查尔斯·金德尔伯格．国际经济学 [M]. 上海：上海译文出版社，1985.

② 任烈．贸易保护理论与政策 [M]. 上海：立信会计出版社 .1997。

主义与保护主义之争。自从国际贸易理论产生的第一天起，这两种学说就互相争论，直到今天也没有结束。有理由相信，在未来国际贸易理论的发展史上，关于自由还是保护的争论仍不会停止。随着世界经济格局不断演变、科学技术水平的不断发展、贸易方式的不断增多，国际贸易理论将不断完善，在发展方向和政策内容上也会迎来新的突破。

激荡历史天空的贸易战例

英国历史上的《航海条例》

1651年10月，英国通过了旨在打击贸易对手和保护英国航海贸易垄断的《航海条例》（*The Navigation Acts*）。《航海条例》是在英荷争夺世界贸易霸权的背景下产生的，是英国奉行重商主义政策的核心部分，是运用政府权力对国际贸易进行干预的一种限制性手段。实行《航海条例》的最初目的是鼓励发展本国的航海事业和海外贸易，但发展到最后更多地被看成是贸易法，对英国的崛起及国际贸易体系产生了深刻影响。

1640年，英国爆发了资产阶级革命，克伦威尔率领议会军打败了查理一世的王军，建立了代表资产阶级和新贵族利益的英吉利共和国。取得国家政权的新贵族把重商主义作为立国之本，实行鼓励本国出口商品、限制进口他国商品的贸易保护主义政策，以通过海外贸易来积累财富。但英国在发展海外贸易方面起步较晚，荷兰已成为当时欧洲海上贸易最强盛的国家，垄断了全部的香料贸易，建立了一支庞大的商业船队和海军舰队，包办了许多国家的海上运输和对外贸易，成为“海上马车夫”。为争夺海上贸易霸权和控制海外殖民地，克伦威尔向议会提交了《航海条例》，决心打破荷兰的海上贸易垄断。

英国颁布的《航海条例》包含了反对外国垄断海运、统一航线、保护渔权三方面内容。在反对外国商船垄断方面，《航海条例》规定，亚洲、非洲和美洲所产的一切商品，只能通过由英国船员管理的英国船只才能运达英国领土，欧洲国家生产的商品只能通过该商品生产国的船只或英国船只才能运入英国领土。在统一航线方面，《航海条例》规定了所有的航运路线最终只能是英国港口，因此限制了荷兰转口贸易的发展，迫使其他国家选择价格较贵且效率较低的英国船来运输货物，确立了英国商业中心的地位。在保护渔业权方面，《航海条例》规定只有船主是英国人，或船上大多数人是英国人的船只才能从英国领土运出鳕鱼、沙丁鱼、鲱鱼及相应鱼制品，以鼓励英国人从事捕鱼业，从而将荷兰渔船排除在英国海岸之外。

《航海条例》的实施使得荷兰的海外贸易利益受到极大损失，英荷双方的贸易竞争趋于激烈，矛盾空前激化，最终不可避免地诉诸武力，爆发了三次英荷战争。英荷战争不同于传统的军事战争，交战双方都没有入侵对方领土的意图，战争的目标不在于占领多少领土，而是为了获得贸易统治地位。英国取得了最终的胜利，迫使荷兰接受《航海条例》的限制，承认英国在不列颠海域的霸权地位，同意英国在东印度群岛有同样的贸易权利。英荷战后，荷兰的实力开始衰落，海上霸权地位被英国取代，英国逐渐崛起为“日不落”帝国。

《航海条例》刺激了英国航运业和造船业的发展，造船规模增加了一倍，超过了荷兰。在1638年至1688年的半个世纪里，英国出口和再出口贸易的价值总和增加了3倍，再出口甚至能占到出口总额的一半，整个18世纪使用英国港口运输的4/5以上是英国船只。为保证《航海条例》的执行，英国随之增强了海军力量，保障了海外贸易的发展，打击了荷兰世界贸易中心的地位，给英国带来巨大商业利益。亚当·斯密在《国富论》中说到“在英国各种通商法案中，航海法也许是最明智的一种。”

1851年《航海条例》颁布后，英国议会在1663年、1673年和1696年对其进行了部分修订，以进一步防止其他国家商人向非英国本土的国家出售货物。《航海条例》及修订案垄断了英国和殖民地的对外贸易，规定殖民地的对外贸易必须通过英国转口来进行，限制了英国殖民地经济的发展，强化了殖民地对英国的依赖。在《航海条例》之前，殖民地商人可以自由选择贸易伙伴，但《航海条例》剥夺了这种权力，英国商人利用《航海条例》的垄断优势，不断压低殖民地原产品的价格，提高英国制成品的价格，导致殖民地人民从英国购买的制成品价格比从其他欧洲国家还要高，严重打击了北美种植园经济，导致了北美殖民地的资产阶级和种植园主的不满，最终成为美国独立战争爆发的原因之一。

随着工业革命的完成，英国的经济实力日益强大，逐渐摒弃重商主义而实行自由贸易主义政策，1849年废除大部分《航海条例》，直到1854年才最终完全废除。《航海条例》前后延续了二百余年，加速了英国的海外扩张和资本原始积累，促进了英国海上力量的崛起，是英国通向霸权之路的起点，对工业革命前期的英国经济发展起到了较大的推动作用，促进了英国从商业社会向工业社会转型。

“美苏两极”贸易战

第二次世界大战后，美国和苏联从同盟关系变为竞争关系，美国力图利用贸易战来打垮苏联，以达到独霸世界的目的。美国为了控制欧洲和与苏联争霸，联合西方国家成立北约，苏联针锋相对联合东欧国家成立华约。两大集团在政治、经济、军事等领域展开激烈竞争，东西方开启了冷战大幕。在冷战期间，美苏两国为了获得世界主导权，明争暗斗，演绎了大国崛起时的贸易制裁与反制。国际贸易成为美苏关系的风向标，当美苏关系缓和时，双边贸易额就上升；当美苏关系紧张时，贸易争端也随之多发。国际贸易领域也成为美苏争霸的战场，双方在粮食、石油等领域展开了激烈的贸易斗争。

苏联在第二次世界大战期间付出了巨大牺牲，油田及相应产油设备几乎损失殆尽，石油自给率很低，需要从西方国家大量进口石油。美国在当时还是石油净出口国，为了压制苏联，1949年11月，在美国提议下，西方发达工业国家在国际贸易领域联合起来成立了“巴黎统筹委员会”，对苏联等社会主义国家实施战略物资和高技术禁运。列入禁运清单的有军事武器装备、尖端技术产品和稀有物资等三大类上万种产品。石油也是禁运物资之一，“巴黎统筹委员会”成为美国进行贸易战和争霸世界的工具。

20世纪六七十年代，随着全球政治形势的变化，美苏两国处于短暂的缓和期，美国对苏联的贸易封锁有所放宽。美国由于石油消费增加及受中东石油危机影响，已经从石油输出国变为石油进口国，而苏联的石油工业逐渐恢复，已经有了大量出口的能力。与此同时，苏联及社会主义国家遭遇粮食短缺危机，迫切需要从粮食生产大国美国进口粮食。于是，美国和苏联展开了粮食与石油贸易谈判。美国力图将农产品出口与石油进口挂钩，但苏联强硬反对，双方谈判毫无进展。但在美国农场主利益集团的压力下，美国被迫放弃将粮食和石油绑定的想法。最终，美国和苏联达成600万～800万吨/年的农产品贸易协定，未经美国同意不得突破800万吨/年的上限。在粮食和石油贸易的带动下，美苏贸易有所回暖，双边关系也有所缓和。

1979年底，苏联入侵阿富汗，加剧了美苏的对峙。美国开始对苏联实施更严厉的经济制裁，在军用设备、电子通讯、农业产品等众多行业实施禁止贸易、出口配额、终止投资等严厉贸易政策，还要求同盟国家对苏联相关领域的出口须得到美国许可。美国还说服沙特阿拉伯增加原油产量，降低国际油价，使苏联的资源出口换汇能力下降，阻止国际组织向苏联提供贷款，美苏开启全面贸易战。除了贸易战之外，在军事领域，美国里根政府制定了“星球大战”计划；在外交领域，联合西方国家对苏联进行制裁，加深对苏联的经济封锁；在文化领域，宣传资产阶级自由化思想，对苏联进行文化渗透。

在美国一系列经济、军事、文化等多维攻势下，两国关系日益恶化。尽管美国也承担了很大损失，如农业等行业的出口受限，损害了部分国内农民和出口企业的利益。但苏联的损失更严重，国际贸易量大幅下降，经济日益困难，丧失了和美国争霸的能力，最终在1991年解体。

美苏的贸易摩擦，由于双方争霸全球的需要，逐渐成为政治角力的延续，最终上升为全面的贸易战，形式也是最高等级的贸易封锁与制裁。双方的贸易战突破了经济金融领域，美国综合了政治、文化、经济、外交等手段，对苏联实施多维立体打击，不断消耗苏联的资源与资金。虽然美国自身也付出了很大代价，但最终在贸易战中取胜，成为唯一的超级大国。苏联在应对美国发起的贸易战时，应对失当，缺乏有效的反制措施，片面维持军事开支，导致国内经济部门的发展日益困难，最终败下阵来。

美日汽车贸易争端

汽车行业是美国和日本发生贸易摩擦的主战场，美日汽车贸易战打得最为持久且近年来仍然激烈。第二次世界大战后，美国凭借雄厚的资金、先进的技术和管理经验，成为世界上最大的汽车生产国，20世纪50年代初达到800万辆，在汽车出口领域一直居于领先地位。日本的汽车产量在1955年只有3万辆，但随着经济高速发展，汽车产业迅速崛起，成为美国的强劲竞争对手。1967年，日本汽车产量增至315万辆，跃居世界第二；到20世纪80年代增长到700万辆，超过美国成为世界最大汽车生产国。1978年，美国从日本进口汽车150万辆，1980年更是达到192万辆。从20世纪70年代开始，针对日本市场对于美国汽车及零配件的贸易壁垒，美国和日本就贸易争端陆续进行协商，但没能从根本上解决问题。在美国汽车市场，日本占据了25%的市场份额，而美国在日本市场仅占有1.5%的份额，两者差距巨大。到了20世纪90年代，美国对日本的贸易逆差超过了200亿美元。日本虽然同意通过磋商来扩大日本汽车市场的开放度，但实际上却采取拖延战术，拒绝与美国进行实质性谈判。因此美国逐渐采取强硬措施，要求日本向美国汽车厂商进一步开放市场，并且要求日本汽车市场应该向透明度高和充分竞争转变。

面对日本汽车产业的崛起，美国汽车产业从20世纪70年代开始出现衰落，三大汽车公司出现巨额亏损，市场占有率下降，美国开始放弃自由贸易政策，甚至挥舞制裁大棒对日本施加压力。1979年，美国政府要求日本完全开放本国的汽车市场，日本汽车制造商应在美国建厂以及自愿接受出口规模限制。1980年5月，日本政府统一减少对美汽车进口关税，并同意对美出口汽车数量设定上限，1981年的出口上限为168万辆，1991年为230万辆。1990年，美国对日本的汽车出口逆差占美国对日本总逆差的3/4，以及美国整体贸易逆差的1/2。1992年，布什总统访日后，日本将对美国汽车出口上限从230万辆下调到165万辆。1993年，克林顿总统要求日本更加全面地开放本国汽车市场。1995年，日本和美国进行了双边磋商，在谈判过程中，美国要求日本进一步开放国内汽车市场准入政策，逐步达到美国所提出的日本进口美国汽车的数量目标。日本认为美国应该从自身找原因，同时认为有别于政府可以对半导体行业进行直接干预，政府很难约束消费者购买哪国汽车，两国的汽车贸易争端谈判陷入困境。在谈判陷入僵局后，美国使用《全面贸易与竞争法》对日本进行威胁，宣称在规定时间内如果双方协商没有达成一致意见，将对日经济发动制裁。1995年5月，美国政府单方面宣布对日本进行贸易制裁，根据《1974年贸易法》第301节、304节（即所谓单边报复制度的“301条款”），对进口的日本豪华轿车征收100%的关税。

在美国的单边威胁下，日本外务省和通产省保持了一致立场，拒绝了美国政府提出的日本进口美国汽车数量的目标值，日本企业也保持对美国立场一致。如本田公司认为，日本市场本身也不景气，而且向美国屈服会鼓励美国在未来不断对日本进行施压。由于日本汽车生产企业对美国政府立场强硬，日本政府当然要支持日本汽车企业，因为汽车企业向日本政府捐献大量资金，来自汽车行业的政治捐款始终保持在较高水平。而且，日本丰田汽车公司主席同时兼任日本商业协会主席，也有利于协调汽车企业保持一致立场。在本次汽车贸易摩擦中，面对美国咄咄逼人的进攻，日本开始说“不”，最终日本政府把日美汽车贸易争端诉讼至世贸组织，双方在世贸组织框架内通过谈判解决了争端，日本和美国都宣布了各自胜利。

拖垮日本经济的广场协议

美国在第二次世界大战后建立了以美元为中心的国际货币体系，美元成为主要国际支付手段和储备货币，还牵头建立了国际货币基金组织、世界银行等国际金融组织。美国正是通过美元的霸权地位，以及强大的政治、军事优势作为后盾，控制和干涉其他国家的货币金融政策，通过输出美元弥补国际收支逆差。每当美国经济衰退时，美国就操纵国际金融组织发动货币战争，通过迫使对方货币升值，使得对方出口商品价格提高、出口竞争力下降，损害其他国家的经济利益。20世纪80年代末，美国经济陷入低迷，出口贸易出现下滑，而日本在电子、汽车等产业的带动下，成为第二大经济体，日本和美国的贸易摩擦不断增多。很多美国企业呼吁政府采取措施，要求加大对外汇市场和国际贸易市场的干预，通过美元贬值来提高美国产品的出口优势，减少美国贸易逆差。在美国企业的呼吁下，1985年，美国财政部部长贝克和日本、联邦德国、法国、英国的财政部部长和中央银行行长在美国纽约的广场饭店举行会议，签署了五国政府共同干预外汇市场，引导美元有序贬值来解决美国贸易赤字的协议，因这个协议在广场饭店签署，也被称为“广场协议”。

自20世纪80年代开始，美国生产的商品在国际上的竞争力下降，国内经济出现两极分化。一是对外贸易的赤字逐年增加，到1984年已经达到1600亿美元，这一数值达到了当年美国国民生产总值的4%。二是财政预算赤字的出现，外来的大量资金涌入，美国受到这些外来资金的冲击越来越大，导致美元持续升值，美国的出口商品在国际市场失去了往昔的竞争力。在这种经济危机的压力下，为解决外贸和财政双赤字，美国希望通过美元大幅贬值来增加美国外贸产品的市场竞争力。早在1977年，美国财政部部长布鲁梅萨借口对德国和日本的贸易逆差，对美国外汇市场进行了口头干预，引发了美元大幅贬值，从1977年美元兑换日元比例的1：290，下跌到1978年的1：170，下跌幅度达到41%。

石油危机爆发后，美国通货膨胀严重，实行高利率政策，刺激了大量海外资金流入美国，美元大幅升值，导致贸易逆差日益扩大。从1980年开始，日本在国际贸易中的影响越来越大，日本生产的商品源源不断出口到世界各地，从1980年初的196亿美元发展到1985年的440亿美元，日本超过美国成为最大的贸易国，但日本出口赚的钱主要投资美国的国债，拥有的资产都是以美元方式持有。美国一些大的制造业和右派人士请求通过政府干预，使美元贬值，以恢复美国制造业的辉煌。随着“广场协议”的签署，由于美元的贬值，使得日本持有的美元资产也严重贬值，日本的出口企业由于把美元投资到美国金融市场，导致把辛苦赚到的钱又返给了美国。据一家日本机构统计，自“广场协议”签订后，日本因汇率波动导致的对外净资产损失约为3.5万亿日元，很多机构投资者和个人投资者损失巨大，很多日本人认为“广场协议”是日本受到损失的幕后黑手。

日本签署“广场协议”后，美国、日本、德国、英国、法国大量减持美元，带动机构投资者大量抛售美元，形成美元持续大幅度贬值的局面。签署3个月后，外汇市场剧烈波动，从250日元兑1美元迅速下降到200日元兑1美元，日元升值达到20%，两年内日元对美元汇率变为1：120，日元对美元升值了一倍并连续10年升值，最高升至1：79。随着日元升值和外汇储备的增加，国际资本大量进入日本，资金流入使得股市和楼市价格疯涨，出现严重泡沫，经济最终陷于失控局面。同时，日本财富大幅增长，日本企业开始大规模海外投资。20世纪90年代，每当日本出现出口复苏、经济增长较快时，美国就会要求日元升值，从而导致日本出口下降，国际贸易复苏势头戛然而止。

“广场协议”签署后，日本投资者损失惨重，于是纷纷抛售美国金融产品，进而引发连锁反应，导致美国金融市场大震荡，国际资本纷纷撤离美国，美国发行的债券无人问津。由于失去了海外投资资本，美国的对外贸易逆差继续恶化，1987年，美国贸易赤字达1680亿美元，其中3/4的赤字来自日本和联邦德国的经常项目盈余。美国贸易收支状况恶化和外债的急剧增加，影响了外资向美国的流入，市场对美元信心下降，继续让美元贬值明显弊大于利，美国对日本和联邦德国的贸易摩擦再度加剧。同时，受日元和马克升值的影响，日本和联邦德国外贸出口下滑，经济增长率出现下降。

美国、日本、联邦德国、法国和英国达成的“广场协议”是一场货币战争，美国并没有因为有“盟友关系”而特意网开一面，“盟友”之间会为了各自的利益而使用各种手段，特别是当共同的敌人的威胁趋于减弱时更是如此。“广场协议”签署后，日元和马克都快速升值，但日本政府的应对措施不当，带来的损失比德国大得多，日本经济发展之后几乎陷入停顿，进入“失落的二十年”。

美欧钢铁多轮贸易纠纷

第二次世界大战后，为了压制苏联，美国建立了以美国为中心的全球贸易体系，旨在帮助欧洲复兴经济与阻止苏联扩展的马歇尔计划实施后，逐渐增强欧洲经济实力。到了20世纪70年代，欧佩克（石油输出国组织）联合减产提高石油价格，诱发了西方的经济危机。欧美国家经济增速放缓，通货膨胀高企，陷入“滞胀”状态，更加依赖出口来维持经济增长，因此欧美就占领对方市场及争夺第三方市场展开激烈竞争。

第二次世界大战结束时，美国钢铁业处于黄金期，美国钢产量占世界的50%以上。但此后，西欧、日本钢铁业发展迅速，至50年代末期，美国已经是进口多于出口。到了70年代末，美国钢材的竞争力进一步下降，美国国内钢铁市场也逐渐被进口钢材占领。

1982年，美国钢铁公司、伯利恒钢铁公司等七家美国钢铁企业，向美国商务部和国际贸易委员会提交了针对西方11国钢铁公司的“反倾销”“反补贴”诉讼，指控它们接受政府补贴，并以低于生产成本的价格向美国倾销钢材。美国商务部随即宣布暂停实施“启动价格机制”，美欧钢铁贸易战正式爆发。美国钢铁公司认为美国市场上有1/5是进口钢材，导致美国国内的钢铁生产日益下降，开工率连续下跌，大量钢铁工人被解雇或缩短工作时间，钢铁工业的年损失达10亿美元以上。对于美国的指控，欧洲国家的反应极为强烈，欧共体负责工业事务的官员表示，欧洲的出口量与前一年度相比下降了16%，而且欧洲企业得到的财政支持都是用于企业的恢复、调整和现代化上，并非用于补贴。欧洲的出口并没有损害到美国钢铁业，美国钢铁企业的困难是美国经济全面衰退、钢铁需求下降和美国钢材成本太高造成的，与欧共体的出口毫不相关。美欧双方就钢铁贸易进行多次磋商，最后商定欧共体总出口量不得超过美国钢铁市场的5.9%，双方的贸易争端才暂时告一段落。

2001年6月，全球钢铁产业面临产能过剩问题，美国钢铁公司经营困难，在钢铁行业协会的游说下，美国政府认定欧盟、日本、韩国等8国的钢铁产品出口违反“201条款”，对大多数种类钢材征收为期3年最高达30%的关税，并对厚钢板实行进口限额，同时实行钢材进口许可制度。欧盟、日本、韩国等国立即作出相应反制措施，欧盟也决定采取进口配额制度，对进口钢材征收最高达26%的关税。另外，欧盟、日本、韩国、中国、瑞士、挪威、新西兰和巴西就钢铁贸易争端向世贸组织提出诉讼。在本次贸易战中，美国钢铁企业在后期由于钢价的大幅上涨而收益最大，欧盟作为美国最大的钢材来源国损失最大，日韩等国也受到一定损失。2003年2月，时任美国总统布什发表声明，宣布取消钢铁进口关税，美欧钢铁贸易战又暂时告一段落。但事后，美国实施了更为严格的监管措施，以防止外国钢材大量涌入。

2018年5月31日，美国总统特朗普宣布，美国将对欧盟、加拿大、墨西哥的钢铝加征关税。美国商务部部长罗斯说明，对欧盟、加拿大、墨西哥的钢材征收25%的关税，铝征收10%的关税。欧盟委员会主席容克称，这对于全球贸易而言不是好事。容克态度强硬，称将对美国的金属关税实施报复，将在未来几个小时直接引进反平衡措施，并将对美国产品加征关税。美欧的钢铁贸易争端再度爆发并升温。

从美欧钢铁贸易战可以发现，贸易战一般都是在经济危机或行业发展困难的情况下爆发，而且，贸易战的手段不断复杂化、多样化，从单纯的关税壁垒向“反倾销”“反补贴”“进口配额”“进口许可证”等多维方向演变，贸易战的应对也更具挑战性。

美欧香蕉贸易冲突

世贸组织的贸易争端解决机制刚刚建立，举世瞩目的美欧香蕉贸易争端就跃然而出。“香蕉大战”在世界贸易战史上，是第一个运用世贸组织机制进行贸易报复的案件，涉及国家众多，斗争尖锐，延续时间也很长。美国虽然不是香蕉生产国，也不是香蕉出口国，但是，香蕉的国际贸易却被美国三大香蕉跨国公司控制，这几家公司控制着世界香蕉贸易总量的2/3，对香蕉的生产、贸易及关税有着重要影响。正是在这些公司的游说下，美国政府率领拉美国家对欧盟发起了香蕉贸易战。

第二次世界大战结束后，第三世界国家纷纷独立，欧共体国家为了维持对原殖民地的经济控制，于1975年2月与46个发展中国家（ACP国家）签订了《欧洲经济共同体——非洲、加勒比和太平洋（国家）洛美协定》（简称《洛美协定》）。该协定规定，欧共体成员国将在免关税、不限制数量的条件下，接受ACP国家95%的农产品和全部工业品进入；欧共体对从ACP国家进口的香蕉、甜酒、牛肉每年给予一定数量的免税进口配额。由于《洛美协定》规定发展中国家享有按预定配额向西欧免税出口香蕉的权力，这种做法无疑使香蕉的主要产地，特别是美国主要香蕉经销商，在对欧洲出口香蕉方面受到很大障碍，因此美国率领拉美国家联合反对欧盟的香蕉贸易政策。

1997年9月，以美国为首的香蕉出口国联盟向世贸组织解决争端机构（DSU）提起诉讼，反对欧盟关于部分发展中国家拥有按设定配额向西欧国家出口免税香蕉的特权。欧盟在答辩状中称美国没有起诉资格，想一开始就把美国排除在外，但世贸组织专家组认定美国有权利提起对欧盟的申诉。1998年1月，世贸组织争端解决机构通过仲裁报告，裁定欧盟不晚于1999年1月1日修改香蕉进口、销售及分销体制。欧盟迫于压力，于1998年7月重新修改了香蕉贸易规则，但美国仍然不满意，认为欧盟的新规则换汤不换药，原规则中的歧视性条例仍然被保留。1998年8月，美国联合其他5国向世贸组织提出了同欧盟谈判的请求，之后欧盟公布了新的香蕉贸易规则。1999年1月1日，欧盟香蕉贸易新的配额制度生效，其对香蕉产地分为三类：即传统的12个非、加、太国家，其他非传统的非、加、太国家以及非、加、太国家以外的任何第三国，分别规定不同的配额水平和关税税率。但美国以欧盟新制度仍违反《1994年关贸总协定》《服务贸易总协定》以及《进口许可协议》的有关规定为由，要求对欧盟新的香蕉进口机制重新加以审议。1999年3月3日，美国宣布单方面对欧盟采取贸易制裁措施，以惩罚欧盟关于香蕉的进口规则对美国有关公司所造成的经济损失，对来自欧盟的价值5.2亿美元的产品征收100%的惩罚性关税。美国的贸易制裁进一步加剧了双方之间的矛盾，欧盟提出了反诉讼，要求DSU审议“301条款”的合法性，欧美香蕉贸易战进一步扩大。1999年4月8日，世贸组织争端解决机构作出决定，欧盟的香蕉进口与销售规则与世贸组织的规定相违背，应该进行修改；同年4月12日，世贸组织争端解决机构判定美国可以对欧盟的产品进行报复，但裁定的金额仅为1.91亿美元，低于美国原先提出的金额，授权厄瓜多尔的报复金额为2.016亿美元。香蕉大战截止到2010年6月，欧盟与ACP国家签署了《经济伙伴协定》，欧盟和美国及拉美国家签订双边协定，前后鏖战了十多年的香蕉大战告一段落。

美国和欧盟在农产品贸易方面一直争论不休，作为世界上最大的农产品出口国，美国迫切希望在打开欧洲市场方面取得突破。美国和欧盟选择将香蕉贸易争端提交世贸组织解决，这反映出世界各国对世贸组织的尊重和信任，世贸组织争端解决机制已经成为处理国际贸易纠纷的首选方案。美国一直在推行全球经济安全战略，多次指责欧盟歧视拉美国家的商品，美国以国家利益受到损害为借口，通过采取各种措施遏制欧盟的影响。此次与加勒比、拉美国家向世贸组织提起申诉，显然是希望进一步拉拢拉美地区的发展中国家，遏制欧盟在拉美的影响力，推行其“美洲战略”并遏制欧洲的“美洲战略”，是“门罗主义”的延续。

美国石油歧视案例

在20世纪90年代的美国，国内外的汽油销售公司之间的竞争非常激烈，为了占领更多市场份额，石油公司使用各种竞争手段。在更高的环保标准和销售量衰退的双重压力下，美国大型石油公司发现了利用环保标准阻挡外国汽油进口商进入美国的机会。美国石油公司积极支持美国环保局提高环保标准。在1990年的《净化空气法》修改中，美国国会指导环保局规定，在美国一些重污染地区，采取新的规章来提高空气质量，只有经过改良的能减少有毒物排放的汽油和天然气才能在美国销售。环保局负责实施该法案，并签署改良汽油标准。1991年，美国环保局认为外国炼油商没有可以证明汽油真实质量的数据，只能通过1个“法令的底线”显示它们汽油的质量，而国内炼油商可以通过3种可行方法制定“独立的底线”。1994年，美国环保署规定，在美国9大城市出售的汽油中硫、苯等有害物质必须低于规定标准，美国国内生产的汽油可以逐步达到标准，但其他国家生产的汽油必须在1995年1月1日达标，否则禁止进口。这种内外有别的歧视性规定凸显了美国式的单边贸易保护政策，引起其他国家的强烈抗议，引发了和石油出口国的贸易摩擦。

委内瑞拉石油储量丰富，从20世纪90年代开始取代沙特阿拉伯成为美国石油与石油产品的最大输出国。1995年1月，委内瑞拉和巴西向世贸组织争端解决机构提出起诉，美国正在使用的规则对进口汽油造成了歧视，美国环保部门实施的石油标准与GATT中的最惠国待遇相违背，因为它对从某一第三国（加拿大）进口的石油采用了“独立底线”方案。而且美国也违背了国民待遇，因为美国对国外石油公司更严格，对进口汽油的化学特性使用了比国产汽油更严格的规则①。起诉方认为这是不公平的，因为美国汽油不需要达到同样的标准，美国也同样要遵守世贸组织的规则。委内瑞拉要求和美国进行磋商，1996年巴西以同样理由起诉美国。世贸组织专家组作出了裁定报告，认可委内瑞拉和巴西的观点。美国政府对这一裁定表示不服，提出了上诉，但世贸组织仲裁小组经过几个月复议后维持原裁定。此案的结果是最终美国败诉，这是对美国双重贸易标准的当头棒喝。美国和委内瑞拉在随后的6个月内就美国应采取的措施达成了一致，美国同意委内瑞拉提出的在15个月内修改规则的要求。美国于1997年提交报告，宣称新规则已经在同年8月19日签署。

美国汽油歧视案例是用世贸组织争端解决机制全部程序完成解决的第一个争端，是第一个发展中国家诉讼发达国家的争端，是世贸组织成立后第一个进入上诉程序的争端，因此受到各国密切关注。

秘鲁诉欧共体沙丁鱼案

沙丁鱼生长快，肉质鲜嫩，脂肪含量高，是世界重要的经济鱼类。这种鱼主要分布在两个地区：一个是大西洋东北部，被称为欧洲沙丁鱼；一个是在

① 非歧视是世贸组织最基本、最首要的原则，这一原则包括了国民待遇和最惠国待遇两个方面。国民待遇是内外一致的原则，是指成员国应保证其他成员的公民、企业在本国境内享有同等的国民待遇。最惠国待遇是对外一致的原则，是指世贸组织成员国现在或将来给予任何第三国的在贸易上的特权、优惠和豁免也同样给予其他成员。国民待遇和最惠国待遇是世贸组织成员国享有的基本的权利和义务，与国民待遇或最惠国待遇不符的政策容易引起贸易战。

印度洋与太平洋以及秘鲁和智利等国的沿海一带，被称为太平洋沙丁鱼。1989年，欧共体发布了2136/89号《加工沙丁鱼(Preserved sardines)公众销售标准条例》，规定罐装沙丁鱼必须是大西洋东北部的欧洲沙丁鱼，而对太平洋沙丁鱼却未作规定，客观上起到了不承认太平洋沙丁鱼是沙丁鱼的结果，为其他沙丁鱼在欧共体的销售设置了非常隐蔽的技术贸易壁垒。秘鲁向欧共体出口的罐装沙丁鱼是太平洋沙丁鱼，是用在太平洋东部沿海捕获的沙丁鱼制作的，根据欧共体法规，这样命名的秘鲁沙丁鱼被禁止在欧共体内销售。

针对欧共体的规定，2001年，秘鲁向世贸组织争端解决机构提起申诉，认为欧共体的有关罐装沙丁鱼的规章，只允许用北大西洋东部的沙丁鱼制作的罐装沙丁鱼以“沙丁鱼”的名称销售，这一规章违反了技术性贸易壁垒协议第2条第4款。秘鲁主张，欧共体的这一法规没有按照该款的要求，应与沙丁鱼产品命名相关的国际标准为依据。秘鲁与欧共体沙丁鱼争端，实质是关于沙丁鱼类产品描述、命名的争端。[①]

1978年，联合国粮农组织（FAO）和世界卫生组织（WHO）食品规则委员会制定了罐装沙丁鱼和沙丁鱼类产品的标准，1995年对该标准进行了修订。该标准规定了沙丁鱼产品的名称，沙丁产品是指鲜活或冷冻的21种沙丁鱼，包括欧洲沙丁鱼和太平洋沙丁鱼，相关产品可以用两种方式命名：“沙丁鱼”特指北大西洋东部的沙丁鱼，而“某某沙丁鱼”表示某一国家、某一地区、某一种类的沙丁鱼或符合销售国法律和习惯的产品。按照联合国制定的沙丁鱼标准，秘鲁产沙丁鱼可以称为“秘鲁沙丁鱼”或“东太平洋沙丁鱼”。

世贸组织专家组认为，欧共体提出的区分标签要求和命名要求缺乏根据，欧共体法规符合技术法规的定义，它规定了罐装沙丁鱼必须由北大西洋沙丁鱼制作。而名称和标签的通常含义可以类似，都是识别产品的方法。虽然欧共体

---

① 数据及资料来自中华人民共和国商务部网站 http://www.mofcom.gov.cn/。

承认欧共体法规是技术性贸易壁垒，但欧共体提出其法规没有对除北大西洋沙丁鱼外的产品规定强制性标签要求。专家组和秘鲁对此进行了反驳，认为技术既可以从正面规定产品的标准，也可以从反面规定，欧共体的条例就是用排除的方法，从“正面”要求在欧共体销售的沙丁鱼产品必须是用北大西洋沙丁鱼制作的罐装沙丁鱼，以“沙丁鱼”的专有名称销售，而“反面”含义是允许销售的罐装沙丁鱼不得使用非北大西洋的沙丁鱼制作。含有东太平洋沙丁鱼或其他种类沙丁鱼的罐装沙丁鱼，都不能在欧共体销售。实质上，欧共体通过否定形式规定了产品特征，从允许销售的罐装沙丁鱼中排除了东太平洋沙丁鱼。专家组由此得出结论，本案的争议措施是技术性贸易壁垒协议意义上的技术法规。

秘鲁认为联合国已经发布了与该法规相关的国际标准，而欧共体法规没有以该国际标准作为依据，说明欧共体法规是技术性贸易壁垒协议意义上的技术法规。欧共体对此进行了反驳，欧共体认为对于联合国标准，可以理解为“根据产品销售国的法律和习惯，在××沙丁鱼(生产国、地理区域和种类)和惯常名称沙丁鱼之间进行选择”。世贸组织专家组认为，联合国标准允许以生产国、地理区域名称、沙丁鱼种类和销售国法律和习惯的惯常名称与“沙丁鱼”结合在一起命名，对北大西洋沙丁鱼之外的沙丁鱼命名方式有四种，欧共体的理解是不正确的。秘鲁对本国生产的沙丁鱼以“秘鲁沙丁鱼”或“东太平洋沙丁鱼”命名符合联合国标准。专家组发现欧共体成员国内也存在以生产国、地理区域或种类与沙丁鱼结合一起命名的方式，这一命名方式并没有引起消费者误解和造成不正当竞争。

专家组最后得出结论，秘鲁提供了足够的证据和法律主张，证明联合国标准对实现欧共体法规所追求的合法目标并非无效或不适当，从而裁定欧共体法规与技术性贸易壁垒协议不符。2002年，专家组的报告被世贸组织争端解决机构通过，为了执行裁决，欧共体于2003年7月修改了条例，从而涵盖了其他水域出产的沙丁鱼产品。至此，秘鲁和欧盟达成了双方同意的解决办法。

统一产品的国际标准，必然将促进世界贸易发展，而各国产品的标准不一致会阻碍国际贸易的发展。但在制定产品国际标准上，发达国家发挥了主导作用，对于发展中国家往往不利。发达国家有时候还单方面制定技术法规，利用技术性贸易壁垒来保护自己的国内市场，对于发展中国家来说，技术性贸易壁垒越来越成为发达国家保护国内市场的一种手段。

中日蔬菜贸易摩擦

中国对日本的蔬菜出口量从1998年开始呈明显上升趋势，1999年达到31万吨，日本海关统计数据显示，2000年中国对日本蔬菜出口总量为104万吨，保鲜蔬菜为31万吨。1999年出口数量超过2万吨以上的保鲜蔬菜有大蒜、洋葱、香菇、卷心菜、胡萝卜等。与此同时，中国和美国的蔬菜对日本出口都呈现增长态势，1991年中国蔬菜对日本出口超过美国，此后一直居于首位。美国对日本蔬菜出口数量保持稳定，从1994年至1999年之间在每年60万～70万吨上下，在2000年为62.5万吨。

早在20世纪90年代，中日蔬菜贸易战就已初露端倪。1995年，日本根据世贸组织《农业协议》中第5条特殊保障条款对从中国进口的生姜和大蒜进行限制，最终以中国实施出口配额和日方实施进口商申报管理而暂时缓和。2000年8月，日本国内香菇产地要求日本政府依据世贸组织协定对中国发动保障条款。2001年2月和3月，中国政府和日本政府分别进行磋商，但磋商未达成一致，日本农林水产省单方面宣布自4月起到10月，对从中国进口的农产品实施检疫管理。3月30日，日本大藏省、农林水产省、经济产业省就限制中国大葱、灯芯草、生鲜菇进口进行临时磋商并达成一致意见。4月10日，日本政府不顾中国的强烈反对，单方面悍然决定，依据世贸组织协定第19条及日本国内的关税法，对从中国进口的大葱、灯芯草和生鲜菇采取200天紧急限制进口措施，超过限制部分的商品将征收高额关税，正式挑起了中日蔬菜贸易战。

中日蔬菜贸易战的背后是日本蔬菜产业缺乏竞争力，随着日本经济的高速增长，农村人口下降，日本的农产品严重依赖进口。为保护衰退的夕阳产业，自20世纪70年代以来，日本一直实施农业生产补贴措施，鼓励农民把水田改种旱田类的蔬菜、灯芯草等作物。从2000年开始，日本对条件较差的山区给予农业种植收入补贴，以确保这些地区的农业生产。我国蔬菜在成本上与日本相比有绝对优势，如日本大葱生产成本就远远高于中国大葱生产成本。日本作为已经实现现代化的工业国家，劳动力日趋老龄化，农业劳动力后继无人，种植蔬菜的农户拥有的土地分散而且蔬菜经营规模较小。在这样的情况下，日本农林水产省为进一步推动其农业生产政策，就必然要实施补贴政策，在农产品生产地的农民、农协、地方政府强烈要求，对从中国进口大葱、香菇和灯芯草等农产品实施紧急限制进口措施，也就成为日本政府解决农业问题的必然选择。

日本发动紧急限制进口措施是依据《日本关税定率法》。由于1997年日本发生异常气候灾害，日本进口商紧急从中国进口，导致1998年日本进口大葱剧增。但是从中国进口的大葱只占日本市场份额的8%，据日本农林水产省统计，日本蔬菜生产自给率为83%，国外蔬菜占17%，而日本进口大葱尚未达到这个水平。从短期来看，本次中日蔬菜贸易战对中国保鲜蔬菜的出口带来负面影响，对中国的农产品加工企业、菜农造成较大经济损失，受影响的省份主要有山东、福建、浙江、江苏，受影响的蔬菜品种有大葱、香菇及灯芯草等。中国向日本出口的大葱本来仅售100日元/公斤，日本农民生产的大葱是200日元/公斤，中国大葱如果被征收256日元的关税，将被迫退出日本市场。而且，日本国内对于中国其他产品，如鳗鱼、海带采取紧急进口限制措施的呼声也日趋升高。

日本对中国农产品发起的歧视性限制进口做法，严重损害了中国相关行业、企业和农民的利益。经过多次磋商，日本拒不接受中国提出的解决方案。2001年6月，中国政府不得已作出反制，决定对原产于日本的汽车、手机和车载无线电话、空气调节器三种商品加征特别关税，税率为100%。之后，两国有关部门就中日之间的贸易争端举行了多次磋商，最终于同年12月21日就有关贸易争端问题达成了和解，日方决定不启动对中国三种农产品实行正式的进口限制，中方则撤销对日本三种工业品加征特别关税，至此，中日蔬菜贸易战落下帷幕。

稀土贸易之争

稀土被称为“工业维生素”和“工业味精”，是高新技术和国防科学不可或缺的战略性资源，广泛应用于导弹、人造卫星、风力发电、汽车发动机、平板电脑等领域。近年来，全球对稀土资源的需求激增，美国、日本等发达国家将稀土作为战略物资进行储备。在稀土的储量方面，中国、美国、巴西的储量都很丰富。美国的稀土储量虽然很丰富，曾经是世界上最大的稀土生产国，但后来采取“封存本国资源，全部进口”的战略，稀土产量基本为零。中国的稀土储量不到全球储量的40%，却是最大的稀土生产国，中国的稀土产量长期占全球产量的90%左右。但中国稀土企业不计后果地开采，使得环境污染严重和稀土利用率较低，储量急剧下降。2006年之后，中国加强稀土市场秩序管理，对稀土开采、生产和出口进行管控，由出口逐渐转向国内消费。随着对稀土重要性的认识日益增强，中国2009年的稀土出口为5万吨，在2010年将稀土出口配额削减至3万吨，计划未来每年出口量限制在3.5万吨以下。自2006年中国首次削减稀土出口以来，这样大幅度削减稀土出口量还是第一次。中国对100家稀土分离企业进行重组，到2015年将该数量减至20家，从而提升稀土企业在市场中的潜力和竞争力。从2009年至2015年，中国将不会批准任何稀土开采许可证，并对已获得许可的企业进行基于技术设备、环境保护及管理原则的评估。在这一过程中，落后产能将会被淘汰。到2015年，加工型稀土产品的产量估计将占到世界总量的70%，从而提升中国稀土行业向整个产业链的更高端位置迈进。此外，中国将针对进入中国稀土行业的外国企业设定更高的入行门槛。在规划中国稀土行业可持续性增长的同时，中国正跟随美国和日本为稀土等稀有金属建立自身的储备体系，并建立特殊基金以支持稀土技术的发展。

西方发达国家深切感受到了稀土供给短缺的巨大压力，传出“中国开始限制，甚至禁止稀土出口”的谣言后，类似“我们已处于资源危机的边缘”“中国对西方发动稀土战”的论调就在西方满天飞。稀土这种广泛分布在多国的资源，被西方媒体描述成中国要挟他国的“独门武器”。美国《新闻周刊》称，稀土是高悬于中国贸易伙伴头上的“达摩克利斯之剑”。“稀土荒”“稀土战争”于是成了一些西方国家的“心头大患”。渲染这些担忧论调声音最大的，是没有稀土资源却身为世界稀土消费大国的日本。虽然它已廉价从中国购买、储备了能用20年的稀土，但仍然大张旗鼓地迈开了全球寻找稀土廉价供应商的脚步。日本之所以反应如此大，不仅因为其80%以上的稀土要从中国进口，更因为其已享受了多年的廉价原料。目前，稀土问题已经成为美、欧、日施压中国的政治博弈工具。

日本借稀土危机孤立、打压中国，联合欧美等国指责中国，大肆制造国际舆论，给中国制造外交压力，在国际舆论中将中国孤立化。在此前提下，展开一系列外交努力，用外交来为日本的企业财团开路。最先向蒙古展开外交协调，希望两国共同开发稀土资源，接着与稀土资源大国哈萨克斯坦、越南、印度就稀土开发达成一致，开始大张旗鼓地寻找新的廉价供应者。日本迅速同欧美组成“抗议阵营”，日本媒体指责中国的稀土战略同俄罗斯玩弄天然气管道的手法如出一辙，是彻头彻尾的“资源武器化”，并搬出世贸组织规则来大肆制造国际舆论。日本的所作所为，不过是为了在与中国的稀土博弈中取得好价钱，并借助与其他稀土大国的合作对中国直接施压达到最终目的。

2012年，美国、欧盟、日本针对稀土出口正式向世贸组织提出同中国磋商。美国认为，中国对稀土征收出口税、限制出口数量、设立出口证等措施违反世贸组织相关规定，给美国的汽车、风力发电等行业造成影响。欧盟认为中国对稀土的出口管控违反了贸易规则，危害了欧洲消费者和生产者的利益。2012年7月，世贸组织设立专家组，对中国稀土出口管理政策进行调查。2014年3月，专家组发布裁决报告，认为中国对稀土、钨、钼等产品实施的出口配额、关税和许可证管理违反了世贸组织规则和中国加入世贸组织的承诺。2014年，中国向世贸组织争端解决机构（DSB）提出上诉，同年8月，世贸组织支持了专家组的意见，中国最终败诉。

2015年1月，商务部宣布正式取消稀土出口配额制度。在稀土贸易争端中，中国作为稀土生产和出口大国，不合理地开采使得行业发展受限，中国调整相关出口政策引发了与美国、日本的贸易争端。稀土贸易争端作为中国和日本贸易战中的经典案例，提示我们在制定贸易政策时，要从整体战略高度和涉及的影响主体进行综合考虑，利用中日之间在经济上的互补性和日益密切的经贸联系，在多边贸易的基础上寻求双边贸易合作关系的建立和发展。

回眸全球贸易混战的冷静思考

自由贸易和贸易保护是一对孪生兄弟

自由贸易只是相对存在的。自从国际贸易产生以来，就没有真正意义上的绝对自由贸易，自由贸易只是相对存在的。正如保罗·萨缪尔森和威廉·诺德豪斯所说："很多人都承认自由贸易的世界是最好的世界，但他们同时也意识到这并不是自身所生活的现实世界。"无论是在经济全球化发展背景下，还是在当前部分国家出现反对经济全球化运动的背景下，自由贸易都是主流，但是各国在推进贸易自由化时，都会采取各种直接和间接手段，或明或暗地设置贸易壁垒，限制其他国家的进口，同时保护本国的产业发展并鼓励出口，其中也包括美国等众多发达国家。因此，即使在经济全球化背景下，贸易摩擦也是不可避免的，在国际贸易中各国由于经济发展的不平衡及利益的不一致，对国际贸易市场争夺激烈，特别是当财政收支和贸易收支不平衡时，伴随着政治、文化、地域等因素，贸易摩擦就很可能升级为贸易战，甚至演变为军事战争。

自由贸易和贸易保护主义的左右互搏。在国际贸易的发展史上，贸易保护与自由贸易一直是争论不休的永恒话题。自从资本主义产生以来，特别是工业革命之后，各国不同经济团体在贸易自由主义和贸易保护主义上始终存在较大分歧。在贸易自由化过程中，就是不断与贸易保护主义作斗争的过程。在资本主义社会，发展较慢的资本主义国家常常推行贸易保护主义政策，而率先实现工业化的国家则提倡自由贸易。到了垄断资本主义阶段，发达国家推行的贸易保护主义呈现新特征，保护手段由关税转到非关税措施，采取进口许可证、进口配额制等措施，这些措施隐蔽性强，已成为发达资本主义国家对外扩张、争夺世界市场的重要手段。第二次世界大战以后，随着工业生产和信息科技的进步，全球特别是发达国家的自由贸易迅速发展，从关税贸易总协定到世贸组织，以及相继成立的北美自由贸易区等地区性自由贸易组织，都是以降低关税、反对贸易壁垒、推动贸易自由化为目标。但是，自由贸易对于某些国家的出口及民族工业产生负面作用，导致财政赤字及国际收支不平衡，如20世纪80年代的美国以及欧洲、日本等国家都不同程度地采取了贸易保护措施，2016年英国从欧盟脱离的“黑天鹅”事件，也有保护本国贸易的因素。发达国家通常在具有比较优势的领域推行贸易自由化政策，比如智力密集型产业、资金密集型产业和服务业等，相反则针对发展中国家大宗产品出口设置贸易障碍。所以，自由贸易和贸易保护总是不断循环往复的，其政策选择往往以时代背景和经济环境为依据，在斗争中寻得相对平衡，在博弈中取得相对稳定，而平衡被打破后贸易摩擦就会增大，贸易保护主义就会占据上风，就会进入新一轮贸易战争。

从单边走向多边的贸易战形式演化

蛮不讲理的单边主义。第二次世界大战后的美国财大气粗，往往要求别人自由贸易而自己实行保护主义，通常是主动进攻的一方，最后占上风的往往也是美国。对于美国这样的经济政治军事强国来说，自由贸易是占领其他国家市场、打败小国企业的工具。美国在第二次世界大战后建立和实施以美国为中心、以美元为基础的国际货币体系，美国通常将贸易战的重心转向汇率问题，要求对方货币升值，降低对方产品的出口竞争力。今天，美元在国际储备资产中仍占有绝对主要地位，美国可以根据自身经济形势、货币政策需要，从本国政治经济的实际出发，利用美元的优势地位来影响他国汇率。美国强大的金融实力和国际影响力，为美国向贸易对象国施压提供了基本条件。中国制造的一些日用品进入美国市场时，美国也会夸大其词，认为对其本国市场构成挑战，威胁采取单边反倾销措施。

在世贸组织建立之前，国际贸易的摩擦解决机制较少，强国对弱国往往采取单边报复手段来处理贸易摩擦，它所依据的往往是国内法，执行力较强。如美国利用国内贸易立法中所谓“301条款”进行单边制裁，“301”条款是美国在1974年颁布的贸易法案中的一项条款，“超级301条款”和“特别301条款”对原来的“301条款”作了进一步强化。“301条款”规定在美国与其他国家进行贸易往来的过程中，如果美国认定这些国家采取了“不公开、不合理”的贸易措施，美国的贸易组织可以根据情况采取措施，借助政府的权力解除掉这些国家对美国商品进行的不公开和不合理的措施，从而达到报复这些国家的目的。美国坚持挑衅性的单边主义，对其他国家进行威胁，采取反倾销、反补贴、制裁等手段，确保目标国对美国开放产品和服务市场，保证美国的投资利益和知识产权，往往会给目标国造成巨大经济损失，迫使其他国家让步。“301条款”是典型的美国式单边贸易保护主义的体现，以牺牲其他国家利益为美国产业提供了保护罩，使得美国商品在国际市场上更有竞争优势，是美国贸易霸权的体现。美国政府经常在国际贸易中舞动“301条款”大棒威胁其他国家，在20世纪90年代，在中美知识产权贸易谈判中，美国就对中国发起了“特殊301调查”，对中国步步紧逼，妄图逼迫中国作出让步。特朗普在就职讲话中强调美国优先，美国今后可能更倾向于采取单边方式来解决贸易摩擦。2018年3月22日，特朗普在华盛顿签署总统备忘录，依据“301调查”结果，将对从中国进口的商品大规模征收关税，并限制中国企业对美投资并购。

走向联合作战的区域性集团式贸易保护主义。20世纪80年代之后，世界经济的集团化趋势越来越明显，通过区域经济合作，寻找和建立稳定的市场范围。随着乌拉圭回合谈判的结束以及世贸组织的设立，传统的贸易保护主义措施，如关税、配额、进口许可证越来越难以发挥作用，受到世贸组织的管制会越来越严格，很大程度上削弱了美国通过单边制裁进行自我保护的能力。欧美少数国家的贸易保护主义具有新的形式和特点，一些国家开始组成“抱团”的贸易集团，区域性贸易集团越来越多，贸易保护主义的区域化和集团化趋势加强。1993年，欧洲国家率先成立了欧盟，初步建立了欧洲统一的大市场。这些贸易集团在国家贸易保护基础上，逐渐形成区域性贸易保护壁垒。一方面，对区域集团内部推行经济一体化，实行自由贸易，实现产品和生产要素自由流动，促进内部经贸的发展，使得集团成员维护自身经济安全；另一方面，对外强调集团经济的安全性，采取各种贸易壁垒，对非集团成员实行差异化政策，构筑贸易壁垒抵制贸易对手的出口，当集团整体或某一国受到外部侵害时，协调集团的力量进行反制，保护区域成员的市场。

区域性贸易集团具有排他性和贸易保护性，凭借集团力量抵抗和报复集团外国家的贸易战。国际金融危机之后，为了维护经济的稳定和复苏，集团保护主义范围进一步扩大，保护领域从单一的商品市场扩大到金融市场和就业市场。在金融领域，发达国家加强控制和监管本国资本流出国境，甚至从新兴市场抽逃资本，通过本国货币贬值来促进本国的宏观经济复苏。在进口方面，发达国家根据自身的科技特点，利用在环境保护和科技方面的标准，提高了产品的进口门槛，出口企业开发国际市场的难度增加，对广大发展中国家的利益造成损害。在就业领域，国际大企业主要裁掉以短期合同为主的外籍劳工。

从单边贸易保护转向区域集团保护时，保护措施逐渐转向集团内的经济政策和产业政策，贸易保护手段不再是传统的关税，而是在技术标准、知识产权、产品认证、检验程序、安全标准等方面设置障碍，有意把技术标准复杂化、检验程序繁琐化，使得贸易保护更加法制化、制度化，更有巧妙性和隐蔽性。有些区域性贸易保护集团还打着“保护人权”的旗帜，针对特定国家将劳工标准纳入准入条件，借机剥夺发展中国家的竞争优势，保护其传统产业。这些贸易保护措施具有隐蔽性，实施起来灵活，给区域外国家向区域内国家出口设置了障碍。据世界银行统计，截至2004年，全球已有174个国家（地区）至少参加了一个区域贸易协定，欧盟、东盟、北美自由贸易区、西非共同体等经贸集团纷纷涌现，贸易保护主义亦从国家保护转变为集团性贸易保护，被卷入贸易战的国家越来越多。

需要警惕的贸易战多发期

经济危机时。从国际贸易发展过程来看，经济周期与贸易摩擦具有明显关联性。每当经济萧条、出口形势不好时，贸易保护主义思潮就会抬头，出现贸易摩擦的可能性大大高于经济繁荣时。

1929年，美国股市暴跌，引发了世界经济危机，资本主义发达国家的经济严重衰退，大量工厂倒闭，大批工人失业，贸易大幅下滑使得世界经济陷入了极度低迷的状态。为增加国内就业和促进经济的复苏，美国国会在1930年通过了《斯姆特—霍利关税法》，大幅度提高2万种外国进口商品的关税，实行进口定额制度，实行外汇限制，导致了贸易战的升级。在当时国会议员眼里，这项法案可以帮助“买美国货”，增加美国就业人数，是应对经济危机的良药。但结果却是点燃了贸易保护主义的导火索，引发了各国贸易政策的连锁反应，有33个国家提出抗议。在此背景下，随后英国、德国等四十多个国家大幅提高了进口关税，采取配额限制及禁运等措施，导致贸易摩擦频繁发生，全球掀起了保护主义的浪潮，引起了其他国家同样的贸易保护主义报复，导致贸易战频发。全球贸易额从1929年的360亿美元萎缩到1932年的120亿美元，包括美国自身在内的世界贸易都受到了牵连，美国的出口总额从1929年的52亿美元下降到1932年的12亿美元，使得美国经济进一步衰退，道琼斯指数和失业率都跌至最低点，加剧了经济危机，该税法也被称为“最大的错误”。经济危机也蔓延到德国，为了从经济危机中摆脱出来，希特勒利用德国人民对土地的渴望，喊出了“要用德国的剑为德国犁夺取阳光下的土地”，发动了第二次世界大战，实质是对国际市场和生存空间的争夺。

2008年爆发了国际金融危机，使世界经济深受重创，20国集团中的绝大多数成员为了提升国内就业率，发展本国实体经济，转而加强了政府对经贸领域的控制，采取了一系列贸易保护主义措施，加剧了新一轮贸易保护主义的风险。在这方面，由于美国的示范效应，其他国家往往仿效美国的做法。美国参众两院在2009年通过了7000多亿美元的经济刺激计划，提出了“买美国货”的贸易保护主义条款，要求接受经济刺激计划的国家必须购买美国生产的钢铁及其制成品，遭到了加拿大等国家的反对，加拿大一些市政通过了“不买美国货”决议，以阻止美国贸易保护主义的蔓延。

大国经济崛起时。列宁说过：“没有对外贸易的资本主义国家是不能设想的，而且的确没有这样的国家。”[①]随着工业革命的到来，大工业的发展需要不断扩大的世界市场来支撑，有限的国内市场和无限扩大的生产力之间的矛盾越来越突出，国家的兴衰便与市场的大小紧密联系在一起，资本主义强国都走向了海外扩张、争夺国家的道路，根本目的是扩大本国和本民族的生存空间，所以国际贸易是国家的兴盛之道，也是大国经济崛起的必由之路。

以我国为例，改革开放之前我国对外贸易量较少，对国际贸易争端可以“事不关己，高高挂起”。但随着中国加入世贸组织后，经济实力迅速增强，中国经济的崛起已成不可逆转之势。作为世界上最大的发展中国家的中国的经济崛起意味着占世界1/5的人口从此步入现代社会。这是历史上从未出现过的超大型国家经济的崛起。根据一般研究结论，大国的对外依存度一般较低，然而中国却打破了这一常规。国际贸易对于中国的成长一直具有重要的战略意义。世贸组织数据显示，2001年我国对外贸易进出口总值5097亿美元，排名世

① 中央编译局．列宁选集第1卷[M]．北京：人民出版社，1995：186-187.

界第六；2002年我国对外贸易进出口总值为6207亿美元，排名世界第五；2003年我国对外贸易进出口总值为8512亿美元，排名世界第四；2004年我国对外贸易进出口总值为11547亿美元，排名世界第三；2009年我国对外贸易进出口总值为22072亿美元，排名世界第二；2010年我国对外贸易进出口总值达到29727亿美元，排名世界第一，之后连续蝉联世界第一。

为争夺世界市场和生存空间，贸易战争在所难免，这是贸易战历史的必然规律，也是大国经济崛起中必须要迈过的一道坎儿。新兴大国经济崛起过程中贸易摩擦的产生与激化纵有多种原因，但归根结底，是由于新兴大国经济崛起所带来的国际分工和利益分配格局的巨大变化，源于国际秩序的变化，这是不可回避的。在大国经济崛起的过程中，一般都会经历贸易摩擦从弱到强、然后再次转弱的过程。中国经济的崛起将使我国面对更为严峻的贸易环境、更为尖锐的贸易摩擦。我们必须从大国经济崛起的战略高度去认识中国与既存大国之间的经贸矛盾，妥善处理中国对外交往中的矛盾与争端。

贸易战没有真正赢家

贸易战损人不利己。贸易战虽然比武力战温和一些，但未必能解决国与国之间的矛盾，多是以自己的经济损失为代价来迫使对手也承受经济损失，有的时候是“搬起石头砸了自己脚”。贸易战一旦开战，对双方都不利，很容易造成两败俱伤的结果，正所谓“杀敌一千，自损八百”。贸易战必然是一方主动挑战，而另一方被动应战，挑战方和应战方都要付出代价。

从市场份额来看，贸易战中挑战方和应战方一样都要失去对方的市场份额，失去的市场份额将在全球范围内重新分配，而贸易战的挑战方和应战方失去的份额有可能再也恢复不了了。失去市场份额后，企业没有了订单，被迫降低产量，关闭工厂，解雇员工，导致失业率上升，生活水平下降，增加社会保障负担，引起国内民众的不满。从市场价格来看，贸易战的发起方拒绝从目标国进口，那么必然要从其他国家进口或者国内生产，其商品价格必然更高，国内的民众购买相同产品时要花更多的金钱，带来生活水平下降，削弱民众购买力。对于应战方来说，放弃了原来的出口渠道，为了进入新的市场要新投入各种市场拓展成本，也会导致出口利润的下降。

贸易战拖累世界经济的复苏。在经济全球化时代，国际分工越来越深入，地球已经越来越小，全世界各国形成“你中有我，我中有你”的格局，各国经济相互依赖程度越来越高。在国际经济分工体系下，要素资源已经全球化配置，实施贸易保护主义不仅仅会导致贸易摩擦频发，而且也会拖累世界经济的复苏进程。因此，贸易战并不符合当前国际贸易合作的大潮流。如果美国和中国爆发贸易战，不仅仅两国之间的贸易关系会受到影响，而且会“城门失火，殃及池鱼”，影响到全球国际分工，其他世界大国也很难独善其身，全球经济增长也将受到严重影响。正如著名经济学家约瑟夫·E.斯蒂格利茨说的，没有人能在贸易不平衡中的贸易战中获胜。萨缪尔森在《经济学》中指出：“在30年代的贸易战中，许多国家试图提高贸易壁垒，以牺牲邻国的利益为代价来增加就业和产出，但它们很快就认识到在关税报复游戏的终局，所有的人都是输家。”

打有打的原因

经济发展不平衡是贸易战的根源。贸易战是维护国家经济安全的手段，在经济全球化下，国家之间经济发展的不平衡以及一国内部产业之间不平衡，特别是当一国经济实力衰退，面对另一经济实力迅速增强的国家的挑战时，为了削弱对方的挑战，就会发动贸易战遏制对方的崛起，这是发生贸易战的内在原因。当一国经济增长迅速、实力强盛时，由于产业的生产过剩、价格具有比较优势，通常倾向于自由贸易，以便凭借本国产品的强大竞争能力，占领更多的国际市场份额。当一国经济增长缓慢、实力逐渐衰落时，由于产品没有竞争优势，或进口产品影响到本国工业时，通常倾向于保护本国在对外贸易中处于相对弱势的产业和相关产品。随着国家经济实力的改变，同一个国家在不同时期有不同主张，可能从主张自由贸易主义转向贸易保护主义，也可能从贸易保护主义转向自由贸易主义。

贸易战幕后总有“利益集团”。贸易战本属于经济领域的斗争，但从历史经验来看，国际贸易战争除经济因素之外，也会夹杂政治因子，如总统选举、党派选举等，一系列政治活动及其幕后利益集团的作用，也是引发贸易战的重要因素。由于各种因素的作用，利益相近的人会通过各种途径组织起来，出于经济、政治考虑，会通过捐款、制造舆论等形式去影响政府的决策，要求实行保护性的关税政策或非关税壁垒，要求对方作出让步或进行利益调整。如美国利益集团众多，如各种跨国公司、行业协会、工会、农场主集团等，广泛从事各种院外游说、捐款等活动，影响到政府的政策。如2003年，美国纺织品制造商协会不仅夸大我国纺织品对美国市场的出口，还威胁不支持选举布什当选美国总统，对我国制造的针织布等产品实施贸易保障措施，使原本可以协商解决的问题上升为贸易争端。从本质上说，“利益”是贸易战的起因，而利益集团是贸易战的推手，它涉及国家利益、集团利益以及个人利益，因为“利益”分配的不均等导致，在贸易战中处于下风的一方会运用多种手段，要求另一方进行利益调整。当双方经过协商谈判仍不能解决时，就会形成贸易战。

贸易战是超级大国意识形态与政治问题经济化的武器。经济制裁是贸易战的最高形式，从国际贸易争端的发起方来看，挑起者大都是超级大国。19世纪的“日不落”帝国——英国通过走私鸦片来掠夺中国的白银，被清朝政府禁止后使用炮舰强行打开中国市场，每年从中国掠夺走3000多万两白银。开启了近代中国屈辱史的鸦片战争，是奉行武力的英国发动贸易战争的组成部分。德国军事理论家克劳塞维茨说过：战争是政治以另外一种方式的继续。贸易战也同样如此，经济制裁作为贸易战争的极端形式，没有武力战争的破坏性强，往往也是政治的继续，在世界贸易战历史上经常被运用。北宋和辽国签署澶渊之盟后，虽约为兄弟之国，但皆互相猜忌和防范，在此背景下，两国之后虽然没有爆发军事战争，但展开了贸易战，试图从经济上削弱对手，贸易制裁成为政治斗争的手段。北宋严厉禁止铜、铁器等军用物资出口到辽国，同时向对方出口漆器、绢帛等奢侈品，以“泄”其财富；辽国则严禁马匹出口，同时向北宋出口北珠等奢侈品。美国前总统威尔森也说过：“经济制裁是和平的、静悄悄的，无须使用武力，但却是击中要害的方法。”

经济制裁往往是超级大国称霸世界、充当世界警察的武器。通过打最高级别的贸易战，超级大国把意识形态、政治问题经济化，对后进国家采取经济封锁。为了将新中国扼杀在摇篮，“巴黎统筹委员会”对中国进行经济封锁，使得中国错过了20世纪50年代至70年代的经济黄金发展机遇，1989年之后因为政治原因，又对中国进行全面的、高烈度的经济制裁和武器禁运。近100年来发生的199次经济制裁中，美国共参与了160次，占总数的80%，其中单独或领头发起的就有133次。1995年，美国通过了所谓《赫尔姆斯—伯顿法》，在对古巴维持经济封锁时，还要惩罚与古巴进行经济往来的外国公司，将经济封锁国际化，以促使古巴政权垮台。该法案政经不分，把意识形态经贸化，在国际社会引起轩然大波，引起了与古巴有经贸往来的加拿大、墨西哥、西班牙等国的强烈反对。

和有和的办法

善用贸易摩擦的解决机制。世贸组织是对关贸总协定的继承，特别是争端解决机制的制定，为各国解决贸易摩擦提供了新的机制。在世贸组织建立之后，欧美发达国家广泛运用多种方式，包括单边行动、双边磋商、区域协调等多种方式来解决贸易争端，迫使发展中国家降低市场准入和开放国内市场。对于我国来说，在贸易争议解决中，多利用多边机制来解决，如亚太经合组织（APEC）通过区域谈判来解决争端，世贸组织通过专门的争端解决机构来解决，可以更好地解决日趋激烈的贸易摩擦与争端，也有利于缓解我国面临的贸易摩擦压力，更好地维护我国的正当经济利益和政治利益。

如前述美欧香蕉贸易争端案例，美国和欧盟选择将香蕉贸易争端提交世贸组织争端解决机制审议，这本身就足以反映出世贸组织已经成为各成员国处理国际贸易纠纷的首选方案，体现了各成员国对世贸组织的充分信任和尊重。美欧这两个发达经济体间的争议能够得到圆满的解决，可以说从根本上强化了争端解决机制的权威性，是检验世贸组织公平性的一次质的飞跃。在1995年日美汽车贸易摩擦中，美国对日本采取了强硬的单边制裁措施，但这次日本没有妥协，而是进行了坚决抵制，并且申诉到世贸组织。这说明随着区域和多边贸易组织的发展，越来越多的国家开始抵制美国的单边主义，注重发挥多边组织的作用，转向使用世贸组织来解决贸易争议，维护本国合法的政治经济利益。在世贸组织多边体制下，发展中国家的谈判能力也显著增强了。在秘鲁和欧盟关于沙丁鱼和干贝的贸易摩擦中，秘鲁作为发展中国家，在双边谈判时处于不利地位，但通过世贸组织贸易争端机制，维护了自身合法利益。

无论是单边、双边还是多边贸易争端解决机制，优势和劣势都是相对的，要根据实际情况来具体选择。在发生贸易战时，中国应该加快对世贸组织规则的熟悉，可以有针对性地选择争端解决机制，以减少贸易摩擦带来的损失，为抑制贸易战、打赢贸易战做好准备。在与发达国家的贸易摩擦中，如果双边协商难以解决，特别是涉及发达国家强大利益集团时，则应该更多通过世贸组织争端解决机制，争取以磋商的方式来解决，改变针对欧美发达国家贸易申诉不利的局面，维护自身最大利益；在与发展中国家发生贸易摩擦时，应以双边磋商为主，适当运用世贸组织规则解决较为困难的争端；对于难度较大的贸易争端，可以综合运用多种方式，发挥各种争端解决机制的优势，为中国贸易发展赢得更有利的环境。

社会组织的作用不可或缺。从欧洲、美国、日本等发达国家长期积累的贸易战实践经验来看，行业协会可以在游说政府、保护本国市场和促进出口市场、化解贸易争端中发挥重要作用。在应对贸易战时，政府部门对本国企业的直接保护可能被视作非市场化的行政干预而引起争端，单个企业难以支付贸易争端的成本，而行业协会可以在世贸组织规则下为企业提供政府所不能提供的公开保护。

通过制定行业规则来保护国内市场。世贸组织规则只约束政府行为，属于国际公法，要求各国政府在贸易承诺上作出让步，比如削减关税、减少进口数量限制等，是政府成员间的协议。而行业协会制定的规则属于私法行规，主要用于约束行业内的成员单位，超越了世贸组织的管理权限。因此，发达国家的行业协会普遍通过制定行业标准、产品质量标准、环保标准、检验要求等，设置了行业准入条件，承接了原先由政府制定的贸易保护和规则，如行业资质、原材料采购程度、合资程度等，形成了保护本国产业的贸易壁垒。如美国行业协会制定了各类市场标准，设置了其他国家进入美国市场的非贸易壁垒，利用美国的军事、经济实力迫使其他国家遵守行业协会制定的美国标准。其他如日本行业协会在沃尔玛、家乐福等国外大型零售商店开业时，要进行开业审查，包括人口密度、现有商店的数量、交通出行等内容，通过这些途径排除了国外市场竞争者，达到了保护本国产业的目的。

为促进产品出口提供民间支持。行业协会的宗旨是促进本行业繁荣发展，为企业提供全方位服务，在出口战略中发挥“民间智库”的作用，在信息服务、产品推广、市场拓展方面提供支持，制定行业自律规则，自觉约束自己的行为，不搞恶性竞争和不正当压价，减少对外贸易中的摩擦，维护出口贸易秩序。欧美发达国家的行业协会大多有健全的行业信息收集渠道，为企业出口产品和服务提供市场、政治、经济、文化等多种情报，组织各种培训和教育提升外贸从业人员素质。如日本为促进出口，很多行业协会会指导中小企业怎么开拓国际市场、合理安排生产，并提供咨询和培训服务。德国工商联合会为企业提供原产地证明、贸易账目的公正、对外经济交往中的证明文件。美国的行业协会积极为企业开拓国际市场提供补贴，发现会员搞不正当竞争时，就会采取取消会员资格等惩罚性措施。加拿大等行业协会直接或间接参与企业经营，为企业提供出口渠道和待办业务。

在贸易争端中，行业协会可以发挥应有作用。随着中国加入世贸组织，我国外贸大幅增长，对外贸易中的摩擦越来越多，面临各种反倾销、反补贴和技术性贸易壁垒，涉及的行业越来越广，并且有向纵深发展的趋势，给我国造成了巨大损失。通过行业协会介入，以使得争端引起政府重视，采取更合理的方式来解决争端，更加充分地使用世贸组织机制来解决贸易争端，使得在争端机制的选择中更加主动。在对外交往时，行业协会可以代表行业利益，从本国、本行业的利益出发，以非官方组织的身份，开展积极有效的经贸活动，在应对"两反两保"、突破非关税性贸易壁垒、建立国内贸易保护体系等方面发挥作用，维护行业的正当权益。在日美贸易战中，日本一方面在国内建立相关行业协会，如"钢铁出口行会""棉织品出口振兴行会""钢铁业联盟""纺织业联盟"等；另一方面专门建立了与美国沟通的协调组织，如"日美官民贸易委员会""日美结构协议"等。这些社会组织对于反映日本企业诉求以及应对美日贸易战起到了重要作用。日本经济团体、行业协会曾经联合发表声明，抗议美国对日本采取限制进口措施，与日本政府相呼应，成为日本政府对外谈判的依据，为日本处理对外贸易摩擦增添了筹码，在化解贸易战方面发挥了显著作用。

贸易战的解决既需妥协也需底线。贸易战的残酷性使得双方在打贸易战时都慎之又慎，因为现在经济已是"你中有我，我中有你"，制约了贸易战的无限升级，大多数都趋向于中途协商休战。当贸易战发生后，当事双方都希望避免对双方关系产生负面影响，通常都会通过双边磋商、多边磋商来寻求解决，但当事方通常都会力争各自利益的最大化，往往会使磋商陷入困境，贸易战很容易走向“贸易关系紧张—协商未果—贸易战—协商—停战—贸易关系紧张”的循环之路。20世纪，美国和日本虽然爆发了纺织品战、汽车战、钢铁战等，但总体上没有彻底闹僵，每次贸易战都能通过协商达成妥协。

贸易战要在短时间内解决，需要当事方都作出一定让步，只有妥协后才能找到一个能被各方接受的利益平衡点，最终才会解决贸易摩擦。但从长期来看，要促进贸易的持续稳定发展，需要从自身经济发展方式、贸易结构等方面去改进，以避免贸易战的再次发生。通过磋商交流、业界合作等方式化解摩擦，努力克服世界经济复苏乏力的压力，共同促进经济发展。诚然，贸易战中，妥协是必要的，但也要告诉对方退让的底线，否则对方会变本加厉和步步紧逼。到了一定程度就不能再退让了，要全面反击，让对方不敢轻举妄动，明白贸易战是柄“双刃剑”，也会伤害到自己的市场竞争力，从而把市场份额让给其他竞争对手。

BEYOND
THE TRADE WAR

3

第三篇 博弈推演篇

- 精准应对关税战
- 还治其人非关战
- 依法维权诉讼战
- 有利有节汇率战
- 据理力争准入战
- 纵横捭阖协定战

中国不想打贸易战，但也绝不怕打贸易战。兵来将挡，水来土掩。我们有信心有能力应对任何挑战。这是中方一再声明的态度。这种态度当然要以能战作支撑。能战方能止战。何为能战？贸易战毕竟不同于真刀真枪、你死我活流血的军事战争，而是体现于贸易的国家利益算计、冲突与较量。这里更需要懂贸易、善贸易战的专业博弈，而不是情绪化的热战冷战思维应对。专业应对须遵循基本的国际贸易规则以及贸易战规则，善用贸易战常规及非常规武器，按规则出牌博弈，从而“有理有利有节”地应对。且看精准应对关税战、还治其人非关战、依法维权诉讼战、有利有节汇率战、据理力争准入战、纵横捭阖协定战，是为专业博弈推演。

精准应对关税战

何为关税战

关税是一国的海关根据法律规定，对通过其关境的进出口货物征收的税种，具有强制性、无偿性和预定性。根据征收方法的不同，关税可以分为从价关税、从量关税、混合关税、选择关税以及滑动关税等。根据商品的流向可以分为进口关税、出口关税以及过境关税。根据征收关税目的的不同可以分为财政关税和保护关税。一般来说，经济越落后，关税的财政作用越强；反之，则作用越弱。例如，目前美国关税收入占财政收入的比重仅为1%左右，而有些发展中国家的关税收入占财政收入的比重却高达20%以上。随着国际贸易的发展，关税由最初单纯的财政关税向具有浓厚的保护色彩过渡，能够在国与国之间的经济贸易往来中，起到维护国家主权和经济利益、保护和促进本国工农业生产的发展、调节国民经济和对外贸易的作用。

所谓关税战是指不同国家或地区之间通过关税保护的措施对进出口加以限制的措施。关税战强调的是两个或多个国家之间"你来我往"的一种状态，包含两类主体，即挑战方及应战方，而根本的目的是谋求或保护本国贸易利益，成为贸易保护的重要形式。通过关税的形式保护本国贸易是最传统、最重要的贸易保护措施之一。早在19世纪，随着资本主义的扩张以及国际贸易的发展，关税政策便受到关注。此时，处于不同发展阶段的美国与欧洲国家采取了不同的关税政策，美国倾向于保护国内产业因此实行高关税政策，且欧洲各国正享受着自由贸易带来的福利，则推行自由贸易政策，且欧洲作为高度专业化制造业中心的地位也因此不断加强，通过签订互惠关税协定、建立关税同盟等措施促进关税削减普遍化。但是，随着民族主义的故态复萌导致了一场新的关税战，德国、法国先后卷入，而随着第一次世界大战的爆发加上世界经济萧条，自由贸易主义的鼻祖英国也重新选择了保护主义。此后，关税战随着国际经济与贸易形势的波动起伏，但总体而言，国际贸易向着自由贸易方向发展，1947年关税及贸易总协定诞生，主要任务就是促进各个国家进行削减关税谈判。关贸总协定共主持了七轮贸易谈判，将关税税率从40%降到4%。1945年以来，国际贸易额增加了16倍，而同期的世界总产值才增加了3倍。但是，关贸总协定作为一个非正式组织，它对每个成员的约束力并不充分，自其成立之日起，就不断出现违约事例。正因如此，成立一个真正的、不必求助于各种仲裁委员会就能解决贸易争端的国际贸易组织的呼声越来越高，世贸组织应运而生，而逐渐降低关税也成为中国加入世贸组织之后的重要承诺。

针对性关税战已然你来我往

特朗普在竞选中曾提出对中国产品征收45%的关税，特朗普竞选获胜之后引发市场对中美之间可能爆发贸易战的担忧。而关税作为贸易保护的重要措施，关税战首当其冲成为贸易战的第一选择。高盛认为特朗普没有理由放弃对中国的关税保护政策，但同时也指出特朗普应该不会马上对中国产品全数征收关税，短期内或许会采取针对性行动，全面性关税是额外手段，之后才会使用。但是，中美作为两个经济大国，爆发全面性关税战争的可能性极小，而针对性的关税措施却难以避免。

中美之间的贸易不平衡是特朗普提出对中国征收高关税的主要原因。美国对中国贸易逆差约占美国贸易逆差的一半，中美之间的贸易失衡也是全球最大的贸易失衡。根据相关统计测算，目前中国对美国出口关税平均税率大约为

3%，如果美国对中国征收45%的关税可能导致中国对美国出口下降21%，相当于中国出口的4.1%或0.9个百分点的GDP。但是，由于改变税率须经国会批准，因此美国对中国征收45%普遍关税的可能性并不大。此外，目前特朗普对于中国是汇率操纵国的言论也难以得到支持。除关税措施以外，特朗普提出的经济政策包括减税、扩大基建和贸易保护，相互之间存在矛盾。其中，减税和扩大基建更容易实现，贸易保护面临的阻力比较大。

美国发起全面性的关税战可能性不大，但是针对性的关税征收并非不可能。目前，全球产能过剩，美国同样面临钢铁产能过剩的问题。加之特朗普上台以后，宣扬美国利益优先，尤其体现在制造业上。

美国商务部2016年3月对从中国进口的钢铁产品发起反倾销和反补贴调查，美方“双反”调查的钢铁企业中，不仅有民营企业，还包括山西太钢、天津太钢、宝钢等一批大型国有企业。此次“双反”调查于美国华盛顿时间2月2日作出终裁，美国商务部裁定中国企业63.86%~76.64%的反倾销税率和75.6%~190.71%的反补贴税率。针对强制应诉企业“山西太钢不锈钢有限公司”的反补贴税率为75.60%。本次美国对中国钢铁企业发起的“双反”税率高于往年，对部分企业裁定的反补贴税率甚至达到190.71%。4月18日，美国商务部宣布，已对从中国进口的部分钢轮产品展开“双反”调查。美国商务部估计，美国2017年从中国进口价值约3.88亿美元的钢轮产品，倾销幅度为12.1%至231.7%。以针对钢铁行业的“双反”调查为起点，特朗普还可能针对中国其他行业采取此类措施。而除去惩罚性关税以外，特朗普政府还可能通过征收临时性关税的方式，实行有针对性的贸易保护措施。

2018年3月22日，特朗普签署总统备忘录，要求对中国采取投资限制措施，拟对价值600亿美元的中国商品大规模征收关税。23日凌晨，中国商务部发布针对美国进口钢铁和铝产品“232措施”的中止减让产品清单，拟对自美进口部分产品加征关税，以平衡因美国对进口钢铁和铝产品加征关税给中方利益造成的损失。

4月2日，中国财政部宣布对美国7类128项进口商品中止关税减让义务，在现行适用关税税率基础上加征关税，对120项水果及相关制品的进口商品加征15%的关税，对猪肉及制品等8项进口商品加征关税税率为25%。现行保税、减免税政策不变。我国倡导并支持多边贸易体制，对美中止关税减让义务是我国运用世贸组织规则，维护我国利益而采取的正当举措。

4月4日，美国发起了针对中国的第二波贸易限制措施，拟对500亿美元从中国进口的商品加征25%的关税，该规模相当于中国出口总额的2.4%和GDP的0.5%。关税增加将显著影响两国间贸易活动。

4月5日，中国就美国进口钢铁和铝产品“232措施”，在世贸组织争端解决机制项下向美方提出磋商请求，正式启动争端解决程序。

4月19日，中国商务部公布对原产于美国、欧盟和新加坡的进口卤化丁基橡胶反倾销调查的初步裁定。初步裁定原产于美国、欧盟和新加坡的进口卤化丁基橡胶存在倾销，国内卤化丁基橡胶产业受到了实质损害，且倾销与实质损害之间存在因果关系，并决定对原产于美国、欧盟和新加坡的进口卤化丁基橡胶产品实施保证金形式的临时反倾销措施。根据裁定，自4月20日起，进口经营者在进口原产于美国、欧盟和新加坡的卤化丁基橡胶时，应依据裁定所确定的各公司倾销幅度（26.0%~66.5%）向中国海关提供相应的保证金。贸易摩擦或升级中国实行反倾销措施。

5月19日，中美双方在华盛顿就双边经贸进行了建设性磋商，并发表联合声明，达成共识，不打贸易战，并停止互相加征关税。双方同意，将采取有效措施实质性减少美对华货物贸易逆差。双方将在能源、农产品、医疗、高科技产品、金融等领域加强贸易合作。双方将继续加强相互投资和深化知识产权保护领域的合作。

5月29日，美国突然宣布，将对中国500亿美元商品征收25%的关税，最终商品清单于6月15日之前公布。美国还将加强对获取美国工业重大技术的相关中国个人和实体实施出口管制，并采取具体投资限制，拟于6月30日前公布相关措施，之后不久将正式实施。美方声明有悖于此前共识，针对白宫发布的策略性声明，中方有信心、有能力、有经验捍卫国家和人民的利益。

6月2~3日，中美双方就经贸问题进行新一轮谈判未提及任何新协议。中美经过三轮谈判“双方没有达成协议”，自2018年3月以来中美贸易摩擦一波三折，虽然发布联合声明，但没有签署正式文件。

6月15日，美国决定对自中国进口的价值500亿美元产品征收25%的关税。同日，中国商务部回应称，决定对原产于美国的659项约500亿美元进口商品加征25%的关税。

7月6日，美国正式开始对340亿美元中国产品加征25%的关税。中方按国际法基本原则，根据相关法律法规及授权，决定对自美国同等金额进口商品实施同等程度征税，捍卫合法权益。

7月11日，美国加速升级公布征税清单，拟对约2000亿美元中国产品加征10%的关税，拟加征关税清单长达195页，将经历约两个月的流程后作出进一步行动。

7月19日，美国准备好对自中国进口的5000亿美元商品加征关税。7月26日，中国商务部表示，中国将加强与世界各国贸易伙伴的经贸合作，共同维护自由贸易原则与多边贸易体制，推动世界经济健康稳定运行。同日，中美大使再次磋商，中国愿适应多边贸易体制全球化变化，发挥建设性作用，并将继续维护国家利益和遵守多边贸易规则。

关税战主要涉及初级产品和机械产品领域

根据目前特朗普的言论，特朗普政府的贸易保护措施会大胆使用关税保护措施。特朗普计划扭转贸易政策，通过调节税收来使得跨国企业回流，以创造就业、增加税收，在竞选中曾声明对所有进口货物加征20%关税，并对墨西哥和中国征收惩罚性关税，甚至退出世贸组织，更声称将中国定为汇率操纵国，征收45%的惩罚性关税。

作为世界最大进口国的美国，一旦采取贸易保护措施，最主要的出口国首当其冲受到影响，而中国更是不可避免。美国采取贸易保护对中国的影响可能更多体现在汇率层面的压力，产品方面可能主要影响制造业初级品和机械产品。一是机电设备和锅炉等机械（HS编码）在中国总出口中占到42.3%，其中，机电设备对美国的出口依赖度为15.9%，锅炉等机械的出口依赖度为23.2%，一旦美国采取贸易保护措施，这两类产品难免受到影响，可能会促使这些产品的供给从中国转向美国国内或其他国家。二是家具、玩具、皮革和鞋靴等初级产品约占中国总出口的7.4%左右，比重虽然不高，但对美国出口的依赖程度却高达25%以上，美国采取贸易保护措施必然会对这些产品的出口产生较大的负面影响。

除上述领域以外，特朗普政府宣布对美国的钢材和铝材进口分别征收高达25%和10%的关税。对中国而言，重税政策对于中国的钢铁、铝行业影响有限，反而将加重美国制造企业的原料成本。中国钢铁对美出口占比不足2%，但铝及其制品对美出口占比则高达16.57%，特朗普政府提高关税的措施，对我国铝出口行业的影响大于钢铁行业。中美贸易摩擦或加剧，美国进一步施加贸易保护主义压力，对我国一些贸易顺差大、对美出口依赖度高的行业影响较大，按照世界海关组织HS商品分类标准，如机械、家电、家具、玩具、鞋靴、服装等行业压力增加。

精准应对必须有

美国若继续对中国发动关税保护，中国也必将作出相应的对抗措施。美国若对中国产品全面征收关税，影响将极为深远，冲击远胜对特定产品实施反倾销税和反补贴税，中国将会继续还击，只要关税比其他国家多出1%，中国都无法忍受。所以，中国应做好应对准备。有来无回非礼也，精准应对必须有。

一是我们可针对自美国进口产品开展“双反”调查。目前，针对美国商务部对自中国进口的通用铝合金板发起的“双反”调查，我国商务部针锋相对积极应战。2018年2月4日，商务部发布了2018年第12号和第13号公告，决定对美国的进口高粱进行“双反”调查。这一次，中国政府机构走到台前，直接发起了诉讼，是2018年的第一例，也是我国政府自行对某国商品发起的“双反”调查第一例。未来，如果美国还不收敛不收手，那更多美国商品将会被中国纳入“双反”范畴。

二是与美国政府针锋相对，与企业力争合作。任何政策从出台到见效都存在一定的时滞，同时企业以利润为首要目的。即使特朗普政府对中国贸易保护措施强硬，但依然需要考虑企业的诉求。因此，中国政府面对美国的贸易保护措施要积极应对，不能一味退让，而同时要进一步加强与美国不同层面的贸易合作，积极拓展与美国企业的合作，吸引更多美国企业来华投资，开放市场，提高在谈判桌上的议价能力。

三是可针对美国关税保护措施采取针对性措施。2018年1月11日和19日，美国商务部分别向美国白宫提交了对钢材和铝材的调查报告，3月1日，特朗普拟计划对进口钢铁全面课征25%的关税，对进口铝材征收10%的关税，这是特朗普政府对国际金融危机以后美国贸易保护主义政策的延续，希望通过这一措施减少贸易逆差，但这一政策也会增加本国钢铁、铝的进口成本，同时增加中美贸易摩擦。3月9日凌晨，特朗普正式签署关税法令，将对进口钢铁和铝分别征收25%和10%的关税，关税措施于23日起实施。23日，我国商务部表示，美国以“国家安全”为由征收进口关税的行为实际上构成保障措施。我国根据世贸组织《保障措施协定》有关规定，制定了中止减让清单。如若中美双方未能在规定时间内达成贸易补偿协议，中方将对第一部分产品行使中止减让权利；中方将在进一步评估美措施对中国的影响后实施第二部分清单。中方保留根据实际情况对措施进行调整的权利，并将按照世贸组织相关规则履行必要程序。4月2日，中方宣布对美国7类128项进口商品中止关税减让义务，在现行适用关税税率基础上加征关税。中方绝不会容忍合法权益受到损害，必将采取所有必要措施，坚决捍卫自身合法权益。

同时，还可以在包括摩托车、汽车、飞机等交通工具和其他消费品等领域及服务领域的旅游业对美国实行反制。

四是加大内部调整，稳定国内生产体系，抵御外部冲击。美国对存在贸易顺差的贸易伙伴进行制裁，相同的案例在历史上并非首次出现。美国对日本、韩国、中国台湾等国家和地区的制裁也同样发生过。这种贸易制裁给对手国（地区）带来短期的阵痛后反而加速了它们的产业升级，因此对于中美贸易战争我们不必过度惊慌，而更应将其视为推动国内产业升级的外部动力。在企业的升级中，政府应在金融和税收方面给予企业更多政策性的支持。加速国内企业产业形成闭环，扩大内需，减少因出口美国市场带来的冲击。继续加大推进“一带一路”，拓宽其他海外市场，减少对美国市场的依赖。加大对外国投资的开放力度，对本国产业升级可以带来促进的作用，也可以对投资国双边贸易有促进的作用。降低对国外金融机构资金进出的管制，提高资本市场服务多样化可以增加对国内实体产业的支持。进一步评估中国与美国，甚至和他的联盟国双边的进出口贸易，包含质量与数量，合理调节贸易进出口以求分散贸易风险。

还治其人非关战

何为非关战

贸易措施（Trade Measures）与贸易壁垒（Trade Barriers）从表现形式上并无差异，然则本质上却截然不同。贸易措施本是多边贸易规则赋予参与国的合法权利，而贸易措施一经滥用便成为臭名昭著的贸易壁垒。非关税贸易壁垒（Non-Tariff Barriers to Trade， NTBs）战，是指一国通过滥用非关税措施（Non-Tariff Measures，NTMs）达到限制别国商品进入本国市场从而保护本国市场和相关产业，由此引发的相关国家之间报复和反报复现象。在经济周期处于低迷期，特别是贸易保护主义抬头时期，非关税贸易壁垒凭借其更加隐蔽、更具针对性、更加灵活高效的特性，往往成为助长贸易保护主义的杀器。

第二次世界大战后，由美国主导的国际经济秩序逐步确立。在贸易领域，1947年关税和贸易总协定（General Agreement on Tariffs and Trade，GATT）签订后，经过缔约国多轮削减关税谈判，世界平均关税水平大幅下降，极大地促进了世界贸易的发展，与此同时，关税对进口的限制作用也越来越小。然而，20世纪70年代，以美国为首的西方国家经济出现滞胀，新贸易保护主义兴起，越来越多的国家转向了形式多样的非关税措施。

与传统的关税措施相比，NTMs具有三大特征：一是灵活性和针对性。首先，由于关税具有预定性特征，关税措施的制定与实施一般需要履行比较复杂的法律程序，而非关税措施的制定和实施则通常采用行政手段，相对灵活。其次，非关税壁垒的形式多样，能够针对特定国家和商品采取相应的限制措施，具有更强的针对性。二是保护效果更加有效和直接。如进口配额制，可预先限定进口数量和金额，超过限额直接禁止进口，可达到关税难以达到的目的。三是更具隐蔽性和歧视性。关税措施属于法律规定，同时受到多边贸易协定的约束，相对透明。但是非关税措施一般透明度较差，可以通过一些隐蔽的条款或者手段对某些国家实行差别待遇，具有很强的隐蔽性和歧视性。

非关壁垒花样翻新

NTBs形式多样，种类繁多，从对进口限制的作用上划分，可分为直接限制措施和间接限制措施两种形式。直接限制措施，是指进口国直接对进口商品的数量和金额加以限制，如进口配额制、进口许可证制、“自动”出口限额等。随着直接限制措施受到越来越多的指责，间接限制措施得到越来越多的应用。间接限制措施，是指进口国未直接规定进口商品的数量和金额，而是对商品制定种种严格的条例，间接地影响和限制商品进口，如进口押金制、海关估价制、卫生和植物检疫规则、商品包装和标签规章、歧视性的政府采购政策、技术性贸易壁垒、绿色贸易壁垒等。NTMs种类繁多，花样翻新，在国际贸易中，NTMs极易被进口国滥用而成为名副其实的NTBs。除此之外，进口国对反倾销、反补贴、保障措施等本是合法贸易救济措施的滥用也成为事实上的NTBs。

进口配额制，又称进口限额制。它是直接限制进口的一种重要措施。进口配额制是指一国政府在一定时期内（如一季度、半年或一年内），对某些商品的进口数量或金额规定一个数额加以直接的限制，在规定时限内，配额以内的货物可以进口，超过配额则不准进口，或者征收较高的关税、附加税或罚款后才能进口。

进口许可证制，是指进口国家规定某些商品进口必须事先领取许可证，才可以进口，否则一律不准进口。这种措施可控制进口货物的品种和数量，达到保护国内生产的目的。

自动出口限制，又称自愿出口限制或自动出口配额制，是指出口国家或地区在进口国的要求或压力下，自动规定某一时期内，某些商品对该国出口的数量或金额的限制，在限定的配额内自行控制出口，超过配额即禁止出口，属于非关税壁垒的一种措施。

进口押金制，又称进口存款制或“进口保证金”制，是指进口商在进口商品时，必须预先按进口金额的一定比率和规定的时间，在指定的银行无息存入一笔现金，才能进口。这样就增加了进口商的资金负担，影响了资金的周转，从而起到限制进口的作用。

卫生与植物检疫规则，本是世贸组织《实施卫生与植物卫生措施协议》赋予世贸组织成员为保护人类、动植物的生命和健康而采取的防御措施。但一些国家为了限制进口，规定复杂、苛刻的卫生检疫规定，这些标准和规定往往以维护消费者安全和人民健康的理由来制定。但有些规定十分复杂，经常变化，使外国产品难以适应，从而起到限制进口的目的。

绿色贸易壁垒，又称环境壁垒，是国际社会为保护人类、动植物及生态环境的健康和安全，而采取的直接或间接限制甚至禁止某些商品进出口的法律、法规和政策措施。其实质是发达国家依赖其科技和环保水平，通过立法手段，制定严格的强制性技术标准，从而把来自发展中国家的产品拒之门外。

绿色壁垒随着环境要求的变化也在不断变化，并引起相关产业的生产、包装等标准的不断提高，在这种动态牵连作用的影响下，绿色壁垒呈现出名目激增、使用频率日益增高、使用范围不断扩大的发展趋势。

技术性贸易壁垒，是指通过颁布法律、法令、条例、规定，建立技术标准、认证制度、检验制度等方式，对外国进口商品制定的技术、卫生检疫、商品包装和标签标准，从而提高产品技术要求，增加进口难度，最终达到限制进口的目的。技术性贸易壁垒是公认的最隐蔽、最难对付的新型贸易壁垒之一。

2008年国际金融危机以来，技术性贸易壁垒隐蔽性强的优势使其得到了更加广泛的应用，并呈现出新的发展趋势：一是数量增长快速，扩散效应显著；二是技术性壁垒越来越多地与知识产权相结合；三是日益向发展中国家扩散；四是环保节能领域成为技术性壁垒的热点；五是对安全和健康标准要求更加严格。

中国饱受非关壁垒影响

自1995年世贸组织取代关贸总协定以来，中国一直是NTBs的最大受害国之一。根据商务部统计数据，2017年上半年，仅贸易救济调查案件方面，我国产品共遭遇来自15个国家和地区发起的37起，其中反倾销28起、反补贴4起、保障措施5起；涉案金额总计53亿美元。从行业来看，轻工产品被立案10起，是立案数量最多的行业；机电产品被立案3起，涉案金额23亿美元，是涉案金额最高的行业。虽然相比2016年同期（总计65起，涉案金额85亿美元，我国遭遇贸易救济调查案件数量达到历史高点）我国遭遇贸易救济调查的数量和金额有所下降，但仍处在国际金融危机以来的较高水平。根据世贸组织和OECD、联合国贸发会议2017年11月共同发布的《二十国集团贸易投资措施报告》，中国仍然是贸易救济调查的最大目标国。根据世贸组织统计，截至2016年末，我国已连续21年成为遭遇反倾销调查最多的国家，连续10年成为遭遇反补贴调查最多的国家。从国别来看，印度立案12起，美国立案11起，位列前两位[①]。

2016年，我国共遭遇来自27个国家（地区）发起的119起贸易救济调查案件，其中反倾销91起，反补贴19起，保障措施9起；涉案金额143.4亿美元。其

① 资料来源：中国商务部贸易救济调查局网站 http://trb.mofcom.gov.cn/。

中立案数量最多的两个国家分别为印度、美国，案件数量分别为21、20起。与2015年全年相比（22个国家和地区87起案件，金额81.5亿美元），数量上升了36.8%，金额上升了76%。增加的贸易摩擦主要集中在钢铁领域。2016年全年我国共遭遇21个国家和地区发起的钢铁贸易救济调查案件49起，其中反倾销案件32起，反补贴案件10起，保障措施案件7起，涉案金额78.95亿美元，占同期全部贸易救济案件数量和金额的41.2%和55.1%，与2015年全年相比（15个国家和地区37起案件，金额48.4亿美元），数量上升了32.4%，金额上升了63.1%。其他贸易摩擦较多的领域主要是化工产品和轻工产品。此外，2016年至2017年3月，美国企业还对我国提起24起“337调查”申请，其中已发起调查22起，同比上升120%。[①]

非关战不可避免

特朗普当选以来，在其保护主义、民粹主义和“逆全球化”等执政理念的指导下，要实现美国制造业回流、扩大就业，贸易保护主义成为美国与中国博弈的重要砝码。未来中美贸易摩擦存在进一步升级的可能，原因有两个：一是中国是美国最大的贸易逆差来源国，2018年中美间的贸易逆差很可能还会继续扩大，这一度成为美国针对中国的重要把柄。特别是进入特朗普时代，更是成为特朗普政府难以容忍的“眼中钉”。实现美国优先、就业增长，对进口开刀似乎已是箭在弦上。二是从美国政治周期来看，2018年11月是美国的中期选举，特朗普政府需要争取民间支持，对华贸易牌无疑是特朗普的重要选择之一。有鉴于此，非关税贸易壁垒作为实施贸易保护主义的重要措施，或将成为限制从中国进口产品的重要武器。

据世贸组织统计，2008年国际金融危机以来，美国发起和实施的非关税贸易壁垒高达2259个，中国受到影响的有2067个，专门针对中国的就有99个。而

① 资料来源：中国商务部贸易救济调查局网站 http://trb.mofcom.gov.cn/。

相应地，由中国实施的非关税贸易壁垒则少很多。中国共发起和实施非关税贸易壁垒1776个，美国受到影响的有1682个，专门针对美国的有46个。

“双反”措施与非常规措施并行

近年来，美国采取的手段愈加丰富，除了进口配额、反倾销、反补贴、特保等传统手段，还增加了环境配额、绿色包装、绿色检验检疫、碳关税等绿色壁垒，以及环保技术标准、包装与标签要求、信息技术壁垒等新型措施。特别是技术性壁垒的实施，带来了一系列的连锁反应，导致行业产品之间扩散效应显著，从一种产品扩散到相关产品，甚至扩散到其他相关行业。未来中美非关税贸易战如果发生，反倾销、反补贴仍将成为重要实施途径，卫生和植物检疫规则、绿色壁垒、技术壁垒、标准壁垒也可能成为潜在选项。

除此之外，美国很可能基于其国内法，启用非常规的措施对从中国进口的产品实施限制，包括但不限于：进口限额、以不公平贸易为由采用“301条款”、以国家安全为由采用“232条款”、以保护知识产权为由采用“337条款”，以全球保障措施为由实行“201条款”。

“301条款”是美国《1974年贸易法》第301条的俗称，一般而言，“301条款”是美国贸易法中有关对外国立法或行政上违反协定、损害美国利益的行为采取单边行动的立法授权条款，由于这一调查由美国自身发起、调查、裁决、执行，因此具有极强的单边主义色彩。

“232条款”是美国《1962年贸易拓展法案》第232条款的俗称，根据这一条款，一旦发现进口商品有损美国的国家安全，总统有权对外国进口实施紧急贸易制裁。这是特朗普就任以来实施的最具贸易保护色彩的实际措施。

“337条款”因其最早见于《1930年美国关税法》第337条而得名。此后，《美国1988年综合关税与竞争法》对其进行了修订，以使其更易于使用并将其约束范围扩大到半导体芯片模板权。《1995年美国乌拉圭回合协议法》再次对其进行了修订，以使其符合世贸组织规则。“337条款”主要是用来反对进口贸易中的不公平竞争行为，特别是保护美国知识产权人的权益不受涉嫌侵权进口产品的侵害。

“201条款”根据美国《1974年贸易法》第201条赋予美国总统权力，在大量进口品对国内产业构成严重损害或威胁时，可以针对某个产品采取暂时限制或施加关税。上一次美国政府使用该条款是布什政府在2002年以“201条款”对钢铁行业施加了30%关税，在欧盟和中国于世贸组织上诉后，布什政府于2003年停止实施。但是，2017年，美国钢铁行业不断表示“双反”关税仍不足以限制中国进口，要求再额外启动“201条款”并施加保障措施关税，事实上形成“三反”。

钢铁、机电、光伏等行业恐为重灾区

从以往来看，在行业方面，美国对中国实施非关税壁垒的产品涉及钢铁、机电、高铁、光伏、汽车、纺织品、食品、非金属矿产品、有色金属等多个行业。我国的电子制造服务、电脑存储与外围设备、电脑硬件行业、医疗保健用品、个人用品、轮胎与橡胶等行业受影响较大。

鉴于特朗普政府现任美国商务部部长和美国贸易代表都是长期代表美国钢铁行业的专家，由此推断，钢铁产业、铝制品、太阳能电池板等产能过剩行业必将成为非关战的重灾区。除此之外，涉及国家安全、知识产权保护等方面的对美出口商品也可能受到非关战的影响。

2018年1月22日，特朗普宣布对进口光伏产品和大型洗衣机分别采取为期4年和3年的全球保障措施。另外，美国商务部已向总统特朗普提交有关进口铝产品是否损害美国国家安全的调查报告。在“美国优先”的口号下，特朗普扛起的贸易保护主义大旗恐怕难以放下，而其针对太阳能板和洗衣机征收高额关税，仅仅只是第一步。后续美国可能在继续使用反倾销、反补贴等常规手段的基础上，在投资领域也会出台更多保护措施。

见招拆招还治其人

因为非关税壁垒种类繁多、花样翻新，“非关战”攻守双方时与势极不对称，攻方更具主动权，作为守方唯有见招拆招，以其人之道还治其人之身。唯有知己知彼，方能见招拆招还治其人。应全面评估中美双边经贸联系及其动态发展趋势，针对美国可能发起的非关战，中国应预先制定相应反制措施，如列出反制裁商品目录，一旦美方不顾中方利益贸然发动贸易战，中方能够及时应对。

以其人之道还治其人之身

据统计，特朗普执政第一年，美国发起了84项反倾销和反补贴调查，比奥巴马政府最后一年的数量增加了59%。特朗普政府偏好使用关税、数量性非关税壁垒等贸易工具，极易引起贸易伙伴的贸易反制。对此，中国完全可以以其人之道还治其人之身，更多地采用隐蔽且有效的间接非关税壁垒，如进口押金制、技术标准和卫生检验规定等措施限制美国产品进口。如针对农产品，可借鉴欧盟和日本的成功经验，通过技术标准设定对美国农产品实施进口限制。另外，可考虑根据《卫生和植物检疫协定》的安全和质量标准，重新审定可进入中国检验检疫准入的新鲜水果种类及输出国家。目前，中国应用较为广泛的非关税措施主要是卫生与动植物检疫措施和技术性贸易壁垒。除此之外，中国还应为美国进口产品“量身定制”非关税措施，在金融措施、流通限制、售后服务限制、政府采购限制、知识产权、原产地规则等方面研究制定针对性的措施。

用好农产品牌实施精准打击

美国是全球农产品出口大国，据统计，2017年美国农产品出口额将近1590亿美元，占其农业收入比重的20%左右。而中国是美国农产品主要出口国之一，据不完全统计，2017年美国向中国出口植物（油籽、谷物等）产品金额149.3亿美元；2017年中国进口美国大豆139.4亿美元，占到美国大豆出口量一半以上；2017年中国进口美国玉米75.6万吨，同比增长2.4倍。同时，美国为了平衡农产区选民利益，往往对农产品进行不同程度的补贴，我方可据此对美国农产品实施反倾销、反补贴措施。尤其是选择产地集中连片的经济作物，实施精准打击，争取在美国国内形成较大舆论压力。

实际上，中国已经采取了相应措施，并取得了一定的成效。2018年2月，中国决定对原产于美国的进口高粱进行反倾销和反补贴立案调查，涉案高粱产品占到美国高粱出口量的80%。4月2日，中国公布的“中止减让产品清单”涵盖了美国柑橘、甜橙、车厘子等鲜水果，鉴于应季水果可供销售的时间窗口较短，将其纳入清单影响效果较为显著。4月4日，经国务院批准，国务院关税税则委员会决定对原产于美国的大豆、汽车、化工品等14类106项商品加征25%的关税。另外，中国在农产品这张牌上还留有后手，如从美国进口的大豆、玉米等谷物均可作为备用反制措施。

慎用制造业非关税牌

从中美双边制造业产品贸易情况来看，美国从中国的制造业产品进口额巨大，如仅机电产品，2017年美国自中国的进口额就高达2566.3亿美元，占美国自中国进口商品总额的50.8%。因此，对于美国制造业产品的进口，中国可用的牌有限，对此，或可考虑针对美国进口的飞机、越野车、豪华车等产品征收高关税加以应对。同时，应高度警惕美国对我国战略性新兴产业的贸易保护措施。2018年4月，美国实施的“301调查”就是针对“中国制造2025”中所涉及的十大重点领域的产品。另外，美国也在不断加强跨国公司对中国的正常技术转让限制，企图对中国产业进行低端锁定，让中国继续成为低附加值的全球加工基地。

多举措强化非关措施研究

国内外贸主管部门、行业协会应加强非关税措施综合研究，从发展态势，对其内容、结构、特征、法规的出台时机等进行深入细致分析。密切关注主要贸易伙伴特别是美国非关税措施的动向，对其进口制度、体系的信息进行系统收集、分析，对可能产生的影响进行详细而科学的评估和分析。深入研究世贸组织规则下的非关税措施原则和规范，了解其他成员的态度及提案。特别重视新形势下出现的与“标准”有关的非关税措施，了解与研究各种国际标准，包括质量标准、技术标准、环保标准等。加强对相关案例的研究和积累，从案件发生的萌芽、正式立案、最后结束、事后引起的连锁影响等多方面跟踪分析，积累典型案例，从中汲取有益的经验和吸取惨痛的教训。

依法维权诉讼战

何为诉讼战

目前，贸易救济调查成为国际贸易保护的重要措施之一。所谓贸易救济调查是指针对某一国家或地区的贸易救济行为发起的调查，贸易救济行为则主要包括反补贴、反倾销、保障措施等。诉讼维权就是指针对其他国家或地区对本国采取的贸易救济调查采取积极应诉，以维护本国贸易利益的措施。随着我国对外贸易规模的迅速扩大，我国遭遇贸易救济调查的次数迅速增加。商务部发布的数据显示，仅2016年，我国就遭遇了119起贸易救济调查。与此同时，相关企业应诉意识也不断提升，不再是消极应对，任由利益被损害。具体到中美贸易，近年来随着中国经济的迅速崛起，中美贸易摩擦持续增加，美国对中国发起贸易救济调查的力度加大，形式主要包括反补贴、反倾销、“337调查”。

目前，我国已成为全球贸易救济调查的首要目标国，针对我国发起的反补贴、反倾销调查及保障措施案件呈现上升趋势。而美国则成为向我国发起贸易救济调查案件最多的国家。近年，美国对中国发起了多起“双反”贸易救济调查，中国对相关裁决均接受，除贸易救济调查外，“337调查”也是美国最常对中国采用的贸易保护措施，仅2017年1月、2月，美国就针对中国发起了6起“337调查”。

诉讼维权战不可避免

随着美国“再工业化”战略的提出，以及特朗普上台后的各项政策，美国对中国的贸易保护措施只会愈演愈烈，不难预见，中美之间的诉讼贸易战在所难免。

“双反”调查方面，自2006年美国对华“双反”第一案——铜版纸案后，美国频频发起“双反”调查。十年间，美国对华发起“双反”调查56件，平均每年发起5.6件。此外，涉案行业呈现扩张态势，从早期的化工工业、冶金工业等行业逐步扩张至复合木地板等建筑材料工业领域。“337调查”方面，1986年12月，美国发起了第一起涉及我国产品的“337调查”。加入世贸组织后，美国加大了对中国的“337调查”力度，从纺织、轻工产品扩张至技术密集型和高附加值产品。

随着美国“再工业化”战略的提出，特朗普上台后的各项政策，以及中国产业升级，美国对华贸易调查措施将越来越多地被应用于高新技术产品和新能源产品。

依法应诉须勇气

一是企业方面。第一，要培育应诉意识，获得争端解决主动权。近年来，美国对华反倾销、反补贴调查频繁，涉案行业广，但无论哪个行业，都反映出了一个重要问题——企业应诉意识薄弱。以硬质胶合板“双反”案为例，由于涉案企业积极应诉，使得企业免于遭受巨大损失，由此可见，应诉意识的强弱直接关系到案件的成败以及企业最终获得的税率。应诉是被调查方获取公平对待的有效途径，如果缺乏应诉意识，企业只能陷入被动局面，被迫接受案件结果，同时这也不利于行业的发展。第二，积极提升竞争力，摆脱单一市场依赖。中美双方对彼此的市场都具有较高的依赖性，中国产品在国际贸易中的典型困境之一即对单一市场依赖程度过高，从而导致了风险集中。由于中国企业缺乏足够的核心竞争力，廉价工厂的角色定位使得其营业收益和利润受到美国市场的限制，也正是因为这一点，美国对中国企业频繁出手，因此，提升产业核心竞争力是中国企业发展过程中的重中之重。除此之外，为走出困境，中国企业也应该积极开拓新兴市场。市场分散有利于风险分散，可以逐步摆脱美国市场对中国企业的掣肘。因此，中国企业应及时调整策略，努力提升自身核心竞争力，从而摆脱对美国市场的依赖。

二是行业方面。对于“双反”措施，美国各利益相关方也存在不同意见，诸多行业与中方态度一致，反对“双反”措施的实施。行业协会和企业应该合理利用此类资源，建立跨国行业合作机制，及时沟通行业信息，统一相关数据，共同制订应诉方案。在美国，相较中国企业，美国相关行业影响力更大，掌握更多的话语权，与此同时，它们对美国的法律政策更为熟悉，通过与其合作，可以提高应诉效率，有利于行业发展。

三是政府方面。第一，推动建立争端预警机制，未雨绸缪应对诉讼。美国在针对我国某一出口产品发起“双反”调查前，往往会有一些预警信息，例如2010年复合木地板案发生前就有“332调查”预警，但是未获得企业注意。从以往的案例可以发现，我国企业在争端案件中往往处于劣势地位，由于缺乏预警机制、缺乏应对经验，我国企业在应诉中显得势单力薄且底气不足。因而，我国政府应联合行业协会，进一步完善预警机制；行业协会应积极配合政府，监控各项指标。第二，充分利用世贸组织争端解决机制，培养专业化人才。中国加入世贸组织，既要遵守相关规定，也要享有相应的权利，其中就包括国民待遇和最惠国待遇。遭遇不正当贸易壁垒和争端时，中国有权利也有责任向仲裁机构提起交涉和申诉。为了使我国能够在国际场合充分表达立场、维护企业正当权益，我国亟需精通国际贸易规则、熟悉争端解决机制、精通法律和具备语言沟通能力的人才。第三，加大监管力度，促进产业升级。针对不同产业，我国采取了不同的监管模式，有的产业需要多部门的监管。这在一定程度上降低了监管效率，且缺乏一致性。因此，政府部门应进行协商制定统一的监管政策，设定“行业准入条件”、制定“行业标准”等。除此之外，政府也应大力推广规模生产，加强生产的专业性，促进上、中、下游企业的疏通和联合，从而形成产业链，达成节约效应，进一步提升行业竞争力。

有利有节汇率战

何为汇率战

汇率是两种货币价格的比率，因此，汇率政策不仅仅是一国国内政策，更是关乎国与国之间增长潜力和国际竞争力的较量。汇率战的胜败，既取决于内部的经济增长、产业发展、国际收支和物价水平等因素，又取决于外部的经济金融形势、货币政策、外交局势和地缘政治风险等因素。正所谓“兵者，诡道也”，在国际汇率战中其表现形式和手段也是多种多样的，如果对其一般形式和内涵缺乏了解，将无法准确判别汇率战的发生，也无法有效作出防范和应对。

汇率战一般体现为汇率的短期大幅波动，或者单边升值，或者单边贬值，且市场逐渐形成一致性预期，这种预期可以被极少数利益集团或媒体引导、控制和利用。

盈利方式主要有两个方向：一是利用汇率升值获利，在被攻击国家汇率上升以前或中途潜伏，该国汇率升值后撤出，赚取汇差和利差双重利润；在被攻击国家汇率升值以前，在外汇市场做多该国汇率盈利。二是利用汇率贬值获利，在被攻击国家汇率下跌前，在汇市做空该国货币，当该国货币下跌后获利；在被攻击国家汇率下跌以前，借出该国货币并兑换成外币，在该国货币汇率大跌以后，再用外汇兑换该国已经贬值的货币并偿还之前的本币贷款；被攻击国家的企业因遭受攻击而出现财务危机，甚至破产，外资趁机低价收购。

相应地，攻击的具体策略分推高策略和打压策略。推高汇率的策略：通常针对经济快速发展、存在长期贸易顺差和外资流入的新兴经济体，该国汇率存在升值压力和预期；在该国汇率上升以前或升值途中大量外国资金潜伏，唱多该国经济和汇率，引导各种资金跟进，不断推高该国资产价格，甚至让该国资产形成大量泡沫。在这个过程中，被攻击的国家增加的外汇，将不仅仅是贸易顺差和外商资金投资，还有数量庞大的热钱和大量外债。从而形成“贸易或投资顺差—外汇增加—汇率上涨预期出现—热钱涌入、外债增加—外汇迅速增加—升值预期强化—更多的热钱涌入、外债增加”自我强化的循环，使该国累积了数量庞大的热钱和巨大的外债，增加了金融波动和资本流入骤停风险，容易遭受境外做空势力攻击。

打压一国的汇率策略有以下几步：首先唱衰该国经济，唱衰资产泡沫和外债风险；然后利用贸易保护主义措施制裁被攻击国家的出口，恶化该国的出口环境；辅以美元加息和美元指数不断上涨，吸引跨境资本回流美国；同时在国际外汇市场大量抛售该国货币，形成最初的抛售动力；由于国际资本的抛售和美元加息、美元指数走强，被攻击国家被不断唱衰，大量热钱争先恐后逃离该国，导致该国汇率下跌和外汇储备下降，并形成自我强化的贬值预期，直到资本外流结束。

国际资本通过汇率大幅波动不仅能够大赚一笔，而且能让该国大量优质企业突然休克甚至死亡，给外资廉价收购创造千载难逢的机会，并让该国经济紊乱，严重者失去自我调节功能，甚至引发该国出现社会动荡。

美国金融市场较为发达，尤其擅长使用汇率工具服务国家利益。具体来看，可分为两种形式，一种是弱势美元战，另一种是强势美元战。美国政府会结合国际国内经济金融环境，在不同时点和阶段灵活运用。

弱势美元战通过低估美元促进出口，实现制造业复兴，经典案例是1985年的“广场协议”。在美国的主导下，日美等五个国家联合签署《广场协议》，日元主动付出了一次性升值20%的代价，用来支持美国减少贸易赤字，随后几年里，美国总体贸易赤字规模有所下降。

强势美元战通过吸引资本流入，维护美元的霸权地位和在国际货币金融体系中的核心位置，经典案例是2010年前后爆发的欧债危机。欧元自诞生之日一路走来日渐坚挺，成为仅次于美元的第二大储备货币，对美元构成了严重挑战。2009年，受美国次贷危机影响，希腊点燃了欧债危机的“火药桶”，美国三大信用评级机构立即将炮口对准欧元，轮番上阵唱空欧元，成功将债务危机引到整个欧盟，欧元自此一蹶不振，而美元自2011年下半年进入新一轮强势周期。

中美汇率博弈进行时

人民币对美元汇率是美国长期关注的重点，美国政府一直就汇率问题与中国周旋。2010—2011年，美国多次就人民币汇率问题向中方交涉，迫使人民币汇率升值。2010年3月15日，美国130名议员联名致信财长蒂莫西·盖特纳和商务部长骆家辉，敦促美国政府高层官员立即采取行动，解决中国“操纵汇率”问题。同年6月10日，盖特纳出席国会听证会时，批评中国“操纵货币”，要求政府采取强力措施逼人民币升值。在内外部多重压力下，6月19日，中国人民银行宣布：进一步推进人民币汇率形成机制改革，增强人民币汇率弹性，人民币开启了升值进程。进入2011年后，中美第三轮战略与经济对话中，美方认为人民币升值的速度应更快、幅度应更大。同年10月12日，美国参议院以63票对35票通过《汇率和监控改革》，该法案将汇率与贸易挂钩，在“反倾销、反补贴”调查中将汇率作为补贴因素加以考虑，之后人民币兑美元汇率中间价10月11日报6.3483，再创2005年汇改以来新高。2013年，中国首次超过美国成为全球第一货物贸易大国，对美国产生了一种无形压力，中美之间的贸易摩擦也在走向高发期。2013年4月12日，美国财政部发布的《国际经济和汇率政策报告》认为，中国不符合汇率操纵国的定义，但是人民币对美元币值仍然“大幅低估”，人民币仍有必要对美元进一步升值。在美国的施压下，2013年全年人民币对美元汇率先后有41次创历史新高。

特朗普上台后，中美两国在汇率问题上的摩擦更是频繁发生。特朗普在大选辩论时，便指责中国政府通过操纵人民币，获得不公平的贸易竞争优势。之后，其经济顾问表示特朗普将把中国列为“汇率操纵国”，对中国进口商品征收45%的关税。与奥巴马政府时期相比，特朗普政府对汇率政策监测名单的规定新增了一条标准：如果美国与一个经济体的贸易逆差占美国总体贸易逆差的比例较大，即便该经济体并不满足汇率政策监测名单三条标准中的两条，该经济体也会被添加或保留在监测名单上，目标直指中国。

从以往情况来看，美国对“汇率操纵”的认定包含三个条件：一是对美贸易盈余一年超过200亿美元；二是经常项目盈余占到GDP的3%；三是通过汇率干预买入的外汇超过GDP的2%。达到这三个条件即认定为“汇率操纵国”，一旦认定某国为“汇率操纵国”，美国国会将通过决议对该国实行惩罚性措施，例如“惩罚性关税”。

结合中美两国之间的贸易、汇率数据及美国“汇率操纵国”的评判标准，中国尚不满足“汇率操纵国”的认定标准（见表1）。一是根据2017年数据，中国经常账户盈余占GDP的比重仅为1.34%，远低于3%的标准；二是外汇干预通常意味着阻止汇率升值，获取出口优势，而2017年人民币汇率强势升值6.8%，同样不符合外汇干预的标准。“汇率操纵国”三条标准只满足第一项，因此按照美国的现行标准，无法将中国认定为“汇率操纵国”。

表1　　中国不符合“汇率操纵国”认定标准

认定标准	2017 年数据验证	是否符合
对美贸易盈余超过一年 200 亿美元	中国对美贸易顺差 2758 亿美元	√
经常项目盈余占到 GDP 3%	中国经常账户顺差 1649 亿美元，占 GDP 的比重约为 1.34%	×
通过汇率干预买入的外汇超过 GDP 的 2%	中国外汇储备增加 1294 亿美元	×

数据来源：Wind，国家外汇管理局。

因此，2018年4月13日，美国财政部公布针对主要贸易对象的《国际经济和汇率政策报告》，认为中国并未操纵货币汇率，但美国财政部继续将中国列入汇率政策监测名单。国际货币基金组织和彼得森国际经济研究所等机构的研究也显示，中国过去两年并未“操纵汇率”，对中国“操纵汇率”的相关指控不能成立。

尽管我国不符合美国所谓的“汇率操纵国”标准，但未来中美之间发生汇率摩擦的概率仍然较大，汇率问题将是特朗普执政期间中美两国交锋的主要焦点。原因如下：

我国对美贸易顺差再创新高，中美贸易摩擦进一步加剧。中国海关数据显示，美国经济增长提速推高了对中国出口产品的需求，2017年中美商品贸易顺差扩大10%，至2758亿美元（见图1）。在美国的贸易伙伴中，美国对中国贸易逆差最大，美国对华贸易逆差基本上占了全部贸易逆差的一半，2017年则是近50年对华逆差最高的一年。毫无疑问，中国是最可能受美国收紧贸易政策影响的国家之一。在特朗普看来，缩小对华贸易逆差，是“让美国再次伟大”的重要举措。

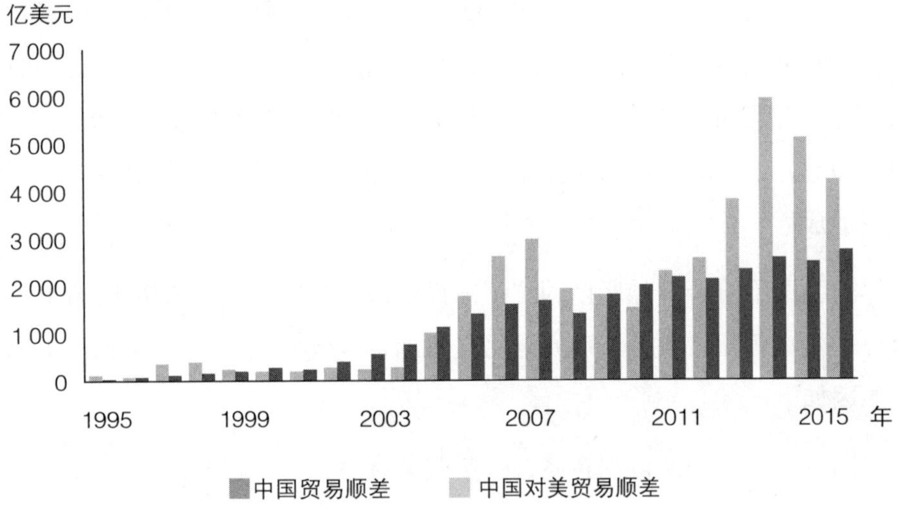

图1 中国贸易顺差和中美贸易顺差变动情况

资料来源：Wind。

受此影响，过去数月以来，美国对华贸易立场逐渐强硬，对华贸易指责和制裁增加，挑衅动作频繁。关于贸易逆差问题，美国不会善罢甘休，中美贸易摩擦将长期存在。在实际操作中，汇率很有可能成为特朗普政府解决贸易纠纷的重要工具。

目前，特朗普政府已经再次启用弱势美元政策。在特朗普上任之初，其就声明支持弱势美元政策，与耶伦观点相悖，减缓了美元上涨的速度。进入2018年，随着中美贸易摩擦加剧，美国官员再次重申支持弱势美元，美国财政部部长努钦在1月24日达沃斯论坛上公然宣称弱势美元对美国有利，美元指数也应声下跌。虽然近期受美国长期国债收益率快速走高带动有所回升，目前在91.5上下，但年初以来依然贬值约0.5%，较2017年高点回落超过11%。与此同时，人民币汇率大幅上涨，2018年1月对美元汇率上涨3.5%，创1994年汇率并轨以来月度最大涨幅，自2017年初人民币再次进入升值周期以来，已累计升值10%左右。

人民币强势升值可能对我国出口企业带来严重伤害。从2017年贸易数据看，全年人民币升值6.7%，与此同时，贸易顺差规模下降872亿美元，同比下降17.1%。现在的情况与1985年“广场协议”时期类似，美国为缩减美中创纪录的贸易逆差、促进制造业再次强大，倾向于支持弱势美元政策，以刺激出口。这将倒逼人民币升值，严重伤害中国出口企业和实体经济发展，对此应提高警惕。目前，日本央行已经有所动作，在日债面临抛压、美日利差缩窄、资本回流日本、日元升值背景下，日央行承诺无限量购买日债，以继续扩大美日利差，使套利交易反转，资本再次回流美国，抑制日元升势。可见，发达国家的汇率政策都充满干预色彩，我们也应及时采取措施，顶住美国贸易保护的压力，支持国内实体经济发展。

以我为主加强国际汇率政策协调

2017年1月17日，国家主席习近平在瑞士达沃斯举行的世界经济论坛上曾指出“打贸易战的结果只能是两败俱伤”。从中美历次贸易战可以看出，每次贸易摩擦都会给博弈双方带来不利影响，结果是“杀敌一千、自损八百”，导致双输。具体到中美汇率摩擦，短期来看，虽然人民币升值能给美国带来一定的积极影响，改善美国国内出口部门生产状况，但是从长远来看，美元贬值会影响公众对美国的信心，不利于国际资本的回流。

因此，中美两国应加强在汇率政策上的协调，避免“以邻为壑”现象的发生。在2016 年6 月举行的第八轮中美战略与经济对话上，双方共同重申在2016年上海和华盛顿G20 财长和央行行长会议期间达成的关于汇率的承诺，包括将避免竞争性贬值和不以竞争性目的来盯住汇率。2017年11月，我国外交部表示，中美愿进一步加强财政、货币和汇率政策的协调，愿就各自结构性改革问题保持沟通和协调，释放出负责任大国态度。针对近期中美贸易摩擦，央行参事盛松成认为，中美不能从贸易战打到金融战，我们既不应该引导汇率贬值，也不应放任汇率大幅升值。不过，考虑到中美之间的货币较量正在进行之中，在进一步加强沟通协调之外，中国应该做到以我为主，把握货币政策制定的主动权和独立性，兼顾实体经济利益和人民币国际化的推广，避免陷入国际资本布下的陷阱之中。

长期看，应加快推进经济转型和结构改革。经济稳则汇率稳，经济稳定增长是应对汇率风险之根本。2015年以来，美联储货币政策正常化对中国跨境资本流动、汇率稳定和货币政策的冲击，表面上看是外部冲击，实则是内部经济发展问题。过去美联储也有过货币政策紧缩时期，但并未给中国带来太多外溢影响，当前问题凸显原因在于中国经济处于调整周期。因此，解决问题的关键在于保持中国经济稳定增长，防止发生系统性金融风险。中国应坚决落实去产能和降杠杆政策，促使资金流向战略性新兴产业、高端装备制造业和现代服务业，加速推进经济转型和结构调整，尽快实现经济增长动能转换和经济触底回升。只要国内经济稳定，跨境资本将恢复流入，人民币汇率将进入稳定期，外部货币政策环境变化和国际做空势力对中国的影响也将逐渐减少。

中期看，应继续完善汇率形成机制，逐步向自由浮动的汇率管理框架过渡。目前市场仍然过于关注美元指数的变化，汇率走势受外部冲击影响较大，在短期容易偏离经济基本面。应继续加快推进外汇市场建设，完善人民币汇率形成机制，使人民币由主要盯住美元转为盯住一篮子货币。汇率形成机制改革的终极目标依然是自由浮动，但是自由浮动并不意味着放弃管理。随着人民币兑美元汇率双向浮动格局确立，外汇市场产品极大丰富，市场广度深度提升，市场主体更加成熟，能够有效对冲风险，中间价可以择机退出历史舞台，汇率将实现弹性和双向波动。美国将失去指责中国为“汇率干预国”的借口。

短期看，一方面应继续丰富货币政策工具箱，稳定跨境资本流动和汇率走势。在中间价继续发挥作用的情况下，常态下可采取“中间价管理+资本流动管理”两件工具达成汇率管理目标；特殊时期或危机时期，在中间价管理的基础上，综合运用口头干预和外汇干预，必要时可加强资本流动管理。另一方面，在中美贸易摩擦加剧、人民币面临较大贬值压力时，可通过部分抛售美国国债稳定汇率，同时向美国政府施压。不过，该政策对中国伤害也较大，目前中国是美国国债的第一大海外持有国，抛售美债会导致美国国债价格下跌，使中国外汇储备资产面临估值和账面损失，会加剧市场的恐慌和动荡情绪，因此，更多是作为博弈和谈判工具使用。此外，还应与欧、日等发达经济体以及其他新兴经济体一道，加强国际货币政策和汇率政策的协调，避免美元单边调整给各国带来的冲击。在国际金融市场波动较大情况下，可考虑在国际机构和会议上联合发声，通过舆论引导，约束和规范美国货币政策的变动。

据理力争准入战

何为准入战

市场准入（Market Access）源于关贸总协定，指在多大程度上允许别国商品和服务的进入，是关于别国产品和服务进入本国市场的规定，也是开放市场的问题。市场准入内涵在使用过程中不断深化，使用范围不再局限于与 世贸组织 有关的法律文件和内容，而成为一种“市场准入制度”或“市场准入机制”的简称，既是准许进入一国市场的原则，也是具体的准入程度的义务。借助市场准入，各国或地区通过实施各种法律和规章制度将本国或地区市场对外开放，并对开放程度进行宏观掌握和控制。市场准入关键点有三个：在目的上，主要是为了增强各成员国对外贸易体制的透明度，减少和取消关税，减少甚至消除数量限制等非关税壁垒，最终达到世界市场一体化；在内容上，不涉及一国国内市场主体准入问题，而只涉及进入本国市场的客体——产品的准入问题；在范围上，合理的市场准入规则具有同一性，既适用于本国产品，也适用于外国产品。

投资准入问题愈发突出。中国加入世贸组织以来，中美经贸关系中的一些老问题如最惠国待遇、市场准入等已经得到了部分解决或不再是关注焦点，但是另一些问题却逐渐升级为双边贸易摩擦的新焦点，最为突出的就是投资准入限制问题。随着中国企业“走出去”步伐加快，尤其是中国对美国直接投资规模大幅攀升，中国企业非常关注影响对美直接投资的各项因素。其中，必须要提的就是美国外国投资委员会(CFIUS)国家安全审查制度，在该项制度审查下，中国多项对美投资交易受阻。

美国外资投资委员会（CFIUS）是个跨部门的机构，主席是美国财政部部长，成员分为三类：第一类是常规成员，包括九个部门和办公室的主管；第二类是在适当的情况下参与CFIUS活动的部门人员，包括管理和预算办公室、经济顾问委员会、国家安全委员会、国民经济委员会、国土安全委员会；第三类是没有投票权，职责由相关法规确定的成员，包括国家情报局主管和劳工部部长。CFIUS职能是审查可能控制美国企业的外籍人士所进行的交易，以确定这类交易对美国国家安全的影响；是运作和审查过程都缺乏透明度的机构，其保密的特性使得相关信息公开程度非常有限。

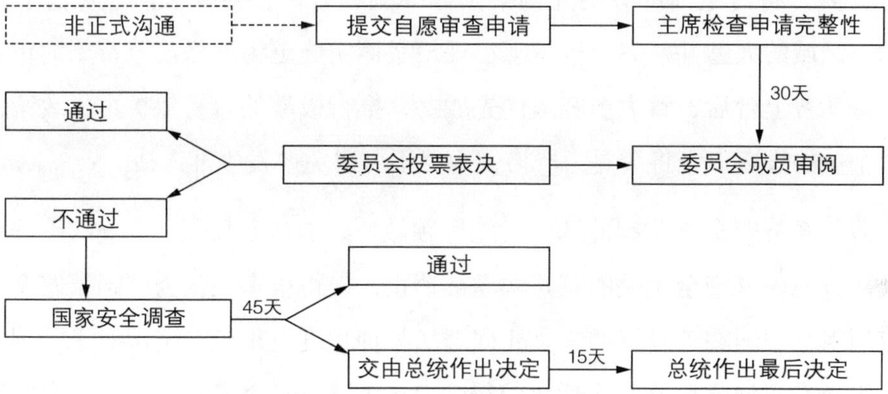

图2 美国外资投资委员会决策流程

准入战重在市场准入审查。美国对中国企业普通的市场准入审查趋严，对涉及经济安全、关键性基础设施、关键技术及国有资本的兼并购案，实施更为严格甚至苛刻的审查标准。

准入战将成为常态

美国对中国资本进入审查趋严。中美在政治与文化上存在明显差异，美国政客容易受媒体影响而对中国产生负面印象，尤其部分美国国会议员缺乏国际经验，使其对中国的认识比较片面。布鲁金斯学会在2013年的报告《中国企业在美投资的外部环境研究》表明，媒体通过影响政策制定的信息来源、公众舆论以及利益集团活动能力等决定涉外经济政策的走向。所以，美国国会很多时候倾向于向外资投资委员会施加压力，敦促其对中国采取更加严厉的安全审查。

CFIUS需要保持吸引国外直接投资和经济安全之间的平衡，即有效利用中国资本，不过分打击中国的投资积极性，同时对经济安全保持警惕。可以预见的是，美方将对绝大部分的并购案按标准流程处理；对少数涉及敏感产业、技术、区域的大型并购案及极敏感小规模案例实施更为严格甚至苛刻的审查标准。特朗普上台后，致力于美国优先战略，推行极端的贸易保护主义政策，对中国企业的投资审查将会更为严格，中美不可避免要发生准入战。

涉及经济安全、关键性基础设施等领域。CFIUS国家安全审查的不透明，以及部分与国家安全无关的兼并购案被禁止，使得很多人认为“国家安全”只是美国阻止中国在美投资的一个托词。从某种程度上来说，美国对于“国家安全”定义有意地模糊化和概括化使得CFIUS在国家安全审查中具有很大的裁量权，这导致了在审查过程中具有很大的不确定性。CFIUS的立法依据和各项法规一直未给出“国家安全”的准确定义，不过，从以往中国企业投资准入被拒的情况看，涉及到下面几个领域：经济安全，关键性基础设施，关键技术，国有资本问题等。

经济安全成为国家安全战略重要部分。美国经济安全战略不是独立的战略，而是包含在整个国家安全战略里。作为经济安全的执行机构之一，CFIUS

的审查在多个方面体现着美国现有的国家安全战略，更加关注由于某项并购而带来的经济效应，例如：对美国就业的影响，对市场竞争状况的影响，是否存在市场操控以及垄断的可能性，是否带来不公平竞争，以及中国在类似行业是否存在对等开放等。即使是经济安全问题，在CFIUS的审查过程中也可能出现政治化的倾向，原因可能是多方面的：收购的对手希望获得有利地位或重新启动收购；或是被收购的美国公司想增加收购方的成本；或者政治家希望表明对华立场、获得选票等。

关键性基础设施涉及面最广。2001年，美国《爱国者法案》中“关键性基础设施”指出：无论从物理特性还是实际情况来看都是美国至关重要的系统和资产，如果这些系统和资产不能运转，将对安全、国家经济安全、国家公众健康或安全，或上述事项之和产生负面影响。其他条款扩展了“关键性基础设施”的定义，特别列出了国会认为是关键性基础设施的行业，包括电信、能源、金融服务、水务及运输部门。2002年，国土安全部接收确认什么是“关键性基础设施”的责任，通过一系列指令确认了18个行业为关键性基础设施，几乎涵盖了美国绝大多数行业，并将监管不同部门的责任分派到不同的联邦部门和机构。CFIUS采用的依然是“一案一议”的方式，一笔并购被界定为“关键性基础设施”后将在多大程度上影响其裁定也是不确定的。从CFIUS受管辖交易的行业分布情况来看，制造业与金融、信息和服务业所有产业的比重是最大的。2005—2011年的数据表明，CFIUS“受管辖交易”中制造业的比重为43.8%，其次是金融、信息和服务业，比重为34.2%；这两者相加占“受管辖交易”总数量的78%。除此之外，采矿、公用事业和建筑业与批发、零售和交通分别占到13.7%和8.1%。

CFIUS对中国企业的审查体现出类似的行业特征。数据显示，中国“受管辖交易”高度集中于制造业，金融、信息和服务业，其中制造业占“受管辖交易”总量的比重甚至高于同期全球的平均比重。近年，电信业是美方特别关注的中国“关键性基础设施”行业，这个行业被严格审查的局面也将持续；CFIUS最新年报中特别提到与能源部门相关的国家安全问题，也是中国对美投资中比重较大而特别容易引起CFIUS关注的行业。

在金融领域，CFIUS从审慎监管层面对外资在美国境内投资和设立附属金融机构规定了严格的条件，须接受两个层面的审查。一是国家安全审查。如果不能通过该审查，就无须进行其他审查。二是监管部门的审批。根据美国《银行控股公司法》等规定，外国企业凡收购美国境内银行5%以上股份的必须得到美联储的批准。CFIUS在审批时主要考虑以下因素：一是资本和财务。投资并购美国银行的外国企业必须具备充足的资本和财务资源，以保证交易的顺利进行。二是并表监管。根据1956年《银行控股公司法》以及1991年《外国银行监管加强法》等的要求，外国企业监管当局的综合并表监管能力是美国监管当局对所有外资银行在美设立分支机构或实施并购等准入事项进行审批时的重要评估要素。三是竞争因素。根据1960年《银行并购法》，如果银行合并引起垄断或大大削弱竞争力，则对交易不予以批准。四是管理资源因素。CFIUS要审查投资并购方和目标银行的管理者资源，包括高级职员、董事和主要股东的“能力、经验和信誉”。五是信息披露与反洗钱因素。一方面，外国企业应向CFIUS提供有关自身及任何关联方的信息，汇报其财务状况以及在美国有运营业务的公司中的持股情况。另一方面，CFIUS在准入审核时，要考虑外国企业是否拥有良好的反洗钱政策措施和内控制度。

严格控制掌握关键技术企业并购。CFIUS年报显示，其主要依四方面的法规对“关键技术”进行界定，分别是美国军品清单中包括的国防物品或国防服务，商业控制清单中明确的项目，原子能装备与材料进出口条例中明确的核能设备、装备、材料，专门药剂和毒素条例中明确的药剂和毒素。对于被并购企业是否属于“关键技术公司”的问题，将由不同政府部门来判定不同种类的“关键技术”。

CFIUS在其2012年年报中第一次“谨慎自信”的承认，为了收购美国从事研发、生产关键技术的企业，外国政府和企业间“可能存在”协调战略，这相比历年年报中“不可能存在”协调战略的表态是一个巨大的转变。这意味着从趋势上看，未来涉及“协调战略”的并购案几乎一定会受到异常严格的审查，而中国企业的特殊性质使其很可能成为这个条款的重点打击对象。

特别强调对国有企业和国有资本的审查。CFIUS一直强调对外国国有企业和国有资本的审查。1992年的《伯德修订》中有条款规定，“提出收购方受外国政府控制，或代表外国政府时，CFIUS即可以展开调查。”《外商投资与国家安全法案》给出了涉及外国国有企业收购的具体考察因素，包括该外国政府与美国的外交一致性，在多边反恐、防止和扩散以及出口限制方面的一致性，具体来说是以国家作为划分国家安全风险的依据，例如中国、中东等国因与美国外交不一致更容易被纳入风险较大国家，这样的划分对于中国来说加大了泛政治化的可能性。中国企业的政府或军方背景是其在美国兼并购受阻的一个重要因素。中国的特殊国情决定了很多有能力赴美兼并购的企业都为国有企业，或者其资金来源大多是国有银行。鉴于中美不同的政治生态，美国会因此判断这些企业受外国政府控制，而这些企业通过在一些关键领域的收购可能使美国未来在战略上处于被动地位。

除了“关键性基础设施”和“关键技术”，并购交易所在地点是否为敏感地点也是CFIUS审查标准之一。敏感地点在CFIUS年报中被定义为“邻近某种类型的美国政府设施的区域”。中国企业由于这个原因而失败的典型案例有西色国际案例。西色国际与美国优金公司达成的收购协议涉及的项目位于内华达州拉夫洛克附近的瑞利夫山谷矿场，距离该金矿约80公里处是法伦海军航空站及其他军事基地，因此美国财政部认为“有国家安全隐患的担忧”。另外，三一重工收购风电场失利也与地点敏感有关。

当前，美国经济增长前景好于欧洲以及其他发达经济体，同时，中国企业技术升级和品牌建设的需求持续加大。尽管经济基础预示着未来数年中国对美投资将继续增长，然而，特朗普为中国对美直接投资带来较大的不确定性和政治风险。特朗普上台后，威胁挑起与中国的贸易战，并指责中国要对美国一些关键州失去工业就业岗位负责。特朗普人事任命预示着美国在对华贸易和投资政策方面可能将采取一种“更具对抗性”的解决方式；美国国会对与中国投资相关的“潜在安全与经济风险”日益警惕；政治现实对未决交易和未来新交易构成了重大的下行风险。中国企业对美国直接投资面临着放缓的趋势。

美中贸易全国委员会数据显示，2015年美中双边贸易和双向投资为美国经济增长贡献了2160亿美元，相当于美国国内生产总值的1.2%；中国企业在基础设施建设中的经验也能帮助特朗普实现竞选时作出的重建美国的允诺；中国资本的进入从客观上为美国经济发展提供了助力，也迎合了特朗普“复兴美国”的政治主张。当前，中美在贸易、投资及金融等领域已紧紧捆绑在一起，关联性越来越强，双向投资迅速增长更是成为一大亮点。准入战发生后，CFIUS对中国投资的审查跟以往比起来具有广泛的涉及性，更多的中国直接投资要受到CFIUS的审查。作为全球最大的两个经济体，中美经贸合作保持总体向好的态势，这对于中美两国自身及全球经济而言都是利好。因此，打准入战，中美两国没有赢家。如果特朗普试图去改变这种关系，可能引发巨大风险，只能是两败俱伤，并殃及各方。

准入战应对须据理力争、对等开放

随着中美贸易摩擦不断升级，美国很可能运用国家安全审查加强对中国投资的限制，进而增加美国在贸易领域的谈判筹码。因此，应对准入战可从两方面来着手。一方面，针对美国的准入审查，我国企业层面可积极研读规则、加强沟通，我国政府层面需加强双边谈判、据理力争。另一方面，我们也要进一步对外开放，营造良好的投资环境。

第一，要采取多种措施，据理力争。首先，对中国企业来说，要认真研读规则，做好风险防控。在进入美国市场前，应深入研究美国的国家安全审查制度，掌握美国国家安全审查的核心风险点，做好尽职调查工作，做好国家安全审查风险评估与防控工作。其次，要做好沟通交流，争取理解支持。我国企业应加强与美国国会、联邦政府、地方政府、媒体、社区、工会、非政府组织的沟通交流，了解它们关切的问题，争取它们的理解和支持。遇到问题时，可快速提供相应的风险防控预案。最后，对我国政府来说，要据理力争，继续推动中美双方投资条约(BIT)谈判。中美双方于2008年6月举行了第四次战略与经济对话，并正式启动了双边投资协定谈判。截至2017年，中美BIT谈判已历时9年，经过近30轮的谈判，在各方面取得了一些成果，但距离达成协定仍有一定距离。2016年，因美国大选，中美BIT谈判暂时搁置。未来，中国应进一步推动中美BIT谈判，并在谈判中重点纳入CFIUS国家安全审查制度，防止正当的安全审查被滥用，要据理力争，寻求在美国投资的公平待遇。

第二，做好对等开放，逐步营造良好的投资环境。我国寻求在美投资公平待遇的同时，也要做好对等开放，满足美方投资者诉求。2018年4月10日，习近平总书记在海南博鳌亚洲论坛上指出，中国将继续扩大开放、加强合作，坚定不移奉行互利共赢的开放战略，坚持“引进来”和“走出去”并重，实行高水平的贸易和投资自由化便利化政策。今后将进一步放宽市场准入，尤其是金融行业市场准入限制，逐步改善投资环境，创造更有吸引力的投资环境。同时，加强知识产权保护，完善产权保护制度等。后续，我国可围绕上述开放领域进一步做好落实，营造良好的投资环境。

纵横捭阖协定战

何为协定战

贸易协定(Trade Agreement)，是指两个国家或几个国家之间调整它们相互贸易关系的一种书面协议。与贸易条约相比，其所涉及的面比较窄，对缔约国之间的贸易关系往往规定得比较具体，有效期较短，签订程序也较简单，一般只需经签字国的行政首脑或其代表签署即可生效。

自由贸易协定(Free Trade Agreement)，是两国或多国间具有法律约束力的契约，目的在于促进经济一体化，其目标之一是消除贸易壁垒，允许产品与服务在国家间自由流动。这里所指的贸易壁垒可能是关税，也可能是繁杂的规则等。而自由贸易区(Free Trade Area)，通常指两个以上的国家或地区，通过签订自由贸易协定，相互取消绝大部分货物的关税和非关税壁垒，取消绝大多数服务部门的市场准入限制，开放投资，从而促进商品、服务和资本、技术、人员等生产要素的自由流动，实现优势互补，促进共同发展。有时，它也用来形容一国国内，一个或多个消除了关税和贸易配额、并且对经济的行政干预较小的区域。目前，广义的自由贸易区有中日韩自由贸易区（中国、日本、韩国）、北美自由贸易区（简称NAFTA，包括美国、加拿大、墨西哥）、美洲自由贸易区（简称FTAA，包括美洲34国）、中欧自由贸易区（简称CEFTA，包括波兰、匈牙利、捷克、斯洛伐克、斯洛文尼亚、罗马尼亚和保加利亚）、东盟自由贸易区（简称AFTA，包括东盟十国）、欧盟与墨西哥自由贸易区、中国与东盟自由贸易区等。狭义的自由贸易区有巴拿马科隆自由贸易区、德国汉堡自由贸易区、美国纽约1号对外贸易区等。

世贸组织是最大的贸易协定组织，旨在扩大货物和服务的生产与贸易；通过实质性削减关税等措施，建立一个完整的、更具活力的、持久的多边贸易体制；以开放、平等、互惠的原则，逐步调降各会员国关税与非关税贸易障碍，并消除各会员国在国际贸易上的歧视待遇。

世贸组织基本原则成为各国（地区）所致力遵循的准则。世贸组织有几项重要的基本原则：

一是互惠原则（Reciprocity）。是指两成员方在国际贸易中相互给予对方贸易上的优惠待遇。它明确了成员方在关税与贸易谈判中必须采取的基本立场和相互之间必须建立一种什么样的贸易关系。

二是透明度原则。世贸组织成员方应公布所制定和实施的贸易措施及其变化情况，没有公布的措施不得实施，同时还应将这些贸易措施及其变化情况通知世贸组织。此外，成员方所参加的有关影响国际贸易政策的国际协定，也应及时公布和通知世贸组织。透明度原则规定各成员应公正、合理、统一地实施上述的有关法规、条例、判决和决定。统一性要求在成员领土范围内管理贸易的有关法规不应有差别待遇，即中央政府统一颁布有关政策法规，地方政府颁布的有关上述事项的法规不应与中央政府有任何抵触。但是，中央政府授权的特别行政区、地方政府除外。公正性和合理性要求成员对法规的实施履行非歧视原则。透明度原则还规定，鉴于对海关行政行为进行检查和纠正的必要，要求各成员应保留或尽快建立司法的或仲裁的或行政的机构和程序。这类法庭或程序独立于负责行政实施的机构之外。除进口商在所规定允许的上诉期内可向上级法庭或机构申诉外，其裁决一律由这些机构加以执行。

三是市场准入原则。它以要求各国开放市场为目的，有计划、有步骤、分阶段地实现最大限度的贸易自由化。市场准入原则的主要内容包括关税保护与减让、取消数量限制和透明度原则。世贸组织倡导最终取消一切贸易壁垒，包括关税和非关税壁垒，虽然关税壁垒仍然是世贸组织所允许的合法的保护手段，但是关税的水平必须是不断下降的。

四是促进公平竞争原则。世贸组织不允许缔约国以不公正的贸易手段进行不公平竞争，特别禁止采取倾销和补贴的形式出口商品，对倾销和补贴都作了明确的规定，制定了具体而详细的实施办法，世贸组织主张采取公正的贸易手段进行公平的竞争。

五是经济发展原则。该原则以帮助和促进发展中国家的经济迅速发展为目的，针对发展中国家和经济接轨国家而制定，是给予这些国家的特殊优惠待遇，如允许发展中国家在一定范围内实施进口数量限制或是提高关税的“政府对经济发展援助”条款，仅要求发达国家单方面承担义务而发展中国家无偿享有某些特定优惠的“贸易和发展条款”，以及确立了发达国家给予发展中国家和转型国家更长的过渡期待遇和普惠制待遇的合法性。

六是非歧视性原则。这一原则包括两个方面，一个是最惠国待遇，另一个是国民待遇。成员一般不能在贸易伙伴之间实行歧视；给予一个成员的优惠，也应同样给予其他成员。这就是最惠国待遇。这个原则非常重要，在管理货物贸易的《关税与贸易总协定》中位居第一条，在《服务贸易总协定》中是第二条，在《与贸易有关的知识产权协议》中是第四条。因此，最惠国待遇适用于世贸组织所有三个贸易领域。国民待遇是指对外国的货物、服务以及知识产权应与本地的同等对待。最惠国待遇的根本目的是保证本国以外的其他缔约方能够在本国的市场上与其他国企业在平等的条件下进行公平竞争。非歧视性原则是世贸组织的基石，是避免贸易歧视和摩擦的重要手段，是实现各国间平等贸易的重要保证。

双边协定将接连不断

进入21世纪之后，面对发展中经济体力量的整体崛起，以及国内外政治经济形势的新变化，美欧贸易政策相应作出重大调整，逐步从倚重多边体系框架转向侧重推动区域/双边自贸协定，诸边协议谈判，将其作为贸易规则制定的新平台。未来的趋势将是逐渐出现一张环环相扣的自由贸易网络，最近10年来盛行的多边协议将被一种新的双边模式取代，新模式中，双边协议取代多边协议或将成为主流。特朗普的上台将加快这种模式的发展。2017年11月，特朗普在参加亚太经济合作组织(简称APEC)论坛时高调捍卫经济民族主义，称美国将捍卫其商业权利，不会签署束缚手脚的多边贸易协议。同时指出，他将与印度洋—太平洋地区任何希望成为美国合作伙伴的国家签署双边贸易协议，并遵守公平和互惠贸易的原则。

英国脱欧，美国退出TPP、《巴黎协定》以及停止TTIP谈判都是多边贸易协议不断瓦解的例证。西方国家暂时放弃多边主义框架，转而寻求双边经贸协定架构，就是希望通过更高标准、更宽领域和“面向21世纪”的新规则来抢占先机，确保所谓的“公平竞争”，其目的都是提高本国的竞争优势。

美国方面，截至2018年7月，美国与21个国家或地区签订了15个自由贸易协定，分别是欧盟、澳大利亚、巴林、加拿大、智利、哥伦比亚、哥斯达黎加、多米尼加共和国、萨尔瓦多、危地马拉、洪都拉斯、以色列、约旦、墨西哥、摩洛哥、尼加拉瓜、阿曼、巴拿马、秘鲁、新加坡和韩国。2015年，美国与20个自贸伙伴进口额占其进口总额的比重达到34.45%，与自贸区伙伴出口额占其出口总额的比重达到47.27%。通过区域/双边自贸区协定，美国可以绕开存在明显分歧的谈判对手，谋求加强与观点相近的国家的合作，充分发挥自贸协定（FTA）进程快、议题广、标准高的特点。

欧盟方面，截至2018年7月，欧盟已同37个国家签订了FTA。起初，欧盟

FTA网络对经济的覆盖率并不高，FTA对欧盟经济的拉动效果极为有限。其后，欧盟调整战略，加快了同关键市场签订FTA的步伐。例如，7月达成的欧美自由贸易协定和欧日自由贸易协定，欧盟期待通过同关键国家的自贸协定，增加双边自由贸易协定在其对外贸易中的作用。

中国方面，为应对国际贸易规则的变化，也在签订自由贸易协定。截至2018年3月，中国已经和24个国家或地区签署了16个自由贸易协定。同时，中国正在加紧同周边经济体及欧美等发达国家探讨建立自由贸易区，以期在经济发展的新浪潮中实现互利共赢模式的经济增长。

合纵连横巧应对

合纵连横是战国时期纵横家所宣扬并推行的外交和军事政策。战国时期，齐、楚、燕、韩、赵、魏、秦七雄并立。战国中期，齐、秦两国最为强大，东西对峙，互相争取盟国，以图击败对方。其他五国也不甘示弱，与齐、秦两国时而对抗，时而联合。大国间冲突加剧，外交活动也较为频繁，出现了合纵和连横的斗争。合纵就是南北纵列的国家联合起来，共同对付强国，阻止齐、秦两国兼并弱国；连横就是秦或齐拉拢一些国家，共同进攻另外一些国家。

我们在应对协定战时也可以借鉴“合纵连横”策略，积极推动区域贸易协定谈判，搭建新型贸易模式。

首先，结合国情选择适当的竞争政策规制模式。作为一个签订区域贸易协定的后进国家，我国对在区域贸易协定中如何有效规范竞争政策问题尚缺乏经验，仍处于摸索之中，更谈不上创立自己的竞争政策规则模式。因此，在当前情况下，我国只能借鉴他国规制竞争政策的经验，结合我国的具体国情，制定我国自由贸易协定的竞争政策规则。

其次，积极推动区域贸易协定谈判。中国要研究调整国际合作战略，积极利用多边渠道，发挥大国作用，精心选择谈判对象，综合考虑全球政治、经济利益及外交等因素，逐步构筑起立足周边、辐射“一带一路”、面向全球的高标准自由贸易区网络。实践中，可以亚太为优先发展方向，以中韩FTA、中澳FTA为代表的中国新时期自贸区实践能够积极推动区域贸易协定谈判，加速贸易投资规则与国际接轨，促进区域经济一体化，实现区域间的互联互通。

最后，进一步推动国内自贸区试点及规则创新。美欧倡导的全球经贸规则在一定程度上代表了全球经贸未来发展的方向，以自由贸易区为主要形式的区域主义是近年来的重要趋势。其代表的贸易投资自由化、便利化也是中国改革的总体和长期目标。自贸试验区战略是中国对接国际经贸规则体系的试验窗口，随着自贸区战略由沿海向内陆省市不断推进，其在服务业开放、贸易便利化、投资管理体制改革方面进行了一系列的探索，营造了公平有序、法治化的营商环境。我国要积极吸收或适当加入符合国际贸易发展趋势，与国内改革相适应、相呼应的与贸易投资自由化、便利化相关的合理内容，提高中国自贸区的自由化水平，加快推进环境保护、投资保护、电子商务等新议题的谈判，积极扩大对外开放水平。

BEYOND
THE TRADE WAR

超越贸易战

4

第四篇 超越战略篇

○ 何必过分倚重外需这驾“马车”

○ 优化出口结构是王道

○ 东方不亮西方亮

○ 实施“一带一路”大倡议

○ 博弈国际治理大棋局

“中国是一个大国——‘东方不亮西方亮，黑了南方有北方’，不愁没有回旋的余地。”毛泽东主席当年在《中国革命战争的战略问题》中提出的这一著名论断，对当今中国应对全球贸易战颇具借鉴意义。“农村包围城市”“不争一城一地之得失”“打得赢就打，打不赢就走，你打你的，我打我的。”……毛泽东主席这些重要军事思想，更可直接应用于当今这场全球贸易战。概而言之，就是在战略空间上，不要局限于贸易战之“一城一地”，而是要从更广阔的战略空间出兵发力，是为“战略空间超越”。本篇将阐述的何必过分倚重外需这驾“马车”、优化出口结构是王道、东方不亮西方亮、实施“一带一路”大倡议、博弈国际治理大棋局，正是这一战略思想的体现。

何必过分倚重外需这驾“马车”

改革开放以来，得益于开放型经济发展战略，我国经济保持了30多年高速增长，经济实力跃居世界第二，创造了举世瞩目的“中国奇迹”。但是，自2010年以来我国经济运行呈现出不同以往的态势和特点，增速波动下行持续时间已有6年多，面临着近年来少有的错综复杂局面。相应地，拉动我国经济增长的“三驾马车”——投资、消费、出口，也呈现出不同的发展态势。尤其是，在外需萎缩的背景下，“三驾马车”失去原有平衡，迫使我们不得不对外向型经济发展进行反思。

外部环境不容乐观

近些年，尤其是2008年国际金融危机以来，中国经济结束30多年的高速增长，开始步入减速盘整期，并将在一定时期内保持中高速增长。对此，认为中国增长模式不可持续的声音越来越多，分析中国经济增长减速原因的观点莫衷一是。但其中，著名经济学家林毅夫在《解读中国经济》一书中，明确反对中国经济下行是由内部问题造成的，并强调这一趋势是由国际环境不景气导致的。

目前，全球经济复苏仍疲软乏力，发达国家经济复苏缓慢，新兴经济体增速进一步回落。与国际金融危机前5%左右的增长率相比，2012—2016年世界经济连续六年维持在3.0%~3.4%的增长水平，低增长已成为全球经济新常态。世界经济增长放缓导致全球商品特别是能源、工业品需求疲软，自2014年下半年开始，全球大宗商品市场转入下跌周期，同时部分发达国家实施了“再工业化”替代部分进口的策略，致使全球贸易持续萎靡不振。

根据《全球贸易增长报告》，1990—2007年全球国际贸易增长6.9%，2008—2015年平均增长约3.1%。联合国贸发会议（UNCTAD）的统计数据显示，2012年、2013年、2014年和2015年全球贸易增长率分别为0.86%、2.44%、0.25%和-13.23%，均低于同期全球经济增长率，打破了过去几十年来贸易增长一直高于GDP增长的发展格局。根据世界银行发布的《全球贸易观察：2016年贸易发展》年度报告，基于国际货币基金组织、世界银行、经合组织以及世贸组织的估算，2016年，全球货物和服务贸易增速介于1.9%~2.5%之间，为2008年国际金融危机以来最低增速。其中，全球商品贸易增速可能仅稍高于1%，低于2015年的2%和2014年的2.7%。综合国际货币基金组织、世界银行、世贸组织等主要国际经济组织发布的数据来看，2016年很可能是近年来全球贸易降幅最大的一年。

全球贸易增长低迷是全球经济周期性因素、结构性因素以及制度规则因素等多种影响因素共同作用的结果。首先，世界经济持续低迷，消费需求不足，自然影响到贸易增长。其次，美欧等发达的消费驱动的国家杠杆收缩、发达国家的“再工业化”“重返制造业”等经济增长结构重大变化导致原有以“资源—生产国—消费国”为核心链条的全球贸易循环进行重构。再次，“逆全球化”思潮和全球贸易保护主义特别是发达经济体贸易保护主义趋势增强。根据英国智库经济政策研究中心发布的《全球贸易预警》（*Global Trade Alert, GTA*）的数据，在全球经济增长乏力的背景下，各国正加速实施贸易保护措施。最后，发达经济体政策不确定性在很大程度上影响了全球贸易增长。根据世界银行《全球贸易观察：2016年贸易发展》年度报告，2016年欧美政策的不确定性上升可能导致全球贸易增速下降0.6个百分点，在造成2015年和2016年贸易增长率差异中占比约75%。

出口这驾“马车”趋于式微

改革开放以来，我国长期采取外向型经济发展战略，凭借本国资源和经济优势，参与国际经济循环与分工，引进国内急需的技术、资金和装备，从而实现本国经济迅速增长甚至赶超。但是近年来，中国外贸增速逐渐下滑，跌破了过去长期以来的两位数高速增长，而且落在了我国GDP增速之下。2012—2014年，我国外贸增速分别为6.2%、7.6%、3.4%，均未达到当年预期目标（分别为10%、8%、7.5%），也明显低于对外贸易发展“十二五”规划的目标10%。2015年，进出口总值同比下降7%，为2009年以来的首次负增长，远低于6%的政府预期目标，这是加入世贸组织以来，我国首次未能完成对外贸易五年规划的增速目标。根据海关数据，2016年，货物贸易进出口总值比2015年下降0.9%，贸易顺差3.35万亿元，收窄9.1%。进入2017年，世界经济温和复苏，国内经济稳中向好，推动我国外贸进出口转为增长。从图3可以看出，2008年国际金融危机以来，出口对GDP的贡献率大幅下降，经济增长主要靠消费和投资拉动，尤其是消费发挥了主要拉动作用。世界其他主要经济体经济增长的相对低迷一方面推动了中国经济增长模式的转型，另一方面弱化了外部冲击对中国经济的影响力度。中国的对外贸易依存度从国际金融危机前最高接近70%降至不足50%，经常项目顺差占GDP比重从最高峰的10%下降到2%~3%的水平。

毫无疑问，我国外贸增速下滑也有着深刻的全球背景，尤其是全球贸易保护主义、贸易摩擦、反倾销压力让我国出口陷入非常困难的境地。同时，从国内原因来看，我国劳动力、土地等要素成本持续上升，严重削弱了出口企业的传统竞争力。

内需这驾“马车”成为主动力

在拉动经济增长的“三驾马车”——投资需求、消费需求和出口需求中，消费需求是最终需求，是经济增长最根本的拉动力量。我国经济步入“新常态”直接的和表面的原因是投资不振，但内在原因则是消费疲弱，因为投资只有有效地转化为消费才能形成真正的增长动力。因此，我国经济增长的根本战略必须转向扩大内需消费和投资，构建经济循环新体系、增长动力新机制，降低对外部市场的依赖，通过培养内生经济增长点来增强经济复苏后劲。

近年来，随着我国居民收入水平不断提高和经济结构逐渐优化，消费对经济增长的拉动作用不断增强，尤其是进入“十二五”以来，消费保持平稳较快增长，增速开始超过经济总体增速，对经济增长贡献明显加大，对经济发展的基础性作用显著增强，成为经济稳定增长运行的关键因素（见图3）。根据国家统计局的报告，“十二五”期间，在扩大内需战略的带动下，消费的基础性作用得到较好发挥，特别是消费结构升级带动居民消费潜力有序释放，作为拉动经济增长的“三驾马车”之一，消费已赶超投资成为拉动经济增长的主动力。

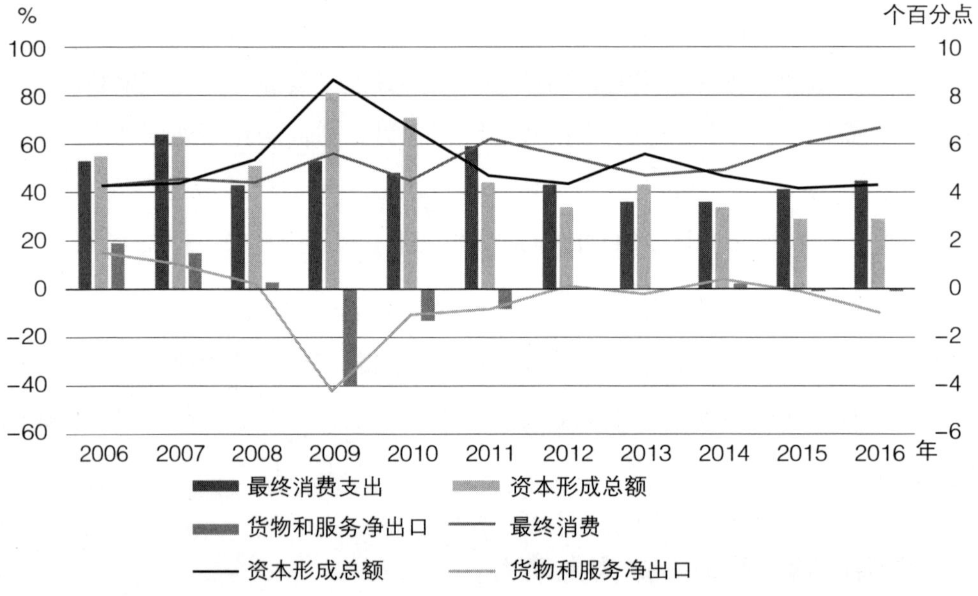

数据来源：国家统计局。

图3　2006—2016年消费、投资和净出口对GDP增长贡献率（左轴）和对GDP拉动（右轴）

2011—2014年，最终消费对经济增长的年均贡献率为54.8%，高于投资贡献率7.8个百分点。2015年，社会消费品零售总额达30.1万亿元，同比增长10.7%，最终消费对GDP增长贡献率达59.7%，比2014年提高了10.9个百分点，比2013年高12.7个百分点，比2001年至2012年平均贡献率高16.0个百分点。2016年是"十三五"开局之年，消费需求持续增长，城乡居民消费能力稳步提升，消费品市场继续保持平稳较快增长，消费对经济增长的拉动效应进一步显现。2016年，社会消费品零售总额达33.23万亿元，比2015年名义增长10.4%，扣除价格因素，实际增长9.6%，增速高于GDP增速2.9个百分点。2016年，最终消费支出对经济增长的贡献率为64.6%，高于2015年4.9个百分点，高于2014年15.8个百分点。2017年，社会消费品零售总额达到36.6万亿元，增长10.2%，2013—2017年社会消费品零售总额年均增长11.3%，网上零售额年均增长30%以上。2017年，最终消费支出对GDP增长的贡献率为58.8%，高出资本形成总额贡献率26.7个百分点。①

并且，我国居民消费需求市场巨大，发展空间与潜力广阔。2015年10月，党的十八届五中全会通过的《中共中央关于制定国民经济和社会发展第十三个五年规划的建议》指出，"十三五"期间，要发挥消费对增长的基础作用，着力扩大居民消费，引导消费朝着智能、绿色、健康、安全方向转变，以扩大服务消费为重点带动消费结构升级。《2017年政府工作报告》强调，要进一步释放国内需求潜力，推动供需结构相适应、消费升级和有效投资相促进、区域城乡发展相协调，增强内需对经济增长的持久拉动作用。全面建成小康社会新的目标要求，到2020年消费对经济增长贡献明显加大。《2018年政府工作报告》进一步强调，要增强消费对经济发展的基础性作用，推进消费升级，发展消费新业态新模式。"十三五"期间，我国将基本实现由工业主导向服务业主导的经济转型，释放巨大的消费潜力与巨大的增长潜力。消费结构升级和消费需求持续增

① 数据来源：国家发展改革委《2017 年中国居民消费发展报告》。

长将突破原有依赖政府主导投资、出口受外部影响波动大的传统路径，实现潜在需求向现实增长动力的有效转换，为当前及今后经济增长注入更多的动力和活力，形成经济稳定增长长效机制。

寻求供求动态新平衡

供给与需求是市场经济内在关系的两个基本方面，二者相互联系、相互影响，推动实体经济持续发展，同时也是管理调控宏观经济的两个基本手段。“供给侧”跟“需求侧”并不矛盾，而是相互补充。在新常态背景下，我国经济面临的挑战不是需求侧或供给侧单方面的问题，而是有效供给不足、供需结构错配，必须努力实现供求关系新的动态均衡。

2015年11月10日，习近平总书记在中央财经领导小组第11次会议上指出，“在适度扩大总需求的同时，着力加强供给侧结构性改革，着力提高供给体系质量和效率，增强经济持续增长动力”。2015年12月召开的中央经济工作会议对供给侧结构性改革作出重点部署，明确了2016年经济工作的五大任务：去产能、去库存、去杠杆、降成本、补短板。2016年12月14日至16日举行的中央经济工作会议以及《2017年政府工作报告》都强调，2016年着力抓好“三去一降一补”，供给侧结构性改革取得初步成效，2017年要坚持以推进供给侧结构性改革为主线。《2018年政府工作报告》进一步指出，在今后5年，要继续“以供给侧结构性改革为主线，统筹推进稳增长、促改革、调结构、惠民生、防风险各项工作”，2018年供给侧结构性改革要取得实质性进展。

深化供给侧改革，就是从供给、生产端入手，推进结构调整，减少无效和低端供给，扩大有效和中高端供给，矫正供需结构错配和要素配置扭曲，增强供给结构对需求变化的适应性和灵活性，使供需在更高水平实现新的平衡。最终目的是满足需求，解决供需矛盾、消费和投资失衡的问题。

要破解“供需不匹配”的障碍，培育增长新动力，既需要从供给侧发力，也要在需求侧为实体经济成长创造市场机会。目前，我国经济发展由“短缺”到“过剩”、由“温饱”到“小康”，居民消费出现由低端向高端升级，从注重量的满足到追求质的提升、从有形物质产品向更多服务消费、从模仿型排浪式消费向个性化多样化消费等一系列转变，推进供给侧结构性改革，要用好需求侧管理这个重要工具，增加消费领域有效供给，持续规范市场竞争秩序，进一步优化消费环境。同时，供给侧要围绕我国消费市场的新变化和新趋势进行投资、创新和生产，进一步释放消费潜力，才能最大限度地优化产业结构，实现更有质量和效益的增长。

2018年是全面贯彻党的十九大精神的开局之年，是改革开放40周年，是决胜全面建成小康社会、实施“十三五”规划承上启下的关键一年，继续以供给侧结构性改革为主线，供给侧改革和需求侧管理应相辅相成、相得益彰，要在供给侧和需求侧两端发力促进产业迈向中高端。具体来说，就是要发挥市场在资源配置中的决定性作用，以体制机制创新激发新活力，以消费环境改善和市场秩序规范释放新空间，以扩大有效供给和品质提升满足新需求，以创新驱动产品升级和产业发展，推动消费和投资良性互动、产业升级和消费升级协同共进、创新驱动和经济转型有效对接，构建消费升级、有效投资、创新驱动、经济转型有机结合的发展路径，为经济提质增效升级提供更持久、更强劲的动力。

投资这驾“马车”仍需重视

改革开放40年来，支撑我国经济高增长的传统动力是投资和出口。根据国家统计局的数据，1978—2010年，我国最终消费支出由2239亿元增至19.41万亿元，年均增长14.9%；资本形成总额由1378亿元增加到19.36万亿元，年均增长16.7%；“十五”和“十一五”期间资本形成总额增速均高于最终消费增速，“十一五”时期年均增速达25.5%。货物和服务出口由145.8亿元增至11.80万亿元，年均增长23.3%。但在2008年底出台的“四万亿元”投资计划刺激效果减弱后，投资增速从2010年开始放缓，2011—2013年，全社会固定资产投资增速逐年下降，分别为23.8%、20.3%和19.3%，降幅达8.3个百分点；资本形成总额年均增长13.1%，比“十五”和“十一五”增速分别下降4.3个和6.9个百分点；货物和服务净出口对经济增长的贡献率连续三年为负，分别为–4.2%、–2.1%和–4.4%，而之前只有1983—1985年出现过。“十二五”我国经济进入转型发展新阶段以来特别是我国经济进入新常态以来，拉动经济增长的动力由投资和出口逐步向消费转变，“十三五”（2016—2020年）期间，新旧动力依旧处在转换之中。

我国投资这驾“马车”对经济拉动作用有所下降，有着客观原因，主要体现在：首先，我国改革开放以来投资的高速增长在很大程度上是建立在土地、资源、劳动力等低成本生产要素基础之上，增长较为粗放。随着我国建设用地供求矛盾加大、土地供应不足、使用成本上升，对能源、资源和生态环境保护的要求提高，人口红利优势的减弱、劳动力成本上升，土地、资源环境和劳动力成本对投资增长形成了明显的制约作用。

其次，长期以来，制造业、基础设施和房地产开发投资是我国投资的主要构成部分，约占全部投资的70%左右。目前，产能过剩、国内外市场需求放缓、生产成本上升、竞争优势减弱问题对制造业投资形成制约。尽管基础设施投资还有很大的发展空间，但受地方政府债务规模扩大、融资能力下降制约，“稳增长”将是基础设施投资增长的主要态势。房地产业开发投资对经济增长、财政税收收入和金融市场发展起着重要作用，但也使其对房地产业形成较高的依赖，从而带来诸多不良后果。因此，2016年中央经济工作会议明确提出要坚持“房子是用来住的、不是用来炒的”的定位，促进房地产市场平稳健康发展。

尽管投资和消费失衡是我国经济发展中的“老问题”，在深入推进“三去一降一补”的背景下，逐步降低对投资的过度依赖是“转方式”的必由之路，但投资依旧是“稳增长”的主要力量，不容忽视。国际经验表明，发达国家在工业化和城市化过程中，都有过投资驱动为主的发展历程。当前我国仍处于工业化中后期和城镇化、信息化稳步提速发展期，投资仍具有不可替代的作用，投资增长潜力还很大。例如，与发达国家相比，我国基础设施投资仍存在很大空间。我们既要转变经济发展方式，提高经济增长质量，防止重复投资、盲目投资、无效投资、粗放投资，又要坚定不移地加强投资结构调整，提高投资效率，扩大有效投资，推动战略性新兴产业蓬勃发展，注重用新技术、新业态全面改造提升传统产业，让有效投资在稳增长、促发展中发挥好关键性作用。

发挥好投资的关键作用，首先要解决好“投什么”的问题。要按照推动供需结构有效匹配、消费升级和有效投资良性互动、城乡区域协调发展的原则，优化投资方向，集中资金，加大对重点产业、重点区域和重点项目的投资力度，引导资金朝着基础设施、产业升级、公共服务等补短板、惠民生领域投入，既释放经济增长潜力，又拓展经济发展空间，使投资惠及当下、利泽长远。从长期看，第三产业占主导地位是我国产业结构优化的方向，从中短期看，我国目前仍处于工业化中后期发展阶段，制造业仍占重要地位。制造业的发展不能走盲目扩大产能的老路，要按照“三去一降一补”的要求，果断地对一些技术含量低、产品附加值低、转型升级难的低端产业的企业，高污染高能耗企业，“低小散”企业，一些产品无市场、经营无利润、连年亏损、债务堆积的老大难企业实施破产退出，避免更多资源浪费和风险积聚。要加快产业升级、结构优化、技术创新，加强科研投入和技术引进，大力发展生物医药、节能环保设备、高端装备制造业、新能源新材料等新兴产业和生产性服务业，同时要利用网络化、数字化、智能化等新技术、新业态、新模式对传统产业进行改造升级，不断开发新产品，延长产业链，提升附加值。政府要加强政策引导，引导投资从金融、房地产等领域回归本源，服务实体经济。

发挥好投资的关键作用，还要解决好“谁来投”的问题。长期以来，各级政府是固定资产投资高速增长的主要推手。政府主导投资可以“集中力量办大事”，提高投资效率，特别是在经济增长低迷时能够快速启动经济。但不可否认也带来一定的副作用。一是单纯追求GDP、投资规模，存在一定的盲目性，忽视了投资效益。二是钢铁、化工、水泥、建材、有色等传统高能耗项目投资较大，资源耗费巨大，产能过剩严重。三是容易导致重复投资，造成大量浪费。四是带来巨大的政府融资平台债务风险。五是“挤出”民间投资、实体经济投资。因此，扩大有效投资，政府不能唱“独角戏”，要逐步改变政府主导的投资增长模式，在保持政府投资的合理力度基础上，更好地发挥政府产业政策的规划和引导作用，综合运用金融、土地、财税、投资、立法等手段，建设法治化的市场环境，激发社会投资活力，引导社会资本投向更多领域，多管齐下扩大有效投资。

因此，面对国际格局急剧变化的外部环境，我国应减少对外依赖，立足国内，主动进行结构性调整，促进人力资源、资本、技术和基础设施资源最优化配置，通过制度创新和技术创新提高生产要素生产率，促进内源性增长和协调性发展，提高发展的质量，增强发展的厚度和深度，并形成供给结构优化和总需求适度扩大的良性循环。

优化出口结构是王道

改革开放以来特别是加入世贸组织以来，我国积极参与全球化进程，对外贸易实现长足发展，出口商品结构明显优化升级。虽然当前经济全球化发展遭遇挫折，贸易保护主义抬头，但是经济全球化是大势所趋，顺之者昌，逆之者亡。同时，全球经济盘整升级也正在改变着国际竞争力格局。我国要继续参与并引领新型全球化，推动更深层次更高水平的对外开放，提升我国在全球价值链分工中的国际竞争力，继续发挥出口这驾“马车”对经济增长的拉动作用，必须着力优化结构，从“出口大国”变成“出口强国”。

出口结构优化空间较大

改革开放以来特别是加入世贸组织以来，在经济全球化浪潮推动下，我国经济迅速崛起并实现持续增长，对外开放水平不断提高，国际竞争力明显增强。凭借相对雄厚的工业基础、巨大的资源和劳动力禀赋优势、市场潜力，以及较强的产业配套能力，我国大力吸引外资，承接欧美发达国家、日本、亚洲“四小龙”等转移的劳动密集型产业和加工制造环节，积极参与国际贸易分工，成为国际“组装中心”。在此过程中，中国也逐步实现了技术进步和产业向高技术制造业转型升级，形成劳动密集型产业、资本技术密集型产业和知识密集型产业共同发展的格局，并成为全球经济增长的核心动力。

目前，我国出口结构已实现很大程度的优化升级，第一产业比重下降，第二产业占据主体地位，资本和技术密集型工业制造业已具备较强的国际竞争力。2016年，我国航空航天器、光通信设备出口增长超过10%，医疗仪器及器械和大型成套设备出口增长超过5%。根据毕马威《"十三五"规划解读研究报告》，目前，高技术产品进出口占到我国贸易总额的30%左右，其中，高技术产品出口占到出口贸易总额的35%以上；同时，跨境电子商务、市场采购等新型商业模式正逐步成为外贸发展新的增长点，2015年跨境电子商务增速超过30%，市场采购贸易方式出口增速超过70%。2017 年，跨境电子商务综合试验区进出口增长一倍以上，市场采购贸易出口增长超过三成。具有自主品牌、自主知识产权、自主营销渠道以及高技术、高附加值、高效益的产品出口快速增长，使中国出口产品的国际竞争力不断提高。

同时，我们也要清醒地认识到，目前欧美、日本等发达国家处于国际分工的高端、我国处于价值增值链中低端的格局没有发生根本性改变。首先，近年来，虽然工业制成品成为我国出口商品的主要组成部分，但是还有相当一部分是传统的"高投入、高消耗、低效益"的劳动密集型产品，高新技术和高附加值的资本、技术密集型产品出口占比偏低。根据海关数据，2016年，我国机电产品出口7.98万亿元，下降1.9%，占我国出口总值的57.7%；同期，传统劳动密集型产品合计出口2.88万亿元，下降1.7%，占出口总值的20.8%。据经合组织统计，从中美双边贸易来看，2015年劳动密集型、资本密集型和技术密集型产品占我国对美贸易顺差的比重分别是119%、98.3%和-117.3%，这表明我国的贸易逆差主要来源于技术密集型产品，贸易顺差主要来源于劳动密集型产品。

其次，我国制造业虽然已经初步完成基础产品的进口替代，出口规模也在增加，但自主生产的机械、汽车、电子、装备制造业产品大多尚未掌握核心技术，进入国际市场时间不长，国际竞争力主要还是依赖国内产能的扩张，在材料、精加工、关键零部件等领域技术基础仍然比较薄弱，在某些关键技术节点上仍受制于人。例如，我国生产的信息技术产品中最关键的芯片依赖进口，交通运输设备中的关键部件发动机也主要依赖进口。2018年4月16日，美国禁止本国企业向中国电信设备制造商中兴通讯出售任何电子技术或通讯元件，这一禁令为期长达7年。美国这一举动从上游切断了中兴通讯的技术供应链，而高速AD/DA、调制器、高性能锁相环、中频VGA等核心产品短期内难以在国内找到替代品，直接影响中兴通讯的产业链布局。

再次，目前高新技术和高附加值的资本、技术密集型产品在世界范围内的工业制成品贸易中占比达到50%以上，而我国出口产品的附加值还不高，高新技术和高附加值的资本、技术密集型产品出口大多数属于加工贸易，出口主体是外商投资企业，本地采购的投入品技术含量和附加值较低，实现的增值主要是劳动力的投入。

最后，服务贸易在我国出口结构中尚处在从属地位，但是发展前景广阔。目前，我国服务贸易出口的主体为运输和旅游业这两大传统服务贸易项目，而在发达国家占服务贸易出口主体的计算机和信息服务、金融保险业等新兴服务贸易行业在我国比重却非常低。但是，随着中国经济结构的深入调整与供给侧结构性改革的持续推进，服务贸易环境日益优化，政策体系日趋完善，服务贸易创新发展试点日渐成熟，中国服务贸易发展将迎来黄金期。

据商务部统计，2016年中国服务贸易达到5.35万亿元人民币，首次突破5万亿元大关，预计世界排名将继续保持第二。服务贸易占外贸比重达到18%，比2015年增加了2个百分点。从结构上看，广告服务、维修服务、金融服务等高附加值服务出口增幅分别达到47%、48%、50%。2017年1~5月，服务贸易稳中向好，进出口总额达1.82万亿元人民币，同比增长9.2%。其中，出口5679.4亿元，增长4.6%；进口12566.9亿元，增长11.5%。尤其是新兴领域出口增速明显加快，成为服务贸易的一大亮点。2017年1~5月，新兴领域服务出口同比增长9.4%，高于整体增速4.8个百分点，占服务出口比重超过了一半，其中知识产权使用费的出口同比增长高达423%。在服务贸易协定的方面，中国—新西兰自贸协定升级谈判正在加速，中国和澳大利亚正在商讨启动中国—澳大利亚自贸升级谈判，二者涉及大量服务贸易规则相关的内容。此外，中国将继续推动《服务贸易总协定》的谈判进展，并获得欧盟等重要经济体的支持。

出口结构优化需多管齐下

从根本上说，出口商品结构反映的是国内经济和产业结构。出口商品结构不合理，其根源在于缺乏国内产业强有力的支持。要优化出口结构，提高在出口上的主动权，就须加快转变经济发展方式、加快产业和经济结构战略性调整和转型。在经济新常态与开放大格局的大背景下，我国必须深入分析出口环境的变化，沉着应对国际市场的波动，着力转方式、调结构、促转型，进一步鼓励出口转向高端制造业、高技术产业、现代服务业、节能环保等领域，优化进出口结构，提高出口质量，为培育新的外贸出口增长点、抢占新的国际市场奠定坚实基础。

加速推进产业升级，不断扩大高新技术和高附加值的资本、技术密集型产业的规模，重点发展战略性新兴产业、互联网相关产业以及现代高技术服务业。在现代社会，自主创新能力是国家竞争力的核心，出口竞争力主要来自于技术创新。因此要把科技创新作为发展战略核心，推进以科技创新为核心的全面创新，同时加大引进外资和国外先进技术的力度，切实增强我国产业的国际竞争力。要在研究国际产业发展和技术创新趋势基础上，加强科研投入和技术引进，实现新的战略产业的突破，以提高制造业创新能力和基础能力为重点，推进信息技术与制造技术深度融合，加快推动信息经济发展壮大。同时要发展高技术服务业，从而形成科技引领、产业融合、先进制造与现代服务共同驱动的创新型经济结构。

大力发展高端装备制造业，逐步使之走向价值链高端。装备制造业是为国民经济各行业提供技术装备的战略性产业，产业关联度高、技术资金密集，是产业升级、技术进步的重要保障和国家综合实力的集中体现，其中航空装备、卫星及应用、轨道交通装备、海洋工程装备、智能制造装备等高端装备制造业技术含量高，属于知识、技术密集，体现多学科和多领域高精尖技术的融合，处于价值链高端和产业链核心环节，具有高附加值的特征。其发展水平决定产业链的整体竞争力，是推动工业转型升级的关键环节。目前，我国装备制造业总体规模已占到世界总量的1/3，但仍存在对外依存度高、装备主机“空壳化”、产品可靠性有待提高等问题，与世界先进水平仍存在较大差距。在欧美国家推行“再工业化”战略、高端制造业向发达国家回流、我国高端装备产业面临着国际市场打压的情况下，我国必须攻克一批核心技术，提升高端装备制造业自主设计水平和系统集成能力，并加快推动云计算、物联网、智能工业机器人、增材制造等技术在高端装备制造生产过程中的应用，增强高端装备制造的自动化、数字化和智能化水平，逐步使之占据“微笑曲线”价值链高端，掌控整个价值链的定价权。

改造提升传统产业，加快新旧动能接续转换。传统产业包括石油、石化、化工、电力、钢铁、纺织、机械、轻工、建材等行业，传统产业在我国产业发展和出口中仍占主导地位。目前，我国家电、制鞋、棉纺、化纤、服装等产能占全球50%以上，轻工、纺织出口占全球30%以上。我国传统产业凭借资源禀赋优势和大批量低成本带来的价格优势，在国际上形成了较强的竞争力。但随着国际竞争的加剧，我国传统产业的优势正在逐步消失，产品技术含量和附加值低等问题日益凸显。因此，围绕结构深度调整、振兴实体经济，在化解过剩产能的同时，要利用新技术、新业态、新模式对传统产业和低附加值环节进行改造，加快传统重化工业、装备制造业与传统服务产业优化升级，推动其向高技术含量、高增值环节提升，实现其从劳动密集型向劳动技术密集型和劳动知识密集型的转变，从而增强其综合竞争力和持久竞争力。

促进加工贸易调整和发展。必须主动适应经济发展新常态，以国际产业分工深度调整和实施“中国制造2025”为契机，着力推动转型升级、大力实施创新驱动，推动加工贸易进一步向全球价值链高端跃升。一是提升产品技术含量和附加值，由低端向高端发展。二是延长产业链，向生产制造与服务贸易融合发展转变，提升加工贸易在全球价值链中的地位。三是增强经营主体实力，由加工组装企业向技术、品牌、营销型企业转变。四是优化区域布局，发挥沿海地区示范带动作用，支持内陆沿边地区承接产业梯度转移，逐步实现东中西部协调发展和境内外合理布局。五是转换增长动力，由要素驱动为主向要素驱动和创新驱动相结合转变。

加快发展现代服务业。欧美等发达国家和地区在国际竞争中占据经济优势的一个重要的原因就是其服务业特别是现代服务业发达，产业结构处于高端位置，其跨国公司凭借其先进的生产性服务业特别是高水平的研发和市场营销能力，控制了全球生产网络和价值链。因此，我国必须大力发展现代服务业，推动扩大服务贸易规模，优化服务贸易结构，增强服务出口能力，培育“中国服务”的国际竞争力。一是巩固旅游、建筑等劳动密集型服务出口领域的规模优势。二是重点培育运输、通信、金融、保险、计算机和信息服务、咨询、研发设计、节能环保、环境服务等资本技术密集型服务领域发展，通过鼓励出口培育产业竞争力和外贸竞争新优势。三是推动生产性服务业向专业化和价值链高端延伸，实现高增值服务业与高技术制造业的产业整合、互动发展，加快推进出口结构优化升级。四是积极推动文化艺术、广播影视、新闻出版、教育、文化创意、数字出版、动漫游戏等文化服务出口。五是积极开拓服务贸易新领域，稳步提升资本技术密集型服务和特色服务等高附加值服务在服务进出口中的占比。六是依托大数据、区块链、移动互联网、云计算等新技术推动服务贸易模式创新，促进制造业与服务业、各服务行业之间的融合发展。

“中国制造 2025”对接全球制造业

对于一国来说，制造业是国民经济的主体，是立国之本、兴国之器、强国之基；对于世界来说，制造业是全球经济以及国际分工网络的基础支撑，对全球经济增长的内生拉动最具效率。据统计，1995—2016年，全球制造业就业人口年均占比仅为20.7%，但对GDP增长的年均贡献高达31.6%。

制造业对于国家经济实力以及国家安全问题至关重要，也是全球价值链布局的重要领域。相比任何其他行业，具有全球竞争力的制造业可以把发明、研究和新的创意转化为更好或更新的产品或工艺。普遍认为，全球范围内曾发生过四次大规模的制造业转移：第一次在20世纪初，英国将部分“过剩产能”向美国转移；第二次在20世纪50年代，美国将钢铁、纺织等传统产业向日本、德国等战败国转移；第三次在20世纪60~70年代，日本、德国向亚洲“四小龙”和部分拉美国家转移轻工、纺织等劳动密集型加工产业；第四次在20世纪80年代初，欧美日等发达国家和亚洲“四小龙”等新兴工业化国家和地区，把劳动密集型产业和低技术高消耗产业向发展中国家转移。可以看出，在整个国际产业转移的历史进程中，基本上是先进国家向后进国家进行产业垂直转移，美国等先进国家已退出很多制造领域，但是并未退出产业链，而是专攻标准和技术，中国长期以来充当了第三次世界产业转移的最大承接地和受益者。在这个过程中，传统工业强国普遍倾向将制造环节外包给低成本地区，这并非要退出制造业，相反，恰恰是为了通过产业转移弥补国内短板，从而强化对整个产业链的控制。

2008年国际金融危机以来，主要经济体纷纷实施“再工业化”战略，并先后提出了国家性的制造业或工业战略规划布局，重塑制造业竞争新优势，加速推进新一轮全球贸易投资新格局。其中，代表性的包括美国的“先进制造业国家战略计划”、德国的“工业4.0”、日本的“科技工业联盟”以及英国的“工业 2050 战略”等。一些发展中国家也在加快谋划和布局，积极参与全球产业再分工，承接产业及资本转移，拓展国际市场空间。据统计，国际金融危机之后，全球制造业集中度在趋于上升，中、美、日、德四国的工业增加值之和已超过全球50%，而中、美两国的全球工业“双核”地位日益凸显。本轮全球范围内的制造业转型升级，不仅是争夺存量市场、行业集中度上升的历史延续，而更将通过制造模式的根本转变，重塑新的价值链位置，奠定新时代大国竞争格局，助推全球经济内生复苏。

根据美国经济学家保罗·罗默提出的技术进步内生增长理论，认为产出是资本、劳动、人力资本和技术进步的函数，并指出资本和劳动投入具有边际效用递减倾向，而人力资本和技术进步具有边际效用递增的倾向。因此，在新一轮高新技术革命和知识经济时代，知识和技术是经济增长的决定性因素。当前，世界主要经济体纷纷出台的制造业战略规划实为高新科技角逐，作为全球工业“双核”的中国和美国，谁掌握了高新科技，谁就在本轮科技和产业革命中占领上风。2018年“两会”期间，习近平总书记在广东团参加审议时明确指出，发展是第一要务，人才是第一资源，创新是第一动力。党的十八大以来，习近平主席在多个场合都曾强调过科技创新的重要性，他还多次提到要掌握核心技术，并指出核心技术受制于人是最大的隐患，而核心技术靠化缘是要不来的，只有自力更生。2018年4月19日，习近平总书记在主持召开网络安全和信息化工作座谈会并发表重要讲话时进一步强调，核心技术是“国之重器”，最关键最核心的技术一定要“立足自主创新、自立自强”。

打造具有国际竞争力的制造业，是我国提升综合国力、保障国家安全、建设世界强国的必由之路。在新一轮科技革命和产业变革与我国加快转变经济发展方式形成历史性交汇，国际产业分工格局正在重塑之际，作为世界第一制造大国，中国适时把握时机，对接全球制造业转型升级，于2014年底提出“中国制造2025”这一概念，并于2015年5月，国务院正式印发《中国制造2025》，以推动制造业由大变强，在技术含量高的重大装备等先进制造领域勇于争先，重点着力于新一代信息技术产业、高档数控机床和机器人、航空航天装备、海洋工程装备及高技术船舶、先进轨道交通装备、节能与新能源汽车、电力装备、农机装备、新材料、生物医药及高性能医疗器械等十个领域，力争用10年时间，使中国迈入制造强国行列，为到2045年将中国建成具有全球引领和具有影响力的制造强国奠定坚实基础。2018年4月17日，刘鹤副总理在工业和信息化部调研时强调，要充分认识实体经济特别是先进制造业的重要性，把发展制造业、增强产业竞争力、建设现代化经济体系作为重要目标，并要求紧紧围绕提升产业核心竞争力，加快解决制约产业发展的软肋和短板，确立目标任务，突出工作重点，完善体制机制，切实抓出成效。

当前，美国频繁针对中国发起贸易摩擦，在很大程度上是出于不断向全球价值链高端攀升的中国制造业会危及其优势地位的担忧，尤其是担心中国在新一轮高新科技革命中占据优势。这对于任何一个实现经济赶超的国家来说，都是必须面对的外部压力。但是，中国不应该因西方强国的抑制而放弃本国发展战略，而是要变压力为改革动力，紧紧抓住全球新一轮技术革命和产业革命所带来的机遇，迎接各方挑战，将“中国制造2025”进行到底，通过技术创新促进制造业转型升级，培育发展新动能，提高我国出口产品的技术和知识密集度，从而不断向全球产业链高端攀升。

东方不亮西方亮

当前，世界经济复苏艰难，国际需求持续低迷，反全球化和民粹主义思潮升温，贸易保护主义愈演愈烈，美国等西方国家在经贸开放方面停滞不前，甚至出现倒退。全球贸易虽有复苏迹象，但仍处于近30年的低谷期，我国出口发展面临前所未有的压力。面对复杂严峻形势，我们必须多元化布局国际市场和贸易伙伴，降低欧美“反全球化”以及市场波动的负面影响，增强外贸调整回旋余地。

“三角贸易结构”变得不稳定了

自从20世纪60年代初到70年代末期间，东亚各经济体先后实施了“出口导向型”经济发展战略，并逐步形成了“三角贸易结构”，即原材料和技术源于欧美市场，在东亚加工组装完成之后，最终产品再销往欧美市场。改革开放以来，我国采取了“两头在外、大进大出”的加工贸易模式，凭借劳动力、土地资源等优势，积极参与全球价值链分工，发展成为“三角贸易结构”中理想的“加工工厂”之一，从而充分利用国内和国外两种资源、两个市场，引进我国经济发展急需的先进技术与设备，技术效应、知识溢出效应和产业前后联动效应促进了经济快速增长与赶超。20世纪90年代中期至2008年国际金融危机爆发以前，加工贸易出口始终占我国出口的半壁江山。截至目前，美国和欧盟仍然是我国第一和第二大贸易伙伴。

但是，这种贸易结构与模式存在诸多弊端。从价值链分工来看，欧美市场控制了研发和销售的高附加值环节，而中国作为“加工工厂”，表面上表现出“大进大出”的繁荣景象，但只赚取了全球价值链中的低附加值部分。从销售市场来看，中国在很大程度上依赖于美国和欧洲市场，对国际市场波动较为敏感。从国际收支情况来看，加工贸易在赢得贸易顺差、大幅增加我国外汇储备的同时，容易招致贸易摩擦与贸易报复。2015 年德银的一份报告认为，在中国对美国货物出口额中，约 37%来源于全球供应链上从其他国家进口的中间品价值，因此加工贸易中间品增加值的重复计算，夸大了中国对美国的贸易顺差。并且，从跨国公司视角来看，跨国公司对华直接投资通过贸易互补、进口替代、顺差转移等途径，进一步扩大中美贸易顺差。当前，全球产业竞争格局深度调整，加工贸易承接国际产业转移放慢，产业和订单转出加快，企业生产成本上升，传统竞争优势逐渐削弱，这决定了我国必须实施外贸战略转型。

20世纪90年代以来，区域经济一体化组织如雨后春笋般不断涌现，形成了一股强劲的新浪潮。2012年之后，全球贸易不再是美国主导，已形成美国、中国和欧盟“三足鼎立”的局面，北美价值链、欧洲价值链和亚洲价值链已初步形成。在此背景下，亚洲尤其是东亚地区经济一体化程度不断加深，在曾铸就“东亚奇迹”的垂直型“雁行经济发展模式”的基础上，国际分工格局呈现多元化，形成了广泛的、发达的、自主性的生产分工网络，由此产生的大规模产业内分工和贸易促进了成员国之间相互供求机制的形成，降低了对美国和欧洲市场的外部依赖。这也正是国际金融危机爆发并席卷全球之后，在很大程度上抵消了全球经济衰退的负面影响，并且东亚大多数经济体迅速实现了经济复苏，成为拉动全球经济复苏的“引擎”。即使目前，全球经济增长仍然低迷，主要国家经济发展分化，贸易保护主义和民族主义抬头，亚洲仍是最具有发展潜力的地区。

表2　　2007—2016年1~9月中国出口比重分地区

年份	2007	2008	2009	2010	2011	2012	2013	2014	2015	2016.1~9
亚洲	46.6%	46.4%	47.3%	46.4%	47.4%	49.1%	51.4%	50.7%	50.2%	49.5%
非洲	3.1%	2.9%	4.0%	3.8%	3.8%	4.2%	4.2%	4.5%	4.8%	4.6%
欧洲	23.6%	24.0%	22.0%	22.5%	21.8%	19.3%	18.4%	18.7%	17.7%	18.7%
拉丁美洲	4.2%	5.0%	4.8%	5.8%	6.4%	6.6%	6.1%	5.8%	5.8%	5.4%
北美洲	20.7%	19.2%	19.9%	19.4%	18.4%	18.6%	18.0%	18.2%	19.3%	19.5%
大洋洲	1.7%	1.8%	2.1%	2.1%	2.2%	2.2%	2.0%	2.0%	2.2%	2.3%

资料来源：商务部。

区域一体化也是我国促进外贸发展、调整外贸结构的明智之举。从表2可知，2008年国际金融危机爆发之前，在我国出口贸易的地理分布格局中，欧美与亚洲几乎“平分秋色”。危机之后，我国出口对欧美市场依赖性逐渐减弱，国际市场分布更加趋于平衡。截至2016年1~9月，欧美市场占我国出口比重为38.2%，亚洲市场所占比重上升至49.5%，同时，非洲、拉丁美洲、大洋洲所占比重也均趋于上升。单说美国，2016年，中美双边货物进出口额为5785.9亿美元，下降3.5%。其中，美国自中国进口4628.1亿美元，下降4.2%。

同时，伴随着中国制造业不断转型升级以及中国正式加入世贸组织，特别是“一带一路”建设的不断推进，优秀制造企业逐渐“走出去”，不断深入全球价值链分工网络。中国制造业国际地位大幅提升，不断向价值链“微笑曲线”两端攀升，成为唯一一个横跨高中低端产业布局和制造实力的超级工业大国，不仅“中国制造”闻名全球，“中国创造”“中国质量”也开始享誉世界。

亚洲经济一体化进一步释放贸易创造效应

目前，区域经济一体化是当今世界发展趋势，世界经济的竞争更多地表现为区域集团的竞争而非个体的竞争。目前，亚洲已经拥有世界1/3的经济总量，是当今世界最具发展活力和潜力的地区之一，世界经济重心正逐渐向亚洲地区转移。近年来，亚洲出口回升给全球贸易和经济带来好兆头。2017年1月，中国的出口10个月来首次出现同比增长，韩国的出口量连续三个月实现增长，日本、新加坡和中国台湾也都出口势头强劲。从表4–1也可看出，亚洲地区已成为我国最主要的出口目的地。因此，进一步推进亚洲经济一体化，激发贸易创造效应和规模经济效应，是我国经济发展的必然选择。

两千多年前的古丝绸之路印证了，亚洲区域和跨区域经济联合源远流长。20世纪80年代末至90年代中期，东亚地区经济一体化开始推进，并创建了多层次、宽领域的经济金融合作机制，如亚太经合组织(APEC)、亚欧会议(ASEM)、东盟(ASEAN)、东亚经济论坛(EAEC)、大湄公河次区域经济合作(GMS)和东盟地区论坛等。1997年亚洲金融危机的爆发暴露出现行国际经济金融治理结构的弊端和东亚经济金融合作的不足，亚洲地区着手加强区域间的经济金融合作，协同应对危机。市场力量“自下而上”地促成了亚洲诸多次区域合作层面的自贸区，例如中国—东盟自贸区、中韩自贸区、东盟自贸区、海湾共同市场、南亚自由贸易区等。

亚洲经济一体化有利于促进区域内经济要素有序自由流动、资源高效配置和市场深度融合，排除亚洲经济下行预期的困扰，激发经济发展后劲。从需求方面来看，亚洲区域内经济金融联合可以消除贸易壁垒、投资障碍和金融壁垒，有效整合域内市场，带动域内贸易自由化、投资便利化、经济技术与金融合作，促生贸易创造、投资创造和金融创造效应。从供给方面来看，亚洲经济体之间互补性较强，通过广泛深入参与域内价值链分工，形成域内发达的、独立自主的生产网络，降低生产和交易成本，有效发挥生产集聚和规模经济效应。从结构方面来看，域内贸易和投资促进产业国际转移，技术和知识“溢出效应”和产业上、下、中游联动效应促进域内产业结构调整，提升亚洲产业在国际价值链中的位置。因此，推动亚洲功能性经济金融联合新格局的形成是实现地区经济结构调整，促进区域经济多元、自主、平衡、可持续发展的必然之举，也符合亚洲社会的共同利益，有助于增进亚洲福利水平。

例如，中国—东盟自贸区建成后，中国与东盟各国贸易投资增长、经济融合加深，实现了互利共赢、共同发展的目标。中国—东盟建立对话关系25年来，双方贸易额从80亿美元增长到4722亿美元，增长近60倍。中国连续7年成为东盟最大贸易伙伴，东盟连续5年成为中国第三大贸易伙伴。如表3所示，2007年，中国对东盟出口占总出口的比重为7.7%，而2016年1~9月，这一比重上升到12.2%。再例如，2018年4月初，在美国频繁向中国挑起贸易摩擦的同时，中国商务部组织中国贸易促进团赴印度进行经贸交流活动，期间，中印企业共签署了101项贸易协议，合同金额达23.68亿美元，相当于2017年中国自印度进口额的1/7左右，涉及红茶、蓖麻油、薄荷油、椰壳纤维、咖啡生豆等。并且据官方数据，2017年中印双边贸易额达844亿美元，创历史新高。中国已成为印度最大贸易伙伴，印度则是中国在南亚的最大贸易伙伴。这进一步体现了中国外贸具有广阔的回旋余地。

表3　　2007—2016年1~9月中国出口比重分国别（地区）　　单位：%

年份	2007	2008	2009	2010	2011	2012	2013	2014	2015	2016.1~9
日本	8.4	8.1	8.1	7.7	7.8	7.4	6.8	6.4	6.0	6.2
韩国	4.6	5.2	4.5	4.4	4.4	4.3	4.1	4.3	4.5	4.4
中国香港	15.1	13.3	13.8	13.8	14.1	15.8	17.4	15.5	14.6	13.4
中国台湾	1.9	1.8	1.7	1.9	1.8	1.8	1.8	2.0	2.0	1.9
东盟	7.7	8.0	8.8	8.8	9.0	10.0	11.0	11.6	12.2	12.2
新加坡	2.4	2.3	2.5	2.1	1.9	2.0	2.1	2.1	2.3	2.2

注：东盟包括文莱、印度尼西亚、马来西亚、菲律宾、新加坡、泰国，1996年后增加越南，1998年后增加老挝和缅甸，2000年后增加柬埔寨。

资料来源：商务部。

亚洲博鳌论坛2018年年会发布的《经济一体化进程2018年度报告》指出，在部分发达国家挑起贸易摩擦、贸易争端等“逆全球化”时，亚洲始终坚定不移地在中国的倡导、带领下，通过博鳌亚洲论坛、“一带一路”建设、构建亚洲和人类命运共同体等方式，推动区域一体化、全球化，实现共享共赢共建，这和一些西方国家形成了鲜明对比。中国不仅仍将成为亚洲乃至世界经济增长的主要引擎，也正成为全球贸易体系稳定器。

此外，上合组织模式创新国际关系理论和实践，开创了区域合作新模式，有助于推动中亚、南亚两大地区走向合作融合，形成跨区域大市场和互联互通新格局。2018年6月9日至10日，上海合作组织成员国元首理事会第十八次会议达成广泛共识、取得丰硕成果，为中亚地区提供新的广阔市场和出海通道，也为中国外贸发展创造新机遇、提供新市场。近年来，上合组织多边贸易体制建设成果显著。就相互贸易而言，2017年上合组织6个创始成员国间的贸易总额为4.9万亿美元，是2001年的7倍多。印度和巴基斯坦加入后，上合组织8个成员国2017年的贸易总额达到5.72万亿美元。在区域贸易规模不断扩大的同时，成员国间贸易联系日益加强，相互成为主要贸易伙伴。2017年，中国与其他成员国贸易额达2176亿美元，是俄罗斯、吉尔吉斯斯坦、印度、巴基斯坦的第一大贸易伙伴，是哈萨克斯坦、乌兹别克斯坦、塔吉克斯坦的第二大贸易伙伴。随着区域经济合作推进，各成员国的投资潜力逐渐显现。统计数据显示，2017年，上合组织6个创始成员国吸引的外国直接投资为1788亿美元，是2003年637亿美元的2.8倍。在外资流入加快的同时，成员国之间的相互投资也大幅增长。各国相互投资的领域、方式和投资主体呈多元化态势。

“一带一路”拓展贸易新空间

我国提出的“一带一路”倡议致力于亚欧非大陆及附近海洋的互联互通，建立和加强沿线各国互联互通伙伴关系，构建全方位、多层次、复合型的互联互通网络，实现沿线各国多元、自主、平衡、可持续的发展。“一带一路”贯穿亚欧非大陆，一头是活跃的东亚经济圈，一头是发达的欧洲经济圈，中间广大腹地国家经济发展潜力巨大。“丝绸之路经济带”重点畅通中国经中亚、俄罗斯至欧洲（波罗的海）；中国经中亚、西亚至波斯湾、地中海；中国至东南亚、南亚、印度洋。“21世纪海上丝绸之路”重点方向是从中国沿海港口过南海到印度洋，延伸至欧洲；从中国沿海港口过南海到南太平洋。沿线各国资源禀赋各异，经济互补性较强，彼此合作潜力和空间很大。据业界初步估算，“一带一路”沿线总人口约44亿，经济总量约21万亿美元，分别占全球的63%和29%。截至目前，正式加入“一带一路”的有72个国家，其中亚洲45个国家、中东欧16个国家、非洲6个国家、独联体4个国家，大洋洲和美洲各有1个国家。

据统计，2013年6月至2016年6月，我国与“一带一路”沿线国家货物贸易额为3.1万亿美元，占我国对外贸易总额的26%。我国对沿线国家累计投资达511亿美元，占同期对外直接投资总额的12%；在沿线18个国家建有52个经贸合作区，累计完成投资156亿美元。“一带一路”建设带动了人民币国际化进程，中国在7个沿线国家设立了人民币业务清算行，跨境人民币结算金额超过2.63万亿元。

据国家统计局统计，2016年全年货物进出口总额243386亿元，比上年下降0.9%。其中，出口138455亿元，下降1.9%；进口104932亿元，增长0.6%。对“一带一路”沿线国家进出口总额62517亿元，比上年增长0.5%。其中，出口38319亿元，增长0.5%；进口24198亿元，增长0.4%。全年吸收外商直接投资（不含银行、证券、保险）新设立企业27900家，其中沿线国家对华直接投资新设立企业2905家，增长34.1%。全年对外承包工程业务完成营业额10589亿元，比上年增长3.5%。其中，对沿线国家完成营业额760亿美元，增长9.7%。

从国别来看，2016年前三季度，中国对部分“一带一路”相关国家出口保持良好增长势头。其中，对巴基斯坦、俄罗斯、波兰、孟加拉国和印度等国出口分别增长14.9%、14%、11.7%、9.6%和7.8%。印度和俄罗斯占中国出口比重分别为2.9%和1.8%，均较2015年同期扩大了0.3个百分点。

国际金融危机爆发后，发达国家纷纷实施“再工业化”战略，重塑制造业竞争新优势，加速推进新一轮全球贸易投资新格局。“中国制造2025”也强调，要打造具有国际竞争力的制造业，把我国建设成为引领世界制造业发展的制造强国。“一带一路”倡议重点优化产业链分工布局，推动上下游产业链和关联产业协同发展，鼓励建立研发、生产和营销体系，提升区域产业配套能力和综合竞争力。这为我国实施制造强国战略、国内供给侧结构性改革以及产业结构调整升级拓宽了空间，便于我国在更大、更广的范围内统筹资源配置，促进产业结构调整升级。

同时，“一带一路”倡议提出以来，中国与沿线沿路国家或地区共同致力于推动贸易与投资便利化、建设连接全球的贸易园区网络、提升新兴贸易合作水平，综合考虑国内产业结构调整和“一带一路”沿线国家的不同发展诉求、合作意愿、资源禀赋、投资环境、产业基础条件等，进一步明确贸易重点国别和主导产业，引导合理的贸易区域布局和产业布局，为区域内各国、各地区构建了良好的营商环境，贸易畅通取得了显著成绩。正如习近平主席在上合青岛峰会上发表的重要讲话中指出的，本着共商共建共享原则，推进“一带一路”建设，加快地区贸易便利化进程，我们必将迎来更高水平的共同繁荣。在此只是重点论述“一带一路”建设有效拓展我国贸易地区布局的作用，下文将对此倡议进行系统论述。

双多边贸易谈判营造更广泛制度环境

习近平主席在上合青岛峰会发表的重要讲话指出，“我们要秉持开放、融通、互利、共赢的合作观，拒绝自私自利、短视封闭的狭隘政策，维护世贸组织规则，支持多边贸易体制，构建开放型世界经济。”以“开放、融通、互利、共赢”定义上合组织合作观，彰显了“上海精神”新的时代内涵，也为国家间相处与合作、开展双边多边贸易投资谈判提供了思想引领。

中国要通过以点带面、从线到片，全方位推进双边、多边和区域、次区域合作，形成范围更大、层次更高、合作更深入的区域合作新格局，逐步构筑立足周边、辐射“一带一路”、面向全球的自由贸易区网络。中国双边经贸合作也取得新进展，成功主办二十国集团杭州峰会，中日韩自贸区、中国—海合会、中国—以色列、中国—斯里兰卡等自贸区谈判取得新进展，加强双边合作，开展多层次、多渠道沟通磋商，推动双边关系全面发展。截至2016年12月31日，中国已对外签署自贸协定14个，涉及22个国家和地区，正在谈判的自贸区 9 个，正在研究的自贸区 6 个；同时，多边自由贸易框架也在不断完善。已与104个“一带一路”沿线国家签署了双边投资协定，并建立了经贸联委会机制和投资合作促进机制，为双方企业开展相互投资和合作提供法律和制度保障。已与53个沿线国家签署了税收协定，初步形成了覆盖主要投资来源地和对外投资目的地的税收协定网络，强化了投资壁垒消除功能。

《区域全面经济伙伴关系协定》（RCEP）的主要成员国计划包括与东盟已经签署自由贸易协定的国家，即中国、日本、韩国、澳大利亚、新西兰、印度。拥有占世界总人口约一半的人口，生产总值占全球年生产总值的1/3，是世界上涵盖人口最多、成员构成最多元化、发展最具活力的自贸区。其旨在消除内部贸易壁垒、创造和完善自由的投资环境、扩大服务贸易，还将涉及知识产权保护、竞争政策等多领域。在美国退出TPP以后，中国继续主导与TPP存在竞合关系的RCEP谈判进程，并于2018年4月28日至5月8日举行了RCEP第22轮谈判。作为一个更开放的规则体系，RCEP如能达成，将为全球区域贸易合作奠定良好基础。

此外，要不断强化中日韩FTA、上海合作组织（SCO）、中国—东盟

“10+1”、亚太经合组织（APEC）、亚欧会议（ASEM）、亚洲合作对话（ACD）、亚信会议（CICA）、中阿合作论坛、中国—海合会战略对话、大湄公河次区域（GMS）经济合作、中亚区域经济合作（CAREC）等现有多边合作机制的作用，加强与相关国家之间的沟通。

可见，我国在双多边经贸合作机制方面可谓硕果累累，也将继续推进双多边合作机制网络的覆盖面，尤其是借力“一带一路”倡议，将覆盖更多国家、涉及更广泛领域、提升更深度合作，从而为中国外贸发展营造更广泛的制度环境与保障。

实施“一带一路”大倡议

2013年9月，习近平主席在访问中亚四国期间首次提出了共同建设“丝绸之路经济带”的倡议。2013年10月，习主席在访问东盟期间又提出共建“21世纪海上丝绸之路”的构想，此后“一带一路”倡议得到了境内外的广泛关注。2015年3月，国家发改委、外交部和商务部联合发布了有关“一带一路”区域合作愿景与行动，标志着“一带一路”大倡议的正式出台。2017年5月14日至15日，中国在北京举办“一带一路”国际合作高峰论坛，各国政府、地方、企业等达成一系列合作共识、重要举措及务实成果。高峰论坛成果清单主要涵盖政策沟通、设施联通、贸易畅通、资金融通、民心相通5大类，共76大项、270多项具体成果。《2018年政府工作报告》指出，在今后5年，将深入实施“一带一路”重大政策。在十三届全国人大一次会议上，习近平主席郑重表示，中国将继续积极推进“一带一路”建设，加强同世界各国的交流合作，让中国改革发展造福人类。

“一带一路”倡议诞生于经济缓慢复苏的背景之下

自2008年国际金融危机以来，全球经济整体上复苏乏力，无论是发达国家还是发展中国家都陷入经济增长的低潮。发达国家中，美国复苏相对强劲，于2015年末首次加息，力图实现货币政策的正常化，但是经济增长基础并不牢固；欧元区和日本结构性问题仍突出，生产率和经济增长表现均不尽如人意；新兴市场国家虽有一定程度的提高，但增长率不高，整体改善并不明显。国际货币基金组织总裁拉加德（Lagarde）曾表示，世界经济将面临长期维持低增长的“新平庸”时代。

中国也不例外。在经过30多年的高速增长之后，中国经济步入“新常态”，经济增长由高速转为中高速，传统的依靠投资驱动的增长模式的弊端逐渐显现，地方政府赖以支持其基建投资的地方平台融资模式也受到极大的限制。同时，中国原有的“以量扩张”的经济增长模式导致工业产能过剩问题突出，加上传统外需极度疲弱，需要协调国内和国外市场，寻找发展的新动力。自2008年国际金融危机之后，中国是对世界经济增长贡献最重要的国家之一。经济学家预测，如果中国经济增长速度放缓，世界经济发展可能会面临另外一场意想不到的挑战。

在国际金融危机深层次影响继续显现、世界经济复苏面临各种不确定性的国际背景下，“一带一路”倡议是中国政府根据国际和地区形势深刻变化以及中国发展面临的新形势、新任务提出的，具有深刻的时代背景。其目的在于通过维护全球自由贸易体系和开放型经济体系，促进亚欧非区域内资源配置更加高效、要素流动更加自由便捷、市场融合更加深入，以尽快形成新的经济增长点。这既有利于沿线国家实现共同发展，也对世界经济复苏、稳定和繁荣具有重要意义。

“一带一路”是平抑“逆全球化”潮流的新布局

过去30多年来，经济全球化推进速度之快、拓展范围之广超乎想象。经济全球化带来各种经济要素如资本、信息、资源、产品和其他相关因素，如人员、技术、思想的跨国流动，极大地促进了世界经济的融合与快速增长。全球知名战略家、布鲁金斯学会研究员康纳在《超级版图》一书中指出，全球化正在进入新的黄金年代。在地球村里，人们的生活、国家的运转都已离不开全球化，无法想象重新回到孤立保守的老路上。

但经济全球化也衍生出诸如国家间发展不均衡、全球金融风险加大等问题，引起了国际社会的关注。国际金融危机爆发以后，世界经济复苏乏力，困难和风险增加，加之难民潮、地区冲突等国际安全问题和收入差距扩大、失业等经济社会问题的频现，国际上出现了质疑甚至反对全球化的声音和行为。

欧洲议会最近公布了一项名为“G20国家的保护主义”的研究报告，其中一项连续6年对欧洲保护主义进行研究的结果显示，欧洲一些国家没有进行贸易主义自由化，而是在实施保护主义。而2016年，英国“脱欧”、特朗普当选美国总统等一系列“黑天鹅”事件发生，也被人们与全球化联系在一起，认为是“逆全球化”最重要的事件。

有的专家表示，目前发达国家出现的很多问题只是现象，而非本质，不能作为反对全球化的依据，全球化是基于生产力发展的客观规律，并不以人们或政治家的主观意志而转移。原世界银行首席经济学家林毅夫认为：“近来包括美国在内的西方国家涌现反全球化思潮，贸易保护主义抬头，发达国家出现的内部收入分配不均、移民引起的社会问题等，被很多人简单地归因于全球化。发达国家必须高度重视这些问题，但是全球化并不是这些问题的原因，全球化对各个国家来讲是互利双赢的”。

“逆全球化”暗流涌动之际，2016年11月，习近平主席在利马举行的亚太经合组织领导人非正式会议上就经济全球化问题发表了重要主张，认为经济全球化符合生产力发展要求，符合各方利益，是大势所趋，并在2017年1月达沃斯世界经济论坛的主旨演讲中提到“要主动作为、适度管理，让经济全球化的正面效应更多释放出来……坚持互利共赢的开放战略，不断提升发展的内外联动性，在实现自身发展的同时更多惠及其他国家和人民。”

2017年3月5日，李克强总理在第十二届全国人大第五次会议上所作的政府工作报告中，“逆全球化”被着重提及。他同时指出，要“推进‘一带一路’建设，与沿线国家加强战略对接、务实合作”。可以说，“一带一路”倡议既是中国为逆全球化开出的一剂良方，也是为全方位、多层次的国际经济合作搭建的一个崭新平台。

中国依托“一带一路”，一是可以通过实施更为主动的开放型政策，构建亚欧经济一体化发展的新机制，积极发挥中国在区域经贸合作中的作用，能够有效提升中国与欧洲、亚洲和非洲等地的国家和地区在人流、物流、资金流、文化流和商品流上的互动层次，促进“丝绸之路”沿线地区和国家间的利益共同体的形成。二是可以在开放经济制度安排上发挥引领作用。在与“一带一路”沿线国家双边或区域性贸易投资制度构建中，既顺应世界贸易投资自由化、便利化及高标准、全面性的发展新趋势，又要适应沿线及周边国家经贸发展的具体国情及发展需要，构建起互惠双赢的地区性贸易投资安排。三是通过与沿线国家和地区签署双边或区域性贸易投资协定，有利于中国规避与其他国家的贸易摩擦，并通过双边和区域协定建立起安全保障合作机制。

事实上，“一带一路”倡议提出以来，不仅得到了沿线国家的拥护、发展中国家的欢迎，也得到了很多发达国家的认可。习近平主席在达沃斯出席世界经济论坛2017年年会开幕式并发表主旨演讲时指出，“一带一路”提出3年多来，已经有100多个国家和国际组织积极响应支持，40多个国家和国际组织同中国签署合作协议，“一带一路”的“朋友圈”正在不断扩大。中国企业对沿线国家投资达到500多亿美元，一系列重大项目落地开花，带动了各国经济发展，创造了大量就业机会。“一带一路”倡议得到广泛的拥护和认可，充分说明它顺应和平、发展、合作和共赢的全球化形势，符合各国人民利益诉求。

加快落实“一带一路”“五通”建设靠行动

如前所述，“一带一路”从地域范畴来看，向西、向北链接欧亚大陆，向南经印度洋链接大洋洲和非洲东海岸，地理跨度十分巨大；从沿线经济体发展阶段来看，既包括西欧、大洋洲等地的众多发达经济体，也包括俄罗斯、印度及中国等新兴经济体，还有很多欠发达经济体，沿线成员的经济发展差异巨大；从宗教文化构成来看，沿线经济体之间更是千差万别。因此，“一带一路”沿线加强合作实现共同发展必须在求同存异的前提下，找到共同的兴趣所在。习近平主席提出的“五通”建设是最佳的选择，即“政策沟通”“道路联通”“贸易畅通”“货币流通”和“民心相通”。“一带一路”沿线的合作伙伴，都可以根据自身的具体情况，找到至少一个领域和中国开展深入的区域经济合作，并以点带面，从线到片，逐步形成区域大合作格局。

根据对“五通”建设的要求，可以着力推进以下重点内容：一是积极与“一带一路”沿线国家加强政策沟通。加强政府间合作，积极构建多层次政府间宏观政策沟通交流机制，深化利益融合，促进政治互信，达成合作新共识。沿线各国可以就经济发展战略和对策进行充分交流对接，共同制定推进区域合作的规划和措施，协商解决合作中的问题，共同为务实合作及大型项目实施提供政策支持。

二是凭借中国强大的基础设施施工能力和丰富的经验，帮助“一带一路”沿线经济体在公路、铁路、航空、港口、电力等领域实现发展，特别是抓住新一代信息技术、高铁和新能源等第三次工业革命兴起的机遇，提升“一带一路”通道的运载能力、运行速度和运载内容，提高基础设施的互联互通水平。

三是着力解决投资贸易便利化问题，消除投资贸易壁垒，积极同沿线国家和地区共同商建自贸区。把拓宽贸易领域，优化贸易结构，创新贸易方式，建立健全服务贸易促进体系当作重要任务。以扩大投资等方式带动贸易发展，以传统贸易与现代服务贸易相结合的方式培育贸易增长点，激发释放合作潜力，做好做大合作“蛋糕”。

四是继续构建金融机构支持体系，充分发挥亚投行、丝路基金、金砖国家开发银行、国家开发银行等国际国内开发性金融机构的作用，发挥亚洲金融合作协会作为国际非政府组织的作用，支持“一带一路”相关国家加快基础设施建设。在此基础上，充分发挥商业银行的作用，提升其金融服务水平，围绕“一带一路”沿线的口岸、园区项目等建设，提供银团贷款、项目融资、跨境并购与重组、股权融资等服务。同时，发挥人民币国际化对贸易和投资便利化的促进作用，扩大“一带一路”沿线国内城市的跨境人民币业务，扩展现有省份人民币资金结算、清算渠道及其便捷、顺畅的能力等，进一步满足企业对跨境贸易人民币结算的实际需要。

五是与“一带一路”沿线国家广泛开展文化、教育、科技、新闻、体育、旅游、卫生、考古等方面的交流合作，实现经贸合作与人文交流的有机统一。

互通有无提升沿线地区经贸合作水平和空间

“一带一路”涉及的国家数量较多，类别较广，这就要求中国的“一带一路”倡议必须依据开放需求，在产业和贸易发展方面，发挥各自的比较优势，以寻求更为广阔的合作空间。

加强与西亚、中东地区的产业互补性。西亚与中东地区19个国家产业的国际竞争力总体较为薄弱，但中东地区石油资源丰富，石油石化产业具有较强的国际竞争力。中国与西亚、中东地区这19个国家贸易结合度强弱不一，除了伊朗、叙利亚、阿联酋、伊拉克、也门和约旦这6个国家表现为贸易关系紧密外，其余13个国家贸易关系则表现松散。这种情况下，中国需要进一步加强与西亚、中东地区的产业互补性。

与中亚五国向产业链分工发展。中亚国家产业竞争优势集中于能源矿产资源及初级产品，工业基础薄弱，多数国家交通、电力基础设施落后，需要建立全新的经济增长模式，以提升其在全球市场的竞争力。目前，中国与中亚五国以产业间贸易为主，制成品的产业内贸易水平极低。中国自中亚各国进口商品主要是石油、天然气等初级产品，中国对中亚各国出口商品主要是劳动密集型和资本密集型的工业制成品。可见，中国和中亚各国在制造业方面的产业内贸易有着巨大的潜力，贸易拓展应向产业链分工发展。

培育中俄贸易新动能。中俄贸易联系密切度不及欧俄贸易，美俄、日俄的贸易联系较松散。中国应对接俄罗斯进口替代政策，对接俄罗斯跨欧亚大铁路和中蒙俄经济走廊建设，注重打造两国产业链分工体系，加大产业内贸易推进力度。俄罗斯应破除“资源诅咒”，借助中国的资本、市场和劳动力优势，培育和提升优势产业，积极参与世界分工与竞争。

与中东欧加强高端产业合作。由于地缘关系，中国与中东欧国家的贸易联系多数远不及欧盟与中东欧国家联系紧密，多数中东欧国家也与中国、美国和日本的经贸关系呈“等距离”的状态。中国与中东欧国家可以在高端产业间加强合作，并深化产业内贸易，凸显中国与中东欧国家合作的重要性。

与东南亚各国拓展贸易合作。从中国与东南亚各国的资源禀赋、产业结构和发展水平来看，中国与东南亚各国贸易拓展潜力巨大。东南亚地区水果、水产品、橡胶、稀有矿产是中国急需的；泰国、马来西亚、菲律宾、印度尼西亚在接收中国劳动密集型加工行业上具有优势；越南、柬埔寨、老挝、缅甸等国近年来加快工业化和基础设施建设步伐，为中国消化转移处于过剩状况的重化工业创造了市场；新加坡在技术研发、企业管理上的经验值得中国借鉴和学习。

在南亚地区立足产业互补性。南亚诸国中，中印两国产业互补性较低，且在国际市场上存在较为激烈的竞争关系；中巴两国经贸合作水平较低，贸易竞争性相对较低，且贸易互补性有走弱趋势；中孟两国贸易竞争程度弱，贸易互补程度较强，产业合作前景广阔；中阿两国整体贸易结合程度较高，两国在资源和能源开发、基础设施建设、工程和农业等领域相对具有较好合作前景；中尼两国贸易依存关系较强，在农业灌溉、水利水电、公路铁路、通信等基础设施建设领域合作潜力巨大；中马两国具有较强的贸易依存关系，在填海造陆、污水处理、跨海大桥建设、娱乐、传媒、医疗设施、住宅基础建设等领域合作潜力较大。

资金先行保障“一带一路”顺利实施

深入推进“一带一路”建设，突出挑战在于融资瓶颈。“一带一路”建设涉及基础设施、商贸流通、金融等多个行业，沿线大多是发展中国家和新兴经济体，经济建设和社会发展资金需求缺口大，融资需求层次多、可持续性要求高。要深入推进“一带一路”建设，首先要疏通金融血脉，动员更多资金共同参与，促进生产、贸易与投资便利化。

首先，经营好已有的融资平台。“一带一路”建设融资缺口巨大。据国务院发展研究中心预测，2016年到2020年，沿线国家（不计埃及）基础设施合意投资需求至少在10.6万亿美元以上。仅从亚洲地区看，据亚洲开发银行测算，未来8~10年，亚洲每年仅基础设施资金需求就达7300亿美元，世界银行的测算更是高达约8000亿美元，而亚洲发展中国家2016年到2030年基础设施建设需投资26万亿美元，即每年1.7万亿美元。而亚洲开发银行和世界银行两个最大的国际金融机构每年在亚洲基础设施的投资总额仅约300亿美元。若无适应的融资机制安排，项目建设将无从谈起，宏伟蓝图也将止步于纸上。因此，要发挥好丝路基金、亚投行、金砖银行等机构的融资作用，同时带动各国政府、机构、企业和民间资金积极投入，这是保障战略实施的关键。据不完全统计，截至2017年底，已有10家中资银行在26个“一带一路”沿线国家设立了68家一级分支机构。“一带一路”倡议提出以来，中资银行共参与相关项目2600多个，累计发放贷款超过2000亿美元。同时，截至2017年末，共有来自21个“一带一路”沿线国家的55家银行在中国设立了机构。

其次，加强基础设施项目投资。金融基础设施是金融市场运行的重要支撑，金融基础设施联通合作是金融互联互通的必要基础。“一带一路”沿线大多是新兴经济体和发展中国家，总人口约44亿人，经济总量约21万亿美元，分别约占全球的63%和 29%。这些国家普遍处于经济发展的上升期，开展互利合作的前景广阔。“一带一路”沿线国家和地区比较突出的需求是基础设施，如道路、铁路、桥梁建设等，中国恰恰在这些方面具有很大优势。“一带一路”建设涉及互联互通和基础设施建设，既可形成世界经济新的增长点，同时也可促进相关国家的发展，实现共赢。而“一带一路”架构下基础设施合作最核心的就是大项目的融资，这必将为中国对“一带一路”沿线的金融投资创造巨大空间，特别是亚投行和丝路基金，能以较优惠的融资条件帮助各国发展基础设施，通过支持基础设施建设推动地区经济发展与合作，为“一带一路”沿线国家基础设施、资源开发、产业合作和金融合作等与互联互通有关的项目提供投融资支持。这两者将成为中国资本输出的新平台。

再次，积极鼓励中国企业加大对“一带一路”沿线及周边国家的投资力度。深入研究沿线及周边国家和地区的外资政策，鼓励内陆沿边企业积极到这些国家和地区承包工程、设立加工厂、制造基地、并购或建立技术研发机构以获取技术资源，到能源国家和地区开展开采和深加工业务，通过企业的沿线布局，为扩大中国与“一带一路”沿线国家和地区之间在生产、加工、销售、研发等领域的合作交往奠定基础。

最后，充分调动沿路沿线国家资金、人力、物力的实力，集区域之合力共谋大局。实现亚欧非地区的互利互赢、互联互通，必须有沿路沿线国家与人民的积极参与。要坚持“共商、共建、共享”的原则，把“一带一路”倡议的规划和设想与65个国家（地区）的发展目标、蓝图相结合，让这些构想融合到各个国家各自的发展方案中，使之变成本地区各国家发展愿景的一部分，满足当地发展需求，共同惠及当地人民。

完善贸易便利化制度消除投资和贸易壁垒

当前，作为贸易便利化的受益者，发达国家一直极力倡导，在该领域规则的制定中也甚是主动。但是，随着全球经贸发展的深入，相关的贸易规则也应与时俱进地不断修订和完善，以更好地适应这些新变化，而在多边贸易谈判博弈中，各成员都有各自不同的贸易便利化规则，因此应该共同推动达成一个具有国际约束力的贸易便利化协定。依托“一带一路”建设，中国应尽可能多地联合其他发展中国家，尤其是“一带一路”沿线的贸易伙伴国，捍卫我们在国际贸易中的应有权益。

世贸组织前首席经济学家罗柏年指出，现在的中国与刚“入世”时相比，对全球贸易机制的影响力与日俱增，话语权也同时在不断增强。中国政府应借此影响力，加强与“一带一路”贸易伙伴国的沟通，参与多边贸易谈判和有关贸易便利化的国际论坛，提出中国和伙伴国亟待解决的问题，寻求因各种差异产生的贸易障碍解决办法，并立场鲜明地表达自己的观点和意见，积极争取有利于中国和“一带一路”沿线国家和地区贸易发展的条款。

除了助推贸易便利化，中国也要以主动的姿态加入和参与到相关规则的研究和制定中去。构建良好的营商环境、提高贸易便利化水平，是推进“一带一路”建设的重要任务。在硬件层面上，应借“一带一路”设施联通的东风与沿线伙伴国“互联互通”；在软件层面上，要通过履行世贸组织相关协定积极对接国际经贸规则，扎扎实实地将贸易便利化向纵深推进。

此外，贸易便利化的国际规则已从边境延伸到境内，涉及到相关国家的制度环境。因此，制度和机制的完善就更具挑战性。中国虽然是贸易大国，但贸易便利化的相关规则和内容在法律上并不完备，这是需要加以重视的，中国应积极建立和健全满足贸易便利化要求的机制，加大海关规章制度的改革力度，以适应当前外贸的新发展，提升政府的服务水平，深化行政体制改革，同时与“一带一路”沿线贸易伙伴国协同联动，推进在执法互助、监管互认、互相监督等方面的合作，消除投资和贸易壁垒，从制度改革和机制建设层面真正推动贸易便利化的深入发展。

以自贸区网络建设深化“一带一路”建设

为顺应世界经贸投资自由化、区域性协定迅速增加和国际贸易标准逐渐高端化等新趋势，一方面，“一带一路”为中国与沿线国家彼此之间充分地利用新的平台、参与国际贸易新规则制定、促进区域经济发展带来了新机遇；另一方面，为保护发展中国家权益以及捍卫已取得的多边贸易成果，中国不仅要积极融入到发达国家主导的经济体系中，进一步扩大对外开放水平，积极倡导“一带一路”与中国自由贸易区建设，而且也需要引领发展中国家，对相邻的发展中国家提供相应的帮助。

随着全球经济的重心由以前的大西洋地区正逐渐向太平洋地区转移，亚太地区的区位重要性不言而喻，亚太区域内的贸易自由化进程也在加快。由于东盟能力有限以及亚太经合组织在推进亚太区域一体化上的表现欠佳，区域内国家竞相展开双边和次区域合作，一时间造成亚太范围内自由贸易协定数量激增，国家和地区之间的自贸区交错重叠。基于亚太现行区域合作机制的缺陷以及潜在的巨大利益的吸引，域内大国争先恐后地插手构建亚太自贸区，试图争夺亚太经贸的主导权。目前，中国与周边国家的经贸联系日趋紧密，中国有能力也有实力在一定程度上发挥带头引领作用，协助发展中国家通过完善基础设施等谋求自身发展。

以自贸区网络建设，深化“一带一路”建设。一方面对上海合作组织、中国—东盟自贸区等既有的自贸区进一步整合，另一方面对双边、多边跨境贸易交流合作提供一个新平台，从而构建新型跨国自贸区。这其中包括快速推进以东亚、东南亚为主要经济体的RECP框架协定谈判，亚太自贸区（FTAAP）的可行性研究，中国在上海合作组织、金砖国家、二十国集团（G20）等机制下与“一带一路”沿线国家间的经贸协定谈判实现新的突破。通过签署一系列自贸区协定或建立自贸区，为中国与“一带一路”沿线国家之间的经济贸易往来提供一个规范、公正和透明的市场经济环境，降低跨区域生产和贸易往来的成本，提高贸易效率，促进双边乃至多边贸易、投资和经济合作。

博弈国际治理大棋局

进入21世纪以来，特别是在国际金融危机爆发至今，世界经济和金融格局正在发生深刻变化，经济复苏和发展、全球贸易和全球货币体系改革也面临更为复杂的挑战。况且目前，全球经济风险与转型重叠，金融市场不稳定不确定因素有增无减。不可否认，第二次世界大战以后确立并逐步完善的国际秩序和全球治理体系对于保障世界和平、促进经济繁荣功不可没。但是，面对新形势，当前全球治理距国际社会期待还有差距，面临新的挑战。

首先，发展应该是全球治理的首要方向。曾任联合国全球化问题特别顾问的Jagdish Bhagwati教授告诫说："我们必须通过各种方式妥善管理全球化，以保证和加强其正效应。如果没有这些明智的管理措施，全球化将是有害的。"联合国在《2010年世界经济与社会概览:重探全球发展之路》报告中指出，"2008—2009年全球经济危机暴露了金融市场运作的体制性失效以及经济决策核心的严重缺陷，而且，经济危机和金融危机是紧随其他几场危机爆发的"，"多重危机接踵而至，暴露了我们的全球治理机制在这些挑战面前，存在的严重弱点"。其次，新兴经济体和发展中国家的代表性和话语权需要得到增强，要塑造具有充分包容性和有效性的包括G20、金砖国家峰会、上海合作组织等在内的新的全球治理体系和全球治理机构。最后，全球性公共产品供给的普惠性、合理性与公平性需进一步提升。

面对国际经济金融新形势，国际社会已认识到改革与创新全球治理的重要性，在各治理领域也进行了不同程度的改建、创建与重建，包括G20崛起，世界银行、国际货币基金组织和世贸组织的重大结构调整与制度改革，区域性贸易安排的兴起。但是，为了有效应对全球挑战和全球治理失灵，必须建立全球治理的新框架和新规则，进一步深化现行的全球治理在结构和功能方面的改革。作为对世界和平与发展负有重要责任的大国，中国一贯坚持共商共建共享的全球治理观，不断参与国际事务和全球治理，致力于促进国际秩序朝着更公正合理方向发展，在促进全球和平、稳定、公平、繁荣和可持续发展中发挥着越来越重要的作用。并且，随着中国经济不断崛起，国际社会也期待中国发挥更加积极的作用。在十三届全国人大一次会议上，习近平主席也郑重表示，中国将继续积极参与全球治理体系变革和建设，为世界贡献更多中国智慧、中国方案、中国力量，推动建设持久和平、普遍安全、共同繁荣、开放包容、清洁美丽的世界，让人类命运共同体建设的阳光普照世界。

推动完善全球经济治理结构

1997年亚洲金融危机爆发时，鉴于国际社会缺乏有效的协调、应对措施，导致各相关国家和地区以邻为壑并频发货币战争，致使金融危机蔓延至全球。1999年，作为共同应对国际金融危机的国际紧急多边协调机制——二十国集团（G20）正式成立。在起初的十余年中，G20作为一种危机应对及预防机制，在国际治理中处于边缘化地位。2008年国际金融危机爆发后，传统的国际治理机制——七国集团（G7）和其主要执行机构国际货币基金组织未能发挥应有作用，G20则从部长级会议机制升格为领导人峰会，成为世界主要国家在政治层面达成共识的全球治理的大国协调机制。

首先，G20是当今世界唯一的包括发达国家和新兴经济体在内的“平等”对话平台，是最具代表性的国家间最高协商机制和全球经济治理领域的最高机制。不同于以往的全球治理机制，G20既包括G8（美国、日本、德国、法国、英国、意大利、加拿大、俄罗斯）的全部成员，也包括“金砖四国”在内的11

个重要新兴工业国家（中国、阿根廷、澳大利亚、巴西、印度、印度尼西亚、墨西哥、沙特阿拉伯、南非、韩国和土耳其），还包括作为实体的欧盟。同时，G20与现有的功能性国际金融机构，如国际货币基金组织、世界银行和国际清算银行等密切合作，世界银行行长、国际货币基金组织总裁以及国际货币金融委员会和发展委员会主席作为特邀代表也经常参与G20的活动。

其次，G20是成员国进行宏观经济政策协调、促进全球经济增长的重要平台。在2009年9月25日美国匹兹堡峰会上，G20领导人宣布，G20将代替G8成为国际经济合作与协调的首要全球性论坛，议题也从主要关注金融领域向贸易、发展等其他相关领域扩展，标志着G20从危机应对机制向全球经济长效治理机制转变。国际金融危机之后，世界经济虽然经历了长期的复苏努力，但经济增长前景仍不明朗。G20围绕世界经济形势变化不断推出重要议题，先后在可持续发展、国际货币体系改革、国际金融机构改革、国际金融监管、宏观经济协调、全球再平衡、大宗商品价格和打击避税等领域进行协商以尽可能达成共识，并通过发布公报、宣言和行动计划等形式体现合作成果，逐渐形成了一批发达经济体和新兴经济体共同创制的新机制、新范式，包括促进世界经济“强劲、可持续、平衡增长”的框架目标，未来世界经济增长的目标，保证国内宏观经济增长的“数量化规则”，防止国际经济失衡的一揽子“参考性指南”以及中国提出的基础设施投资等，在推动世界经济发展和维护金融稳定方面发挥了积极作用。

2018年3月28日，中央全面深化改革委员会第一次会议审议通过的《关于形成参与国际宏观经济政策协调的机制推动国际经济治理结构完善的意见》指出，要把积极参与国际宏观经济政策协调作为以开放促发展促改革的重要抓手，坚持以我为主、为我所用、有所贡献，以“一带一路”建设为统领，以多边机制和平台为重点，运用好财政、货币、结构性改革等政策工具，统筹发挥好政府、企业、行业协会等各方力量，逐步形成参与国际宏观经济政策协调新机制。

最后，G20是协调新旧全球治理力量的新框架、渐进推动全球治理体系转型的平台。美国等西方国家建立G20的初衷是为了应对20世纪90年代后期日益深化的全球化挑战，将加速上升的包括中国等亚洲国家在内的新兴经济体纳入1944年形成的布雷顿森林体系下的全球经济治理框架中，而并不是为了彻底推翻现有体系。尽管新兴市场经济体的参与可能对西方国家主导的“规则”有所影响，但总体上是利大于弊；新兴市场经济体虽然需要付出一定代价，但总体是获益的。而且G20提供了一个发达国家和发展中国家可以平等协商、求同存异的协调机制和平台，使发展中国家有机会参与到全球经济治理和国际规则制定中，可以获得更多的话语权，逐步成为“规则制订者”，而不是“被治理”或被动地接受国际规则，促进现有国际规则和国际体系渐进改革。

自G20成立以来，中国一直支持其在全球经济治理中发挥更大作用，并积极提供建设性方案，在其中发挥了重要作用。中国作为G20创始成员，参加了历次G20财长和央行行长会议及领导人峰会。2005年，中国成为G20主席国，成功举办了第七届G20财长和央行行长会议、两次副手级会议以及研讨会等活动。2008年国际金融危机爆发后，G20升格为领导人会议。中国领导人出席了G20历次峰会，而且在会上提出一系列应对国际金融危机、促进国际金融体系改革和加强全球经济治理的重要主张。在世界经济复苏乏力的背景下，2008—2015年，中国经济保持着较快增长势头，对全球经济增长贡献达1/3以上，成为世界经济的“稳定器”与“压舱石”。同时，中国积极参与建设稳定的国际货币体系、加强国际金融监管合作、防范国际金融风险等全球经济治理。

中国从2015年底接棒G20轮值主席国，以4个“I”，即“构建创新(innovative)、活力(invigorated)、联动(interconnected)、包容(inclusive)的世界经济”为峰会主题，并在议题上设置了创新增长方式、更高效全球经济金融治理、强劲的国际贸易和投资、包容和联动式发展等四大板块。中国还首次把绿色金融议题引入G20议程，创建了绿色金融研究小组。2016年9月4日至5

日，G20领导人第11次峰会在中国杭州举行，峰会发表了《二十国集团领导人杭州峰会公报》和28份具体成果文件，体现了共迎挑战的伙伴关系精神，提出通过走创新和改革之路推动世界经济增长的前进方向。G20成员聚焦创新增长议题，共同制订了创新增长蓝图以及创新、新工业革命、数字经济三大行动计划，还制定了结构性改革共同文件，强调要通过结构性改革提高世界经济中长期增长潜力。在发展领域，峰会制订了《二十国集团落实2030年可持续发展议程行动计划》，在推进全球发展合作方面迈出了新步伐。在贸易投资领域，峰会制定了《二十国集团全球贸易增长战略》和《二十国集团全球投资指导原则》，填补了全球投资治理领域的空白。此外，在就业、金融、能源等多个领域，峰会也制订了多个行动计划。峰会第一次把发展问题置于全球宏观政策框架的突出位置，第一次制订落实联合国2030年可持续发展议程行动计划，第一次采取集体行动支持非洲和最不发达国家工业化，展现了谋求共同发展的决心。此外，峰会还就气候变化、难民、反恐、反腐败等全球性问题进行了讨论，旨在为世界经济的稳定复苏营造有利的环境。

可见，G20已成为中国提高在全球经济治理中话语权的重要平台，也是中国与世界主要国家一起分担责任和义务的主要协商机制。中国既是G20成员当中最大的新兴经济体，又是对世界经济增长贡献最大的国家，中国的经济规模和实力及其与世界经济、金融和贸易体系的密切关系，决定了中国将在G20的全球治理中扮演着越来越重要的角色。并且，中国正在继续深化各领域改革和开放，经济运行稳中向好，不断迈向中高端水平，有能力在突破G20的局限、推动G20向长效治理机制转型上发挥关键作用。

一是要充分利用G20这一综合性的全球治理平台，提出新的符合世界经济格局变化的全球治理理念。改革开放40年为中国参与全球治理提供了坚实的综合实力，尤其是国际金融危机之后，中国成为世界经济复苏的主动力，综合国力、全球影响力和国际地位进一步提升，经济不断崛起的中国勇于承担大国责任，主动融入国际体系，主动参与到全球治理进程中。作为一个负责任大国，中国要在更大范围、更深层次、更高水平参与全球经济治理的同时，随着自身实力的提升、国际体系结构的国际化以及国际社会的积极表现作出阶段性动态调整，提出新的、为国际社会广泛认可的发展理念，积极致力于为全球经济治理贡献中国理念和中国智慧。

习近平主席在G20杭州峰会上提出的全球经济治理应该以平等为基础，以开放为导向，以合作为动力，以共享为目标，共同构建公正高效的全球金融治理格局、开放透明的全球贸易投资治理格局、绿色低碳的全球能源治理格局、包容联动的全球发展治理格局的“平等、开放、合作、共享”的全球经济治理观，完善了加入中国等新兴市场国家和发展中国家变量的多边主义全球治理理论，贡献了全球治理的中国理念和中国模式，提高了全球治理的合法性和有效性，也为G20机制作为全球经济治理核心平台的未来发展指明了方向。在上合青岛峰会上，习近平主席也强调，在中国上海宣布成立的上合组织遵循“上海精神”，经受住国际风云变幻的严峻考验，不断加强政治、安全、经济、人文等领域合作，成为当代国际关系体系中极具影响力的参与者。

二是要充分利用G20平台，更全面深入地参与全球治理。作为快速发展的最大新兴经济体，中国正对世界经济格局和全球治理产生着深刻影响。但是，客观来看，目前中国在全球治理中的影响力与中国的综合国力和中国对世界所作出的贡献之间还不匹配。这与发达国家一方面要求中国承担更多的国际责任和义务，另一方面又设置种种障碍，阻挠中国获得更大的话语权，竭力维护旧的全球治理体系有关。同时，打破这一局面也需要中国以综合国力为后盾，加快角色转变，运筹帷幄、谋篇布局，在全球治理中发挥更大的作用，破解影响力与综合国力之间不对称的困境。

与G7或G8不同，G20的构成兼顾了发达国家和发展中国家以及不同地域平衡，成员国总体人口占全球人口的2/3，面积占全球的60%，GDP占全球的

90%，贸易额占全球的80%，最广泛地代表了世界各地的发展状况。同时，G20采用协商一致的原则运作，新兴市场国家可以在相对平等的地位上同发达国家就国际经济金融事务交换看法。G20平台所具备的这些突出特点，为中国全面深度地参与全球治理，扩大中国影响力，为世界了解、认识、理解以及接受全球治理的“中国方案”提供了机遇与可能。

在G20框架下，中国要从一个积极的参与者向一个积极的协调者和引导者的角色转变，既要表达中国声音，传递中国主张，维护和拓展包括中国在内的发展中国家的正当权益，也要不失时机地将之化为中国方案、中国标准，并落实为各方的共同行动，从而强化中国的国际地位，拓展中国发展的外部环境。

三是要充分利用G20平台积极推进全球治理体系改革。当前，布雷顿森林体系框架下的传统全球治理体系不适应全球治理的需求，在构建完善的全球治理结构、宏观政策协调机制和公共产品供给体系，减轻全球经济失衡，维护金融市场稳定，推动多边贸易进程，促进可持续发展等方面力不从心，这也是全球治理面临的最大困境和挑战。进入21世纪后，新兴经济体和发展中国家与发达国家这两大群体的实力对比发生明显改观，与此同时，许多全球性问题如果没有发展中国家特别是新兴大国的参与就不可能有效解决。这都使得过去以发达经济体为主导的全球经济治理发生了变化。G20是新兴经济体表达自身利益、参与全球经济治理的平台。鉴于G20的代表性、平等性和有效性，在G20框架下，世界各国进一步加强宏观经济政策协调，共同致力于建设和维护开放型世界经济，推动建立更加公正、公平的全球经济治理体系，是全球经济治理长效机制建设的可选方案。

中国作为最大的发展中国家和世界第二大经济体，理当在推进全球治理体系变革中发挥建设性作用。同时中国需要面向未来寻找长期利益的支撑点。G20能否在促进世界经济增长和全球治理体系改革两方面取得实质性进展，很大程度取决于G20内大国特别是中国和以美国为代表的西方国家之间的博弈与合作。在这一格局下，中国应实现角色转变，从规则的适应者、遵守者向规则的协调者、引领者甚至制定者转变。近年来，亚投行、“一带一路”、金砖银行等区域经济合作成果的推进为中国进一步参加全球治理积累了经验，展现了中国已具备积极推进全球治理体系改革的能力与经验。在2018年6月9日至10日举行的上合青岛峰会上通过的《青岛宣言》进一步倡议，上合组织成员国要支持完善全球经济治理体系，支持共同构建开放型世界经济，不断巩固开放、包容、透明、非歧视、以规则为基础的多边贸易体制，维护世贸组织规则的权威性和有效性，反对国际贸易关系的碎片化和任何形式的贸易保护主义。在当前单边主义、贸易保护主义、逆全球化思潮抬头的背景下，经济和人口总量分别占到全球的20%和40%以上的上合组织成员国一致发出倡导多边主义和开放主义的最强音，将在世界范围内产生示范效应，为推动地区一体化和经济全球化注入强大力量。

在促进G20向着全球治理重要领导机制方向发展上，中国要面向未来谋求中国利益最大化，进一步增强国际领导能力和发挥国际领导作用，在G20中融入和共享中国的全球治理理念，借助G20推动全球治理体系和国际秩序朝着更加公正合理的方向发展，同时让世界认识到中国的大国责任、大国地位、大国胸怀，也为中国在全球治理中扮演更重要的角色和发挥更大的作用增加力量。

推动完善国际金融体系

国际金融体系是全球治理的重要组成部分，现有国际金融体系起源于以美国和美元为主导的布雷顿森林体系，以世界银行、IMF为支柱来主导世界金融秩序，并且美欧等少数西方发达国家或国家集团控制着规则制定和利益分配权，并在世界银行和IMF中占有主导权。随着国际经济金融格局发生重大变化，传统国际金融体系遭遇了各种困境，使得国际社会关于改善现有国际金融秩序的呼声日益高涨。

一是在现有国际金融体系中占有主导地位的某些西方国家以西方价值观来衡量其他国家，甚至据此要求其他国家让渡国家主权、牺牲本国社会福利。如IMF在危机援助中往往要求借款国接受各种具有西方理念倾向的指导原则和各种苛刻的附加条件，如实施财政、货币紧缩等一揽子调整政策，这类政策通常以该国的经济衰退为代价，从而使其国际公共属性受到质疑。

二是无法体现发展中国家特别是中国等新兴经济体的经济崛起。国际金融体系需要充分反映所有有关国家的多元化期望与诉求，充分体现有关国家的代表性和发言权，形成各方更广泛有效参与的决策和管理机制。20世纪90年代以来，以新兴市场经济体为代表的发展中国家在世界经济、贸易和地缘政治影响力中的地位迅速上升，而西方发达国家的实力则相对下降，但国际金融体系并未及时进行调整转型，仍然是少数发达国家占据主导权，发展中国家在现有体系和机构中仍处于不利地位，在规则制定、影响力发挥和利益分配等多个方面还都缺乏话语权。以世界银行和IMF为例，从“投票权占比/GDP占全球总量比重”这一指标来衡量，2014年，发达国家分别为1.094和1.132，而发展中及转型国家分别是0.903和0.858；就IMF投票权而言，2014年1月，美国持有16.75%，GDP为中国1/2的日本持有6.23%，GDP不足中国1/3的英法两国均持有4.29%，占世界GDP12.3%的中国只有3.81%。这种代表性和话语权的不平衡及体制的不公正是国际金融体系亟须改革的又一个原因。

三是现有国际金融体系及机构为国际社会成员提供公共物品、促进增长等方面的有效性明显不足。以亚洲基础设施建设为例，目前亚洲很多经济体处于工业化、城市化的起步或加速阶段，基础设施建设资金需求巨大，但供给严重不足。根据亚洲开发银行的数据，2010—2020年，32个亚洲发展中经济体新增、维护或维修本区域基础设施的资金需求达8.22万亿美元，相当于亚洲地区2010—2020年GDP的6.5%，跨境设施建设另需3200亿美元。目前，亚洲多数国家每年来自私营部门的基础设施投资不到其GDP的1%，政府公共支出不到GDP

的3%。而在2010—2014财政年度，在亚投行预定运营区域，世界银行的基础设施投资仅为280亿美元，亚洲开发银行的贷款仅为250亿美元，远不能满足亚洲地区巨大的基础设施投资需求。此外，现有多边金融机构程序繁琐、效率低下、官僚主义、过于规避风险、不适应借款客户实际需求等问题也饱受指责。

自2008年国际金融危机以来，国际经济格局发生了重大变化，中国开始更加积极地承担全球经济治理责任，推动国际金融体系的改革。一是树立国际金融领域"负责任大国"的形象，稳定区域经济，并大力援助受到金融危机冲击的国家。二是积极参与G20在提高全球金融监管效率和维护全球金融稳定方面的努力。三是积极推动世界银行和IMF份额与治理改革方案，帮助新兴经济体和发展中国家扩大话语权，从而平衡西方主导的国际金融格局。四是发起设立金砖国家银行、上合组织开发银行、亚投行等多边开发金融新机构，有效弥补现有国际金融机构等的功能缺失，激励世界银行、IMF、亚洲开发银行等进一步优化流程和提高效率，重塑全球金融治理结构。五是通过一系列双边协定稳步推进人民币国际化进程。

在世界各国经济之间相互依存度不断提高的今天，全球金融市场关联日益紧密，金融动荡传递渠道复杂难辨，溢出波及效应迅速难测。况且目前，全球经济风险与转型重叠，金融市场不稳定不确定因素有增无减。面对国际经济金融格局的重大变革，中国要更加积极地参与国际金融体系改革，与世界各国共同完善国际金融规则。

第一，国际金融体系改革是各国政府机构、政府间国际金融组织和非政府组织等多元化主体相互协调、相互补充的过程。中国一方面要在现有框架下承担更多国际责任、增强国际影响力，加强与相关国家政府和全球性相关机构政府间"自上而下"的合作和沟通，通过国际、地区和双边途径为应对国际金融危机和维护全球经济金融稳定提供支持，推动国际金融体系改革；另一方面要善于运用“软实力”，培育鼓励次国家政府、非政府组织、跨国公司积极参与国际金融治理，形成多元化和多层次参与模式，充分利用中国—东盟自贸区、东盟地区论坛和东亚峰会等合作机制，强化中国主导或主要发起的区域合作平台，如亚洲金融合作协会、上海合作组织、博鳌亚洲论坛等，“自下而上”地提升中国参与国际金融治理的能动性和创造性，探索中国参与国际金融治理的战略路径。

第二，中国目前尚处于经济转型期，还要面对诸多重大国内经济挑战，在国际经济活动中的自我定位仍然是“发展中大国”，但参加国际金融体系很可能意味着要让渡部分国内经济利益或是承担风险。中国一方面应推进自身经济金融健康稳定发展和金融体制有序改革，让世界各国对中国经济、国力保持信心；另一方面要不断积累在国际金融规则制定和领导国际金融事务方面的经验与能力，开展更大规模和更高水平的区域或国际金融合作。同时稳步推进国内金融改革，发展和完善国内金融市场，提高金融对外开放和人民币国际化程度，提高防范和应对区域性或全球性金融危机的领导能力，提高在国际经济金融事务中的影响力和话语权，积极参与和引领国际金融体系改革。2018年4月11日，在博鳌亚洲论坛年会“货币政策的正常化”分论坛上，中国人民银行行长易纲宣布，中国将大幅度放开金融业对外开放，提升国际竞争力。这一举措不仅可以增强国内金融机构的内生发展动力，更是要让全世界分享中国经济的发展成果，这是一个金融大国走向金融强国的主动选择。4月19日至20日，中国人民银行行长易纲在出席G20财长和央行行长会议时进一步指出，中国将进一步推动金融改革，扩大开放，应对未来挑战。

第三，中国要在符合国家利益的基础上，吸取现有多边金融机构的经验和教训，兼顾亚洲发展中国家的发展阶段和融资需求特点，制定相应的治理规则和运营标准，提高亚投行、金砖银行等新的多边金融机构的营运效率，通过促进亚洲基础设施投资，促进共同发展和分享利益，实现“双赢”和“多赢”合作。并且，探索与现有多边金融机构开展有效合作，同时发挥自身优势与其展开良性竞争，提高国际基础设施融资体系效率。

就国际货币体系而言，1944年在美国布雷顿森林小镇召开的联合国国际货币金融会议，建立了以美元为中心、以黄金和美元作为国际本位货币的“布雷顿森林体系”，实行“双挂钩”的固定汇率制度安排：美元与黄金挂钩，成员国货币与美元挂钩。该协定与随后诞生的IMF和世界银行一起构成了第二次世界大战后国际货币体系的主要支柱。在布雷顿森林体系下，美元充当了国际储备货币。但是，如特里芬（Triffin）在《黄金与美元危机——自由兑换的未来》一书中所说，“由于美元与黄金挂钩，而其他国家的货币与美元挂钩，美元虽然取得了国际核心货币的地位，但是各国为了发展国际贸易，必须用美元作为结算和储备货币，这样就会导致流出美国的货币在海外不断沉淀，对美国来说就会发生长期贸易逆差；而美元作为国际货币核心的前提是必须保持美元币值稳定与坚挺，这又要求美国必须是一个长期贸易顺差国。这两个要求互相矛盾，因此是一个悖论”。作为解决之道，IMF设立特别提款权，以供各国中央银行作为储备和支付清算之用。20世纪60年代到70年代初期，伴随着三次美元危机，美国1971年将美元与黄金脱钩，1973年大多数欧洲国家与日本宣布其货币兑美元采用灵活汇率，布雷顿森林体系最终解体。

1976年1月，IMF的100多个成员国在牙买加首都金斯敦达成了修改国际货币基金组织条款的协议，同年4月，IMF理事会通过了《IMF协定第二修正案》，从而国际货币体系迈入牙买加体系时代。牙买加体系的特征体现为：一是正式确认了浮动汇率制的合法化，各国可以自由选择汇率制度，实行“硬钉住汇率”“软钉住汇率”“浮动汇率群”等多样化的汇率制度安排；二是实现黄金的非货币化，形成以美元主导的多元化国际储备体系；三是提高特别提款权的国际储备地位，扩大其在IMF一般业务中的使用范围；四是对于国际收支的政策调节手段更加丰富与灵活，包括运用国内经济政策、运用汇率政策、国际融资、加强国际协调等。

现行国际货币体系已运行了50多年，为全球经济、金融稳定发展作出了重要贡献，但是也表现出许多不稳定的特征，如货币危机与金融危机频繁爆发、全球国际收支持续失衡、汇率持续失调等，这是由于现行国际货币体系的内在缺陷造成的，主要表现在：

一是美元仍然处于全球货币的本位与核心，“特里芬悖论”无法得到根本解决。现行国际货币体系下，美元仍是最主要的国际计价单位和支付手段，美元占到国际储备的2/3左右，并在世界范围内形成了美国货币政策主导的全球金融周期。布雷顿森林体系下的“特里芬悖论”并未改变，而是表现出新的形式：一方面，随着新兴市场经济体和发展中国家的经济崛起以及经济全球化的发展，国际贸易和金融规模加速扩张，全球对美元的需求快速扩大；另一方面，美国在世界经济中的地位相对下降，通过日益扩大的经常项目的逆差输出美元流动性，国际收支逆差持续扩张，对外债务不断累积，削弱了国际社会对美元的信心，以致美国最终难以支撑美元的币值稳定和国际储备货币的地位。凭借美元在国际货币体系中的霸主地位，美国人借贷无度、寅吃卯粮，美元滥发而引致严重的流动性过剩和金融资产泡沫，这种结果必然会破坏国际货币体系的稳定性，这是2008年国际金融危机爆发的原因之一。

二是国际收支调节机制多样化没有解决全球经济金融稳定的问题。在现行国际货币体系下，各国针对国际收支不平衡进行调节的政策工具选择非常多，包括汇率机制、利率机制、国内经济政策、IMF援助、国际金融市场借款和国际商业银行信贷等资金融通机制以及国际之间的货币合作等。各国根据各自国际收支失衡的状况进行相机抉择，多种渠道并行，使国际收支的调节更为有效与及时。但是，各国在进行国际收支调节时，一般将国内经济目标放在首位。全球经济金融稳定和国际收支平衡的机制保障缺失，牙买加体系并没有消除全球性的国际收支失衡问题。20世纪70年代以来，货币和金融危机爆发越来越频繁，程度越来越严重，包括八九十年代的两次拉美债务危机、90年代后期的亚洲金融危机以及21世纪以来的美国次贷危机和欧洲债务危机所代表的全球金融危机。

三是全球流动性调控机制与资本流动监管框架缺失。国际货币体系的一个主要的功能是为全球提供必要的流动性。但在2008年以前，缺乏一个以跨境资本流动性监管为核心目标和手段的全球宏观审慎监管框架，在美元主导本质下，美联储无法平衡其国内目标，不能履行作为全球最后贷款人的职责。全球资本和流动性的产生依托于金融（货币循环）和贸易（及石油）循环。其一是贸易赤字国（及石油输入国）向贸易盈余国（及石油输出国）进行贸易货款支付（石油货款支付）带来的经常账户的资金流动，其二是贸易盈余国（及石油输出国）将外汇资产重新投资于贸易赤字国（及石油输入国）的资产所带来金融账户的资本流动，两者形成一个完整的货币经济循环。一般而言，跨境资本流动、信贷增长和杠杆率遵循全球金融周期变化的基本规律。由于国际货币体系失衡，美国与储备国之间的不平等，一方面，新兴市场经济体和发展中国家外汇储备资产需求急剧增加，亚洲新兴市场国家和石油输出国积累了大量的美元储备，承受着储备货币贬值缩水风险，而如果美元持有者的信心丧失，美国国内经济则面临着巨大调整，这都增加了整个国际货币体系的潜在风险；另一方面，美国通过美元的特殊地位维持日益扩大的贸易逆差、量化宽松所造成的全球流动性泛滥和资产泡沫。同时随着全球化的深入，跨境资本流动越来越频繁，金融周期的幅度与持续时间也在不断增加。国际金融危机后，以美国为代表的西方各国实施了多轮量化宽松政策，货币竞争性贬值，导致全球量化宽松规模达到历史最高水平。而当前美国量化宽松政策逐渐退出、步入加息和缩表通道以及石油美元缩水，将使得全球跨境资本结构与流向发生“方向性”和“拐点性”的变化，“美元流动性短缺”、汇率过度波动和无序调整严重损害国际贸易和投资活动，而国际汇率波动的大部分成本由新兴市场经济体和发展中国家所承担。尽管在金融危机后，各国就在IMF与G20的框架下通过各国央行、货币当局的货币安排与合作完善最后贷款人、审慎监管与存款保险制度以建立全球金融安全网达成共识，但目前的规模与有效性还不足。加强包括跨境资本流动、货币储备等在内的流动性调控机制和资本流动监管和管理框架，成为系统性风险控制和危机应对的关键。

现有国际货币体系的内在缺陷是导致全球经济金融不稳定的主要原因。尽管在可预见的未来，美元的地位仍将难以动摇，但不可否认，改革现有国际货币体系是全球经济平稳发展的客观要求。中国作为全球第二大经济体和最大外汇储备国，理应顺应全球发展的主流趋势，担当起国际货币体系改革的引领者和积极推动者，从而促进全球贸易和国际投资，促进资源在全球范围内有效配置，推动建立一个比较合理的、能够促进全球经济稳定繁荣的新的国际货币体系。

第一，要充分利用国际货币体系改革这一机遇，积极倡导并推动构建具有内在稳定机制的与全球经济多极化趋势相适应的多极储备货币体系，推动国际储备货币向着币值稳定、供应有序、总量可调的方向发展。世界经济的多极化趋势要求国际货币体系也从单极储备货币主导走向多极储备货币并存的格局，这个多极储备货币体系一是应有多个大经济体的货币构成，使国际货币体系拥有坚实的基础。二是应包括符合条件的高速增长的大经济体的货币。当前，全球经济重心正从发达国家转向新兴市场经济体，纳入高成长经济体的货币有助于多极储备货币体系的稳定。三是应扩大SDR的作用，着力推动SDR的分配，推动SDR篮子货币的权重扩展到包括所有主要经济体在内的货币，提升中国和其他发展中经济体的话语权和代表权，提升新兴市场经济体和发展中国家对SDR的支撑作用，从而提高SDR作为国际储备资产的吸引力。

第二，进一步推进人民币汇率市场化改革和国际化进程。货币国际化是大国金融对外开放的一个关键环节。从各国货币国际支付份额、各国货币在外汇储备占比与各国GDP份额相比较，人民币国际化仍有很大的发展空间。要推动构建多极储备货币体系，就要进一步推进人民币汇率市场化改革和国际化进程，使人民币真正成为继美元、欧元、英镑、日元之外的另一种国际储备货币。在全球面临着安全资产短缺的背景下，人民币加入国际货币行列，将成为稳定国际货币体系的重要力量。2005—2014年，人民币单向升值是国际化的一个主要动力，并且在市场及机制建设层面取得重大进展。2017年以来，人民币汇率双向浮动、趋于均衡，国内经济基本面因素将继续支持人民币在合理均衡水平上保持基本稳定。要进一步推进人民币国际化进程，中国应继续坚持汇率市场化改革方向，加大市场决定汇率的力度，进一步增强人民币汇率弹性，有序完善以市场供求为基础、双向浮动、有弹性的汇率运行机制。通过与国外央行签署双边互换协定，加速离岸人民币市场建设，扩大人民币贸易结算安排，逐步发挥国际流动性供给者的角色，稳妥有序地推进人民币国际化进程，促进更多的贸易和投资使用人民币，保持人民币在全球货币体系中的稳定地位，助力推动国际货币体系的多元化。

第三，加强全球利率和汇率政策协调。在全球货币政策和金融周期分化的大背景下，如何加强各国利率和汇率政策协调，抑制和规避货币政策溢出效应以及国际货币政策协调困境，缓解全球金融不平衡的影响，是一个极具挑战性的议题。中国应倡导、推动各国充分利用G20平台，加强全球利率和汇率政策协调，抑制金融周期分化带来的外溢效应。既要避免货币竞争性贬值和“吹大”资产泡沫，也要避免突然加息导致的全球汇率过度波动和无序调整。

第四，推动构建全球金融稳定与跨境资本审慎监管框架，完善全球金融安全网。推动国际金融合作，构建全球金融稳定与跨境资本审慎监管框架，防止金融风险在外汇市场、信贷市场、国际贸易、资产价格波动以及跨境资本流动之间的国际传递，并妥善化解主权债务、跨境资本大规模无序流动等金融风险。要建立包括储备资产、双边货币互换、区域融资安排、IMF多边融资安排等包括流动性救助在内的危机防范和应对机制。要加强国际汇率波动和国际资本流动的全球管理，促进单极储备货币向多极储备货币体系的平稳过渡和多极储备货币体系内部结构调整的平稳实现。

BEYOND
THE TRADE WAR
超越贸易战

5

第五篇 和平发展篇

贸易战无赢家，而贸易发展可让各方多赢，让世界更美好。所以，虽迫不得已我们须应对贸易战，但在互相尊重的基础上，按世贸组织等既有多边框架国际规则协商解决贸易争端与摩擦，终战止战，和平发展，仍应成为我们的首选。这符合中国人内在的国民性。早在17世纪初，英国学者罗伯特·勃顿就在其著作中称赞中国人“和平而安静”。20世纪20年代，英国著名哲学家罗素在他的《中国问题》一书中写道：“中国至高无上的伦理品质中的一些东西，现代世界极为需要。这些品质中我认为和气是第一位的”。这种品质“若能够被全世界采纳，地球上肯定会比现在有更多的欢乐祥和”。“和为贵”“和气生财”，中国这一处世哲学无疑可推广于全球。本篇将围绕“构建人类命运共同体”阐述这一重要理念。

中国达沃斯举动吸引全球目光

7组数字解读习近平主席达沃斯演讲

2017年1月16日，外交部发言人华春莹在例行记者会上就习近平主席达沃斯之行表示，习近平主席与会就是要针对当前国际社会对经济全球化问题的关切，阐述中方有关的主张和看法，推动各方客观认识和看待经济全球化，积极地引导经济全球化进程向着更加包容普惠的方向发展。华春莹表示，习近平主席还会结合国际社会对中国经济热点的关注，阐述中国改革开放成就和发展经验，增进各方对中国经济客观深入的了解和认识。

解读之一：驳斥1种关于经济全球化的错误观点。经济全球化是社会生产力发展的客观要求和科技进步的必然结果，不是哪些人、哪些国家人为造出来的。

经济全球化确实带来了新问题，但我们不能就此把经济全球化一棍子打死，而是要适应和引导好经济全球化，消解经济全球化的负面影响，让它更好惠及每个国家、每个民族。

解读之二：为世界经济开出4剂药方。当今世界经济增长、治理、发展模式存在必须解决的问题。第一，坚持创新驱动，打造富有活力的增长模式。第二，坚持协同联动，打造开放共赢的合作模式。第三，坚持与时俱进，打造公正合理的治理模式。第四，坚持公平包容，打造平衡普惠的发展模式。

解读之三：指出世界经济领域3大突出矛盾。当前，最迫切的任务是引领世界经济走出困境。一是全球增长动能不足，难以支撑世界经济持续稳定增长。二是全球经济治理滞后，难以适应世界经济新变化。三是全球发展失衡，难以满足人们对美好生活的期待。

解读之四：作出关于中国发展的3个判断。中国的发展，关键在于中国人民在中国共产党领导下，走出了一条适合中国国情的发展道路。中国的发展成就，是中国人民几十年含辛茹苦、流血流汗干出来的。中国的发展是世界的机遇，中国是经济全球化的受益者，更是贡献者。

解读之五：提出3点关于适应和引导经济全球化的建议。我们要主动作为、适度管理，让经济全球化的正面效应更多释放出来，实现经济全球化进程再平衡。我们要顺应大势，结合国情，正面选择融入经济全球化的路径和节奏。我们要讲求效率、注重公平，让不同国家、不同阶层、不同人群共享经济全球化的好处。

解读之六：提出中国经济发展的2大举措。我们将在创新、协调、绿色、开放、共享的发展理念指引下，不断适应、把握、引领中国经济发展新常态，统筹抓好稳增长、促改革、调结构、惠民生、防风险工作，推动中国经济保持中高速增长、迈向中高端水平。中国将着力提升经济增长质量和效益，不断激发增长动力和市场活力，积极营造宽松有序的投资环境，大力建设共同发展的对外开放格局。

解读之七：宣布1项关于"一带一路"的重要安排。3年多来，已经有100多个国家和国际组织积极响应支持，40多个国家和国际组织同中国签署合作协议，"一带一路"的朋友圈正在不断扩大。2017年5月，中国在北京主办"一带一路"国际合作高峰论坛，为解决当前世界和区域经济面临的问题寻找方案，为实现联动式发展注入新能量，让"一带一路"建设更好造福各国人民。

中国达沃斯主张吸引全球关注

“把困扰世界的问题简单归咎于经济全球化，既不符合事实，也无助于问题解决。”习近平在达沃斯世界经济论坛2017年年会开幕式作主旨演讲时一开始就鲜明地表示，世界应适应和引导好经济全球化，让经济全球化的正面效应更多释放出来，实现经济全球化进程再平衡。习主席强调，中国的发展是世界的机遇，中国是经济全球化的受益者，更是贡献者。开幕式现场座无虚席，来自世界各地的记者第一时间把习主席的话发出，各大媒体纷纷逐句解读，中国达沃斯举动吸引了全球目光。

中国正展现真正的全球大国、强国的应有风范。法国《世界报》2017年1月19日在国际版头条发表该报特派记者撰写的文章称，对中国国家主席习近平在达沃斯论坛发表的演讲，与会者几乎众口一词都称赞是“历史性”的。德国国防部部长冯德莱恩赞叹道：“令人印象深刻的演讲，非常具有战略意义，是对开放政策和直接对话响亮有力的维护，也是反对保护主义的檄文。”

美国《华尔街日报》报道说，习近平在达沃斯释放中国支持多边主义且是负责任大国的信号，在特朗普“美国优先”口号衬托下，中国经济贡献中包含的“中国智慧”在国际舞台上展现出不一样的风采。美国彭博社指出：“在一些国家忙于‘内斗’之时，中国正展现真正的全球大国、强国的应有风范。”美国《华盛顿邮报》直言，习近平的讲话是对反自贸协定和反边境开放行为含蓄的回击。

德国《商报》17日刊文说，在达沃斯论坛上，中国国家主席习近平成为为全球化伸张正义的最重要先锋。这个世界看上去好像颠倒了：新任美国总统对世界发出实施惩罚性关税的威胁，与此同时，中国国家主席发表拥护公正全球化的主旨演讲。习近平主席警告保护主义带来的危害，并指出贸易战争没有赢家。

演讲释放了重振信心、引领航向的重要信号。“习近平的讲话具有分水岭意义”，美国《外交政策》双月刊网站19日称，如果美国不愿在全球体系中发挥领导作用，中国将挺身而出，中国是崛起中的大国已笃定无疑。

美国有线电视新闻网（CNN）刊文指出，习近平出席达沃斯论坛是极具象征意义的：当西方大国，特别是美国从世界舞台退出时，中国正将自己塑造为全球领导者。CNN资深记者理查德·奎斯特赞赏习近平主席有关全球化和自由贸易的发言，他说：“从来没有一位中国最高领导人在演讲中通过引用狄更斯、林肯以及中国古语来说明全球化的益处”。

中国最高领导人在达沃斯站在了舞台中央。英国《金融时报》中文网的文章说，在习近平主席主旨演讲开始前的媒体中心里，在各国记者多种语言的嘈杂“大合唱”中，几乎每隔几秒就能听到各种口音的“习近平”三个字。全世界都在问：习近平领导下的中国是否有意愿以及能够在多大程度上接过经济全球化领袖的重任？习近平的演讲开始不过几分钟，全世界对这个问题已经有了肯定的答案。

《纽约时报》在一篇总结性的文章中说，中国最高领导人在达沃斯站在了舞台中央。国际精英在达沃斯听到了很有政治家风范的演讲，习近平主席在演讲中使用生动的比喻，引用中国的名言，同一些西方国家领导人的信口开河形成了鲜明对比。

过去一年，从西方世界传出的都是保守和消极的信号，而中国领导人释放的则是鼓舞人心的正能量，让人们在笼罩世界的重重不确定性中看到了希望和方向。彭博社评论称，作为世界第二大经济体，中国是全球化的一贯维护者，尤其是在2016年英国公投“脱欧”、2017年欧洲多国面临选举的背景下。

《日本经济新闻》报道，一直以来在自由、开放的经济和社会发展方面发挥推动作用的欧美国家政治领导人基本没有亮相达沃斯，作为会议主角对贸易保护主义敲响警钟的是中国国家主席习近平。世界的混乱程度正在不断加深，世界需要中国领导人站出来宣示全球化的意义。

“贸易战没有赢家”，当天许多国际媒体都以此作为标题，并纷纷引用习主席的话称，“搞保护主义如同把自己关入黑屋子，看似躲过了风吹雨打，但也隔绝了阳光和空气”。美国《商业内幕》称，习近平表示，“打贸易战的结果只能是两败俱伤”。这句话引来了听众的一片掌声，显然世界许多人已将这位中国领导人视为基于自由贸易的国际秩序的捍卫者。

欧美精英“与习主席心更近”

美国政治学家、欧亚集团创始人兼主席伊恩·布雷默在社交媒体评论说，习近平的讲话不管从哪一个方面讲都“取得了全面成功”。

“中国在达沃斯会场向全球精英伸出了手，国际精英高兴地紧紧握住”（德国《商报》）。中国领导人在达沃斯的讲话令欧美精英们惊喜、欣慰的同时，也无疑让他们中的一些人稍感不是滋味。

全球政商领袖对习近平主席讲话和对全球化的支撑不吝溢美之词。“拜登在听完习主席演讲后对我说，这个演讲如果拿到美国民主党全国大会上，可以说服很多民主党人，”IMF前副总裁朱民对财新记者透露。“最敏锐、犀利的一位评论家沃尔夫（Martin Wolf，注：英国《金融时报》首席经济评论员）随后对我说，‘我真觉得像一个美国总统的演讲，当然我真希望是美国总统在作这个演讲，’然后他说了一句深刻的话，‘这个世界真的在变了’。”

欧美精英将习近平的演讲与特朗普3天后在华盛顿的就职演说进行直接对比：习主席的说法是，“困扰世界的很多问题，并不是经济全球化造成的。”特朗普则说，美国的很多问题是全球化造成的。

针对无论是来自商界、政界还是其他领域的全球领袖清一色的褒奖，纽约大学教授鲁比尼甚至对财新记者表示，全球精英们在情感上与习主席而非特朗普更近。

在“分裂美国”的2016年总统竞选过后，中国将会在这一关键性时刻走到国际舞台前，向全球展示自己稳定的一面。不仅如此，在特朗普“美国优先”口号的衬托下，中国经济贡献中包含的“中国智慧”也将在国际舞台上闪现出不一样的风采。

博鳌亚洲论坛传递和平发展心声

4个关键词解读习近平主席博鳌讲话

关键词之一：改革创新

2018年是中国改革开放40周年。40年来，中国人民始终艰苦奋斗、顽强拼搏，极大解放和发展了中国社会生产力。今天，中国已经成为世界第二大经济体、第一大工业国、第一大货物贸易国、第一大外汇储备国。

40年来，中国人民坚持立足国情、放眼世界，既强调独立自主、自力更生又注重对外开放、合作共赢，既坚持社会主义制度又坚持社会主义市场经济改革方向，既“摸着石头过河”又加强顶层设计，不断研究新情况、解决新问题、总结新经验，成功开辟出一条中国特色社会主义道路。

40年来，中国人民坚持解放思想、实事求是，实现解放思想和改革开放相互激荡、观念创新和实践探索相互促进，充分显示了思想引领的强大力量。中国人民勇于自我革命、自我革新，不断完善中国特色社会主义制度，不断革除各方面体制弊端，充分显示了制度保障的强大力量。中国人民敢闯敢试、敢为人先，积极性、主动性、创造性空前高涨，充分显示了13亿多人民作为国家主人和真正英雄推动历史前进的强大力量。

当今世界，变革创新的潮流滚滚向前。中国的先人们早在2500多年前就认识到：“苟利于民，不必法古；苟周于事，不必循俗”。变革创新是推动人类社会向前发展的根本动力。谁排斥变革，谁拒绝创新，谁就会落后于时代，谁就会被历史淘汰。

关键词之二：开放融通

人类社会发展的历史告诉我们，开放带来进步，封闭必然落后。世界已经成为你中有我、我中有你的地球村，各国经济社会发展日益相互联系、相互影响，推进互联互通、加快融合发展成为促进共同繁荣发展的必然选择。实践证明，过去40年中国经济发展是在开放条件下取得的，未来中国经济实现高质量发展也必须在更加开放的条件下进行。中国开放的大门不会关闭，只会越开越大！

在扩大开放方面，中国将大幅度放宽市场准入，创造更有吸引力的投资环境，加强知识产权保护，主动扩大进口。对于这些对外开放重大举措，我们将尽快使之落地，宜早不宜迟，宜快不宜慢，努力让开放成果及早惠及中国企业和人民，及早惠及世界各国企业和人民。

关键词之三：和平发展

当今世界，和平合作的潮流滚滚向前。和平与发展是世界各国人民的共同心声，冷战思维、零和博弈愈发陈旧落伍，妄自尊大或独善其身只能四处碰壁。只有坚持和平发展、携手合作，才能真正实现共赢、多赢。

中国始终是世界和平的建设者、全球发展的贡献者、国际秩序的维护者。改革开放这场中国的第二次革命，不仅深刻改变了中国，也深刻影响了世界！中国在对外开放中展现大国担当，从“引进来”到“走出去”，从加入世贸组织到共建“一带一路”，为应对亚洲金融危机和国际金融危机作出重大贡献，连续多年对世界经济增长贡献率超过30%，成为世界经济增长的主要稳定器和动力源，促进了人类和平与发展的崇高事业。共建“一带一路”倡议源于中国，但机会和成果属于世界，中国不打地缘博弈小算盘，不搞封闭排他小圈子，不做凌驾于人的强买强卖。

关键词之四：人类命运共同体

推动构建人类命运共同体的倡议顺应历史潮流、增进人类福祉，已得到越来越多国家和人民的欢迎和认同，并被写进了联合国重要文件。面向未来，我们要同舟共济、合作共赢，坚持走开放融通、互利共赢之路，构建开放型世界经济，加强二十国集团、亚太经合组织等多边框架内合作，推动贸易和投资自由化便利化，维护多边贸易体制，共同打造新技术、新产业、新业态、新模式，推动经济全球化朝着更加开放、包容、普惠、平衡、共赢的方向发展。

博鳌方案让全世界为之振奋

习近平主席的博鳌演讲向世界表达了中国全面深化改革、扩大开放的明确信号和坚定决心，也为推动经济全球化、构建人类命运共同体发出了强有力的大国声音。这一举动赢得了国际社会的强烈共鸣和积极响应，国际政界、商界、学界等都为之振奋。

世贸组织副总干事阿雷汉德罗·哈拉说，习近平主席的演讲传递出倡导和平友好的强有力信息。日本明治学院大学经济学部教授宋立水说，习主席在演讲中呼吁各国面向未来，同心协力，携手前行，努力构建人类命运共同体，这反映了中国为推进世界和平与合作、开放与繁荣而勇于担当大国责任，对国际社会应对一系列全球治理问题具有重大意义。

意大利前总理罗马诺·普罗迪表示，这是一个关于开放的重要演讲，也是向全世界发出清晰的信息。他说："我很欣赏这样的演讲，我们现在确实需要为控制逆全球化作出一些基础性的努力。而习近平主席关于开放的这个清晰的信息，不仅是给亚洲的，更是给世界的。"为了表达对习近平主席观点的高度认同，法国前总理拉法兰强调说，"开放！开放！开放！这才是面向未来的最佳做法”。美国前商务部部长卡洛斯·古铁雷斯说，中国的改革开放政策现在只有40年的历史。未来40年，可能将比现在40年更加令人振奋。

在博鳌亚洲论坛新任理事、泰国前副总理素拉杰看来，习主席的主旨演讲提出了一系列非常重要的观点，非常有价值。人类命运共同体这一哲学理念给人们深刻启示，亚洲国家之间的问题都可以通过对话解决。肯尼亚内罗毕大学国际经济学学者盖里雄·伊基亚拉说，“一带一路”可被视为人类命运共同体的重要实践载体，既维护了开放型世界经济体系，也深化了区域合作，彰显中国为推动全球治理体系朝着公平公正方向发展的大国担当。

新加坡总理李显龙表示，亚洲经济表现超过其他地区主要得益于开放。要维持本地区活力，各国应继续保持开放，加强互联互通，通过以世贸组织为基础的多边贸易体系促进全球发展。他表示，中国领导人在多个场合阐述了支持多边主义和开放的立场，亚投行和“一带一路”倡议是中国对地区繁荣作出的重要贡献。巴基斯坦前总理阿齐兹表示，“一带一路”强调各个国家间经济的可连接性，因为这种互联互通，经济才能得以发展。

很多国家提出了类似倡议，但并不像“一带一路”那么清晰和综合化，无论是从深度、广度和影响力方面都不能相提并论。澳大利亚前总理陆克文表示，“我特别喜欢习近平主席说的一句话——‘一带一路’建设不是空洞的口号，而是看得见、摸得着的实际举措，将给地区国家带来实实在在的利益。”正如习主席所言，“一带一路”倡议源于中国，但机会和成果属于世界。

博鳌愿景引领未来

中国全面深化改革、扩大开放的承诺和决心，赢得了国际市场的赞誉，越来越多的国际投资者和外国企业纷纷表示看好中国市场，看好中国未来发展。正如巴基斯坦独立新闻社记者瓦吉德·汗所说，“一带一路”倡议是一个伟大的愿景，为中国和其他国家的未来发展提供了蓝图。这一愿景将带领中国更为发达、繁荣、现代和创新，参与这一倡议的国家和地区也将获得繁荣与发展。

英国董事学会主席芭芭拉·贾琦对习主席在博鳌亚洲论坛上提出的中国将继续扩大开放的具体举措十分赞赏。她认为，这些举措必将鼓励和吸引更多国际企业“走进来”、推动中国企业“走出去”，从而有力助推世界经济复苏。中国全面深化改革、扩大开放的努力，将给世界带来重要发展机遇，“世界需要像中国这样的引领者”。

巴基斯坦巴中友好协会秘书长阿里·纳瓦兹·吉拉尼说，习主席的深化改革举措将让中国与世界更密切、让中国更开放。随着中国深化改革，世界各国将会越来越深切地感受到，中国改革开放也将惠及邻国、地区和世界。南非约翰内斯堡市议会多数党领袖办公室研究员看到了中国与亚洲和世界追求共赢发展的意愿。他相信，中国不断追求经济转型、深化改革开放等措施，将为全球经济发展注入新的活力和动力。菲律宾雅典耀大学中国问题专家卢西奥·皮特洛说，中国坚持改革开放对许多发展中国家来说既是一种重大启示，也是一个重要机遇。随着中国向世界提供公共服务的能力不断增强，相信中国将对人类的福祉作出更大贡献。

菲律宾前总统阿罗约表示，她一直对习近平主席提出的“新时代”印象深刻，“这个新时代的提法非常具体，非常可操作，也和菲律宾息息相关”。马来西亚太平洋研究中心首席顾问胡逸山认为，习主席宣布一系列开放市场、扩大进口举措，这让包括马来西亚在内的周边国家由衷赞同。希望中国在保护主义、逆全球化抬头情况下继续高举自由贸易旗帜，反对贸易保护主义，维护多边贸易体制权威。

西非国家经济共同体政策顾问肯·伊费认为，中国在改革开放方面有很多值得国际社会学习的地方，这正在为世界创造巨大的机会！英国剑桥大学商学院经济学家西蒙·利尔蒙特认为，中国进一步开放金融市场将会对全球的金融市场起到积极作用，对于中国市场有利，对世界也是一样的。

英国华威大学商学院教授卡迈勒·麦拉吉指出，“一带一路”的构想不仅仅包括基础设施和互联互通的建设，更是为了打造区域内共同的经济命运，打造一个更具竞争力、更具活力的世界经济增长点。这也解释了为什么“一带一路”构想得到区域内外的大力支持。新加坡驻华大使罗家良表示，中国提出的“一带一路”倡议为各国发展提供了难得的机遇，为促进开放、合作、创新以及多边贸易发展提供了更多可能。

贸易让世界更美好

分工与比较优势是贸易的真谛

15世纪末，纸币尚未在世界流通，作为货币的金银被视为财富的象征。金银的增加即意味着财富的增加，而财富的积累则须依靠金银的积累实现。诞生于此时的法国重商主义正是基于这样的财富观念，提出了其贸易主张，成为西方贸易理论发展的开端。他们认为世界财富的总量一定，一国必须通过获取别国财富来增加本国财富。因此，无论是早期的货币差额论，还是晚期的贸易差额论，尽管具体的政策主张有所差别，但基本的思想都是通过贸易顺差实现国家财富积累。重商主义正是最早的贸易保护主义，即使随着贸易主义理论的不断发展，自由贸易主义兴起，贸易保护主义也从未真正消失。只不过，全球贸易在保护主义与自由主义的博弈中不断发展。

自重商主义诞生以来，不断有新的理论对已有理论进行批判，而贸易理论在不断地批判与被批判中推陈出新。亚当·斯密批判重商主义的财富观念，指出将金银财富视作财富的唯一形态是错误的，它们不过只是财富的一种，而增加国家财富的根本途径在于提高劳动生产率。他在《国富论》中提出，分工可以提高劳动生产率，并将一国内部不同职业之间、不同工种之间的分工原则推演到各国之间的分工，形成了国际分工理论。亚当·斯密认为，无论是国内分工还是国际分工，其原则都在于绝对成本优势或绝对利益。基于绝对优势，通过国际分工，各国生产各自具有绝对优势的产品，然后通过国际市场进行自由交换，从而达到提高劳动生产率、增加国家财富的目的。

亚当·斯密的绝对优势理论奠定了自由贸易主义理论的基础。其核心是自由贸易可使参与贸易的双方均获得贸易利益。自由贸易理论自诞生以来，就一直是国际贸易的核心理论，成为整个国际贸易理论发展的主线，对于贸易理论与贸易实践的贡献是巨大的，但是他的理论忽视了一个重要的问题。各个国家的劳动生产率不均衡地提高，发展差距拉开，一些先进国家具备了生产所有产品的绝对优势，一些落后国家则落入绝对劣势。那么，落后的国家应该生产什么与先进国家进行自由交换呢？正是看到了亚当·斯密绝对优势理论的这一缺陷，大卫·李嘉图提出了比较优势理论，认为国家之间劳动生产率的差距并不是在任何产品上都是相等的。每个国家可以集中生产并出口具有比较优势的产品，进口具有比较劣势的产品，即“两利相权取其重，两弊相衡取其轻”，以此为依据进行专业化分工，节省双方生产资源，提高劳动生产率。其基本逻辑在于，两个国家生产技术的相对差异导致劳动生产率的相对差异，劳动生产率的相对差异又导致生产成本的相对差异，生产成本的相对差异则直接体现为产品相对价格的差异，而产品相对价格的差异最终促生了国际贸易。

到大卫·李嘉图的比较优势理论为止，古典贸易理论阶段结束，随后国际贸易理论的发展又经过了新古典贸易理论、新贸易理论等阶段，但是国际贸易理论的两个根本在这一阶段已经提出，分工与比较优势成为国际贸易理论无法绕开的真谛。

经济学家告诉我们贸易带来诸多利益

英国工业革命以后，自由主义成为西方国家的主流贸易政策，第二次世界大战以后的经济全球化、区域经济一体化、贸易投资自由化等，也都深受其影响。尽管随着时间的推移，尤其是危机时期，保护主义总会抬头，但是自由主义提出的贸易可以促进全球利益增加的结论却无法被推翻。

在大卫·李嘉图之后，又有众多经济学家提出了新的贸易理论，用以证明国际贸易可以带来诸多利益。约翰·穆勒运用比较优势原理分析了国际贸易的可行性，并对国际贸易利益的分配加以分析。他指出，国际贸易的贸易条件取决于双方对对方商品的需求程度，需求程度越高，对对方越有利，对方也可以获取更多的贸易利益。赫克歇尔和俄林则从生产要素禀赋的角度分析国际贸易，认为各国应该生产并出口本国充裕要素产品，用以换取本国稀缺要素产品，从而提高生产要素使用效率，增加本国利益。此外，需求相似理论、规模经济理论等诸多理论，也分析了国际贸易可以带来利益的增加以及各个国家在国际贸易中应该采取的策略。

尽管各派贸易理论分析的角度不同，但均认为通过国际贸易可以为贸易国带来好处，主要包括：一是优化国际分工。自由贸易条件下，各国可按照自然条件、比较利益和要素丰缺状况，专门生产其有利较大或不利较小的产品，为本国带来诸多利益，如专业化生产、资源优化配置与节约、技术进步等。二是增加国民收入，减少支出。贸易国生产具有比较优势的产品，充分发挥资源利用效率，通过贸易以更低的成本获取所需产品，增加国民财富。三是激励竞争，减少垄断，提高经济效益。自由贸易条件下，由于外来竞争者的存在，企业难以形成垄断地位，提升生产效率，提高经济效益。四是提高利润率，促进资本积累。对外贸易可阻止国内利润率下降的趋势，通过商品进出口的调节，可以降低成本，提高收入水平，增加资本积累，使经济得以不断发展。

国际贸易不仅带来国家利益更带来普遍利益

国家利益是国际贸易发生的原始动力，亦是古典贸易理论的核心价值追求。亚当·斯密认为，个人利益与社会利益是一致的，在没有任何外来控制的条件下，个人完全能够促进社会利益。正是这样的国家利益观念奠定了自由贸易理论的基础。李嘉图承袭了斯密的这一观念，认为个人利益的追求与整个社会的利益是一致的。在他看来，国际贸易的好处在于增加本国的产品数量，而不是提高产品的价值，即一切贸易的目标都是增加生产。

穆勒则专门分析了自由贸易为国家带来的三种最重要的利益：一是贸易可以使世界上各种生产力得到更为有效的利用。产生“对外贸易的直接经济利益”；二是贸易不仅能够将资源分配到最有效率的地方，而且还能够提高资源的生产率，产生分工和专业化带来的利益，产生“贸易的间接效应”；三是贸易的非经济收益，他认为贸易对知识和道德的影响远比贸易的经济收益更重要。

就国家利益而言，经济利益是国家利益的主体，主要体现在居民福利的增长、商业的繁荣、物价稳定和国际收支平衡等经济指标方面。自由贸易理论重视经济利益在国家利益中的地位，认为经济利益是影响国家间关系的基本变量。而冷战结束后，自由贸易的飞速发展使各国各地区的经济联系日益紧密，各国通过外交政策和外交活动维护本国经济利益，促进共同发展，国家利益通过自由贸易不断增加。

国际贸易不仅带来某个国家利益的增加，还带来全球普遍利益的增加，而这也是自由贸易理论的一个基本结论。他们认为，自由贸易可以促进国际分工，提高专业化程度，更有效地配置各国的资源，增加全球的经济福利，使贸易双方获得相应的利益。正如斯密分析的个人在追求自我利益的同时，也会在客观上促进社会的整体利益，国家在追求自身利益的同时也会促进国际社会的整体利益，因为每个国家的最大经济利益与整个国际社会的最大经济利益是一致的。

历史告诉我们贸易是“正和”游戏

在人类社会产生的较长时期内，国际贸易并不存在。在经历了原始社会的三次社会大分工以后，社会生产力不断发展，国家和阶级产生，生产出了可供交换的剩余产品，为国际贸易的产生和发展提供了基础。

追溯历史，国际贸易的发展推动甚至塑造着人类的文明与繁荣。公元前1200年以后，位于地中海东岸的腓尼基依靠国际贸易繁荣起来，称霸地中海。腓尼基地处海洋沿线，交通发达，腓尼基人擅长航海和贸易，建立了往返于希腊、西西里岛、撒丁岛、巴利阿里群岛、伊比利亚半岛、加那利群岛的航线，定期往来于北非、黎范特、希腊和地中海各岛屿，控制了通往印度、亚美尼亚、巴比伦等国家或地区的航线。腓尼基人从事象牙、乌木、棉布、亮铁、琥珀、锡等多种商品的国际贸易，甚至有证据表明他们的商船曾远至不列颠群岛。[①]公元前1000年以后，腓尼基开始衰落，希腊继起成为地中海贸易的中心，称雄地中海东岸。而随后的罗马帝国在不断征服其他国家的过程中，扩展对外贸易，在扩展贸易中不断增强国家实力。

在经历了漫长的“中世纪”以后，欧洲迎来了文艺复兴和大航海时代。15世纪末开始的地理大发现，加速了资本的原始积累，促进世界市场的形成，大大扩展了世界贸易的范围和规模。这时候，国际贸易成为资本主义生产方式存在的必要条件。从封建社会过渡到资本主义社会，经济社会由自给自足向商品经济过渡，需要开拓国际市场，这离不开国际贸易的发展。一方面，通过国际贸易销售国内剩余产品，为扩大社会再生产拓展国际市场；另一方面，通过国际贸易获取国内稀缺资源，为扩大生产获取所需原材料，促进世界资源的全球再配置。这一时期，葡萄牙、西班牙、荷兰、英国等欧洲国家，依靠殖民政策迅速崛起，铸就“日不落帝国”的辉煌。天下熙熙皆为利来，天下攘攘皆为利往，这些欧洲主要国家热衷于国际贸易的原因，无疑是通过开拓国际贸易为它们带来了巨大的经济利益，而这也正是欧美国家不惜通过武力打开中国市场的原因。

---

① 百度百科——腓尼基：http://baike.baidu.com/link?url=k3-90BEITZUkiyiGPkuOPPM-DxkDfKIRYvQMK8MHsXXjR-hRDDFiRN-07VPc9uB7dYXbpp7WyaKeJ1xcyU-G6tQQpevDwHRzOKybHFtBIcNLXd6he8Ay0g5leaZBTBDj。

对于国际贸易的发起国，利益是不言而喻的，那么对于殖民国家而言呢？以拉美国家为例，正如麦迪森所言，尽管征服的最初是极具破坏性的，但长期而言经济增长潜力却得到显著提高。在被殖民的同时，新的农作物、动物及交通和生产工具被引进，生产力得以提高。同时，拉美国家的可可、烟草、玉米等农作物也被运输到欧洲、亚洲和非洲，世界的生产能力得以提高。进入1700年，拉美国家的经济发展速度大大提高，到1820年，GDP已是1500年的两倍，而人均水平也已领先于世界平均水平。①

进入现代社会，产业革命、资产阶级革命率先在欧洲各主要国家发生，机器大工业时代到来，社会生产力迅猛发展，剩余产品迅速增加，通过国际贸易，资本主义生产方式在世界范围内逐渐扩展。第二次世界大战以后，全球进入以“和平”和“发展”为主题的时代。通过分析1960—2000年世界进出口贸易与GDP增长情况，不难发现，经济增长与国际贸易发展基本呈同向趋势，国际贸易的快速增长有力地拉动着世界经济向前发展。

释放经济全球化的正面效应

自由贸易不仅仅是理想的理论模式，也是各国在实践中努力追求的目标。以贸易和投资自由化为主体的经济全球化是人类经济发展到一定阶段的必然结果，已成为当今国际经济发展的重要趋势。习近平主席近年来的一系列重要讲话，明确地体现了中国推动和引领经济全球化、推进构建人类命运共同体的立场和决心。“坚定不移引领经济全球化进程”“坚定不移提升亚太开放型经济水平”“坚定不移破解区域互联互通瓶颈”“坚定不移打造改革创新格局”“中国开放的大门不会关闭，只会越开越大”，这既是中国的主张，也是让经济全球化的正面效应更多释放出来、实现经济全球化进程再平衡的必由之路。

---

① 安格斯·麦迪森：世界经济千年统计 [M]. 北京，北京大学出版社，2009 年 1 月版。

一是只有释放经济全球化的积极效应，才能突破当前困扰世界经济增长的难题。当前，有些人将世界经济复苏长期乏力简单归咎于经济全球化，其实是号错了脉。因为，导致当前世界经济复苏乏力的根源，不在于经济全球化本身，而是由于现行全球治理体制已不适应当前世界经济格局变化所造成的。要从根本上破解这一国际性难题，就必须适应并引导经济全球化，通过加强对话与合作，改革和完善国际经济秩序和全球治理体系，共同坚持和推动贸易投资自由化、便利化进程，推动经济全球化朝着更加开放、包容、普惠、均衡的方向发展。只有把经济全球化的正面效应更多地释放出来，让不同国家、不同阶层、不同人群共享经济全球化的好处，经济全球化才能兴利除弊，推动世界经济重回强劲增长轨道并行稳致远。

二是只有积极参与全球化进程，才能推动全球经济治理体系改革。全球经济治理是国际社会生产力和全球化发展到一定阶段的产物，国际经济治理的公平性和有效性也对全球经济的发展产生反作用。20世纪90年代以来，世界经济格局加速调整，各种力量此消彼长，全球经济治理体系面临深刻变革。这一时期世界政治经济格局演变的主要特征之一是，一大批发展中国家在世界经济发展的大潮中脱颖而出。从经济增长来看，1990年以来，全球经济增长率居前20名的国家和地区中，绝大多数为新兴市场和发展中国家，它们成为全球经济增长的主要贡献者。特别是2008年国际金融危机爆发以来，发展中国家贡献了约80%的全球经济增量。从经济总量来看，新兴市场与发展中国家的地位不断提升。根据国际货币基金组织（IMF）统计，新兴市场和发展中经济体按市场汇率计算的经济总量占全球份额从1990年的21.8%升至2016年的38.8%，提高了17.0个百分点；按购买力平价计算，2016年新兴市场和发展中经济体占全球GDP的份额为58.1%，比1990年所占份额提高约21.8个百分点。新兴国家快速发展和经济实力整体提升，与世界经济的大发展、大调整和大变革互为因果。正是新兴市场和发展中国家经济实力的增强，以美国为首的发达国家不得不调整其全球或区域战略，转而寻求借助新兴国家的力量来解决自身和全球问题，由此推动了南北经济关系和全球经济治理框架的大调整，使新兴市场和发展中国家从国际治理体系的“边缘”步入全球大国俱乐部。放眼未来，要想与时俱进，打造更加公正合理的全球治理模式，新兴市场和发展中国家必须继续积极参与新全球化进程，以更强大的经济实力作为支撑，提升其在全球治理机制中的代表权和话语权。

三是只有借助新一轮全球化的东风，才能进一步推进区域经济一体化进程。经济全球化和区域经济一体化是当今世界经济发展的两大趋势。区域经济一体化是经济全球化过程最终达到全球经济一体化的必经阶段。因此，可以说经济全球化的过程直接催生了区域经济一体化，没有经济全球化就没有区域经济一体化。全球化的本质在于各国能够通过相互间的合作和分工来分享经济规模扩大带来的好处。当前，区域经济一体化正加速推进，世界经济的竞争更多地表现为区域集团的竞争而非个体的竞争。如果以亚洲国家和地区几十年来的发展历程为例，就不难发现，正是因为亚洲国家和地区积极参与全球化进程，才创造了所谓的“亚洲奇迹”。第二次世界大战结束后，一批批赢得独立的亚洲国家和地区抓住经济全球化机遇，确立贸易立国战略和经济发展赶超战略，发挥自身比较优势，主动参与国际分工和区域合作，才驶上了经济发展的快车道。今天，亚洲也正是基于此，才成为世界上最具发展活力和潜力的区域。

贸易混战让地球村相煎何太急

三国时期的魏国，枭雄曹操的儿子曹植非常有才华，很有望继承父执，但他桀骜不驯，最终其同母哥哥曹丕成为皇帝。传说，曹丕要曹植在七步内作出一首诗，否则就杀了他。曹植就写下了这首《七步诗》：“煮豆燃豆萁，漉菽以为汁。萁在釜下燃，豆在釜中泣。本是同根生，相煎何太急？”大体意思是，煮豆子正燃着豆秸，因煮熟豆子来做豆豉而使豆子渗出汁水。豆秸在锅下燃烧着，豆子正在锅里哭泣。我们本来是同一条根上生长出来的，你为什么要这样紧紧逼迫呢？目前，人类同住“地球村”，你中有我，我中有你，不同国家和地区利益高度交融，和平发展才能为世界人民创造最大福祉，那又何必以邻为壑，相煎何太急呢？

“贸易战”没有赢家

当前，中美已成为彼此最重要的贸易伙伴，并形成了“你中有我，我中有你”的利益交融格局。中美双边贸易额从2001年底的980亿美元快速增长到2016年的5240亿美元，年均增速14%，比1979年增长207倍。总的来说，双边总贸易量超过世界贸易总量的20%，两国共同生产了世界可贸易部门产品的40%，并且专注于不同部门的生产，其中，纺织品、电脑、电子产品、交通运输设备为双边贸易的主要领域。2016年，中美双向投资累计逾1700亿美元，对外投资和吸引外资占全球的比重均接近30%。中美若触发“贸易战”，不仅无益于贸易争端的解决，而且会给两国都带来伤害。同时，中美是全球最大的两个经济体，双边经贸关系走向不但影响中美两国，也会对全球贸易和投资活动产生溢出效应，进而可能影响到全球经济的复苏进程。合则两利，斗则俱伤，合作共赢才是中美两国的唯一正道。

第一，从双边贸易结构来看，中美贸易具有较强的长期互补性，中国短期内难以找到海外替代市场。这是由两国不同的资源禀赋、发展阶段、技术条件和比较优势所决定的，短期内难以改变。美国从中国进口的主要商品集中在以服装、鞋帽、家具等为代表的劳动密集型商品和中国占据终端组装环节的通用设备、办公设备和电子设备等机电设备产品。2016年，服装鞋靴、家具箱包、玩具等其他杂项制品和机械设备分别占美国从华进口额的10%、6%、15%和49%。美国对中国出口的主要商品则集中在科技含量和附加值更高的机械设备、运输设备、非食用原料和化学原料产品以及农产品。2016年，机械设备、运输设备、油籽及含油果实、化学原料分别占美国对华出口的23%、23%、9%和12%。尤其是，中国从美国进口的大豆占美国大豆出口量的 62%，波音公司出口的客机中 25%都出口到中国。中国还是美国棉花、汽车和半导体的第二大出口市场，三种商品所占的出口比例分别为 14%、17%和 15%。因此，整体来看，中美贸易具有较强的互补性，中国凭借要素成本优势向美国提供劳动密集型产品和部分资本密集型产品，美国则凭借其全球人才中心和高新技术优势向中国出口高技术和人力资本密集型产品。同时，两国在基础设施投融资、高新科技、制造业、能源、服务贸易等重要领域共同受益，双方存在巨大的合作增长潜力与利益契合点。

理论上，中美爆发“贸易战”后，中国对美国的商品出口会转向其他国家地区。但研究发现，估计难以找到美国市场的替代市场。因为，中国主要出口商品中在其他几大出口国所占的比重已相当之高，进一步提高出口比例和市场占有率的空间极其有限。例如，中国对美国出口量最大的电子机械与设备，日本从中国的进口占全部进口的49.6%，韩国从中国的进口占全部进口的

40.7%，德国占23.0%，英国占22.7%，这些国家消化更多的中国进口相对困难，而非主要贸易国市场的自身需求又相对有限。

第二，中美双方经贸相互依赖程度较高，“贸易战”必将两败俱伤。一是中国对美国出口的依赖体现在多个方面。美国是中国除欧盟外最大的贸易伙伴，对美国进出口额占中国进出口总额的14%。美国是中国的第一大出口伙伴。2016年，中国对美出口占中国商品总出口的18%以及GDP的4.4%。对美商品出口不仅集中在传统的劳动密集型产业上，如玩具、家具、纺织的对美出口均占该行业全部出口的三分之一左右，并且随着中国制造业的升级，资本密集型产业如电子机械等对美出口也大幅增加，出口量赶超劳动密集型产业。而对美出口为中国创造的就业机会也不可小觑。商务部、海关总署、国家统计局和外汇管理局共同发布的《全球价值链与我国贸易增加值核算报告》显示，2012年每100万美元的对美商品出口可为中国创造59个工作岗位。

此外，2015年中国香港对美国整体出口货值为3422亿港元，其中转口货值达到3383亿港元，考虑到香港转口来源地主要以中国内地为主，2015年占总转口额的67%，预计内地通过香港转出口到美国的份额约为300亿美元。

根据Caliendo和Parro（2015）建立的多国—多部门模型分析，如果发生“贸易战”，美国对中国所有产品征收45%的高关税，美国从中国的进口将会减少，尤其是石油、纺织品、木制品和电脑的进口量下降最为明显，约为1/4。如果美国对中国所有产品征收45%的高关税，中国“以牙还牙”，对美国所有产品也征收45%的高关税，则双边进口都将大幅下滑。

二是中国对美国在技术进口以及融资上也有一定依赖。例如，中国进口的许多高科技产品，关键技术只有美国持有，一旦美国停止此类核心技术的对华出口，可能会对中国的产业供应链产生冲击。例如，英特尔和AMD在个人电脑CPU使用中非常普及，中国手机绝大多数亦安装GPS全球定位系统，一旦爆发贸易战，中国寻找此类技术的替代品需要一定时间。

除此之外，直接投资方面，过去十年美国对华的直接投资占中国全部FDI的3.3%，估算十年内美资在华企业雇用人数累计超过100万。同时，中国香港由于税收、法制等软环境，使得有相当一部分中美投资是通过香港作为“超级联系人”进行的，包括中资企业对外投资与并购，考虑到2015年中国香港与美国直接投资头寸高达约400亿美元，其中包括很多中资企业对美企业投资以及其反向，真实的中美双向投资额度可能会高于中国官方统计数据。并且，越来越多的中国企业在美国资本市场融资，“贸易战”的爆发亦会对在美国上市的中国公司产生不利影响。目前，由于“贸易战”阴影当头，今年中资在美国的收购交易出现大缩水。金融数据与分析机构Dealogic 2017年8月发布报告称，2017年以来并购交易额已同比减少65%，并且中国在美并购所受审查越来越多。其中，约97亿美元的中资收购美国企业待定交易可能受到监管审查，7500万美元的顾问费用可能面临风险。

三是美国对中国消费市场的依赖程度不断提高。中国是美国除欧盟外最大的贸易伙伴，对华贸易额占美国进出口总额的16%左右。对美国而言，发动“贸易战”也可能导致“伤敌一千，自损八百”的结局。首先，中国是美国继加拿大和墨西哥之后的第三大出口国，也是增长最快的市场。过去10年，美对华出口年均增长11%，高出中国对美出口增速4.4个百分点。美国统计数据显示，2015年美国对中国的出口额高达1161亿美元，占美国商品总出口的7.7%以及GDP的0.7%。美国对华商品出口不仅包括高附加值的工业产品，如飞机、汽车、电子设备，也包括资源型商品，如原木和谷物。2016年，中国成为美国大豆和民航客机最大出口市场，以及美国棉花、汽车和集成电路的第二大出口市场。美国和中国之间的贸易战不仅会伤害中国的制造商，也会给上下游供应商以及美国的零售商带来伤害。美国将可能不得不接受比以往更高的进口商品价格。美中贸易全国委员会数据显示，2015年美国家庭年收入约为5.65万美元，对华贸易平均为每个家庭每年节省850美元。英国牛津研究院则估计，中国的低价商品将美国消费物价水平降低了1%至1.5%。此外，美国2015年对中国香港出口约270亿美元，其中也有相当一部分内地需求。事实上，美国绝大多数的大型跨国公司都视中国为重要市场，因为与已过分饱和的美国市场相比，中国消费市场正在不断扩大，购买力不断增强。如果爆发“贸易战”，美国企业可能失去中国这个全球发展最快的大规模消费市场。

根据美国商务部统计，美国对中国的商品出口为美国创造至少67.8万个就业岗位，占全部出口创造就业的10%。中国服务业的出口对美国也十分重要，2015年美国服务业对华出口额高达484亿美元，顺差为333亿美元。根据美国商务部数据，对华服务业出口在2014年为美国创造了27.3万个就业岗位。

中国对美国的直接投资也是连年增长，2015年达到80亿美元。中国商务部数据显示，2015年中国对美国的直接投资创造了1.3万个工作岗位，中国所有对美国投资则创造9万个工作岗位。同时，如上文提到的，如果考虑到香港“超级联系人”的角色，每年有相当多的中资利用香港作为并购和投资平台，真实的影响会更大一些。综上所述，中国对美出口以及中国对美投资，总计为美国创造了至少100万个就业岗位，占美国非农就业总人数的0.7%。专家指出，中国产业体系完整，是世界上唯一拥有联合国产业分类中全部工业门类的国家，如果美国在对华贸易上坚持走向“贸易战”，那么其遭受的损失未必比中国小。如果中美贸易摩擦升级，美国波音公司在中国的业务必然大受影响，从而使围绕波音开展生产经营活动的大批美国企业特别是中小企业遭受沉重打击，影响可能波及美国小半个制造业。

四是美国同样依赖从中国的进口。中国是美国的第一大商品进口国，从中国的商品进口占美国商品总进口的21.3%。其中，从中国进口的机电设备占此类产品总进口的40.8%，从中国进口的机械及机械设备占此类总进口的32.4%。劳动密集型产业从中国进口占比更高，部分行业甚至高达80%。从这个角度来看，美国在短期内找到“中国制造”的完全替代品相对困难，“贸易战”将会推升美国人民的生活成本，并加剧通胀风险。

五是虽然全球化对美国劳动市场造成了两极分化的冲击，但除非美国对全球所有出口劳动密集型商品的国家同时进行“贸易战”，否则低端制造业向美国回流将难以实现。而最大的风险在于，更大的全球失衡和更剧烈的汇率变动可能导致更大的保护主义压力和贸易战争局面。在那种情形下，所有国家都会沦为输家。

第三，中美贸易关系作为最大发展中国家与最大发达国家间的双边贸易关系，是全球经贸投资关系的基准，中美贸易关系不仅关系到两国经济利益，也关系到世界经济的繁荣与稳定。2016年，全世界经济总规模77.3万亿美元，美国为18.57万亿美元，中国为11.22万亿美元，中美两国的经济规模占全球经济总规模的40%；两国人口占世界总人口的23%，拥有全球最大的市场；对外投资和吸引外资约占全球的三成。从增长贡献率来看，中美两国对全球经济的增长贡献率超过10%。并且，当今时代，很多商品早就不是由一个国家或一个企业单独生产完成，全球商品生产和价值链逐渐形成、深化和延伸，全球的跨国企业被捆绑在一起。如果中美或任何国家间爆发“贸易战”，整个生产链都会通过前后效应损害上游供应商和下游分销商的利益。

中美贸易冲突还会通过多种途径波及国际金融市场。2018年3月23日，美国对华“301调查”报告公布，将基于此对从中国进口的商品大规模征收关税，并限制中国企业对美投资并购，这再次引发了外界对全球“贸易战”爆发的忧虑。当天，“贸易战”恐慌立即引起全球股市全面下跌。例如，道琼斯、标普、英国FT100、日经、恒生、韩国、新加坡、沪深300等指数分别下跌了1.8、2.1、0.4、4.5、2.5、3.2、2.0和2.9。

因此，中美两国在全球经济领域的合作，影响着全球的经济走势与金融稳定。无论是贸易、投资还是国际经济治理，中美两国合作，对全球发展产生正的外溢性影响。如果发生中美“贸易战”，两虎相争，不仅两败俱伤，也会伤及全球经济的健康可持续发展。

新贸易保护主义终究是“零和”游戏

自由贸易和贸易保护主义之间永无休止的争论是国际经济学中最重要的政策主题之一。在全球化时代，市场经济制度逐步演化为世界经济发展的主流制度，而竞争是市场经济最主要的特征之一。目前，随着经济的日益全球化，竞争已不再作为单纯的“手段”或“工具”存在，而逐步演变成为主权国家和企业生存与发展的核心动机，成为实现国家利益和企业利益的重要手段。各国政府不仅在国际竞争中保护自身的产业与贸易利益，而且直接介入本国企业与外国企业之间的竞争。一方面，采用进口关税或出口补贴等保护手段有利于改善本国企业的收益和市场地位；另一方面，一旦外国企业或进口产品危及本国利益时，即使发达国家的政府也采取直接干预的手段。特别是在“就业”已经逐渐演变为一种公共品的今天，由进口增加导致的失业问题已经具有了越来越突出的政治意义。当本国产业和劳工群体受到进口冲击时，来自公众的呼声或其他政治压力必然使政府倾向于对这些领域实行保护，以排斥竞争的威胁。

随着世界经济、全球贸易的发展，在20世纪70年代初，兴起了一种新的贸易保护主义，较传统的贸易保护主义，新贸易保护主义在维护民族利益、保护资源与环境的旗帜下，行保护之目的。新贸易保护主义通过利用世贸组织规则、制定实施战略性贸易政策、制定国内法律履行国际条约、成立区域贸易组织等进行贸易保护，目的是通过贸易保护，保护本国就业，维持在国际分工和国际交换中的优势地位，其手段更趋多样化、更加软化，具有名义上的合理性、形式上的隐蔽性，主要以绿色壁垒、技术壁垒、反倾销和知识产权保护等非关税壁垒措施为主要表现形式。

回顾历史，20世纪70年代新贸易保护主义之所以被推崇，主要源于：一是世界经济增长停滞，造成有效需求锐减，生产能力和产品大量过剩，失业增加，迫使各国把希望寄托在获取更大的世界市场份额上。20世纪70年代中期以后，世界经济增长总体上出现了长期停滞的趋势，80年代中期以前，各种类型国家经济增长的停滞表现得尤为明显。二是经济结构出现了全球性调整，在一定程度上加剧了世界范围内生产与市场之间的矛盾，经济增长结构调整减速、供求结构失衡、各国经济发展不平衡以及大量结构性失业的出现，加剧了贸易保护主义情绪。三是在第二次世界大战以后的世界经济发展过程中，由于发展不平衡等规律的作用，国际范围内生产力的重新布局，对当时的贸易保护主义具有一定推动作用。首先，一些重要贸易产品，如纺织、钢铁等产品生产的比较优势，从发达国家逐渐移向一些发展中国家。同时，另一些产品如汽车、电子产品等，其比较优势在发达国家之间也逐渐发生了转移。然而，在追求“充分就业”的目标下，国家强行干预经济过程，使得比较优势丧失国的有关产业并未相应于优势获得国的发展而自然萎缩，从而激化了世界范围内生产与市场之间的矛盾。其次，南美、东南亚等一些新兴工业国日渐崛起，这些国家一般都很注重发展出口产业，有力地冲击了世界市场上原有的供求格局，导致矛盾和摩擦加剧。2008年国际金融危机之后，世界经济增长乏力、国际经济结构进入调整期、国际分工与生产力布局也在重新布局，同时，随着高新技术突飞猛进的发展、国际社会对绿色可持续发展的共同诉求、区域经济一体化趋势的增强，激烈的世界市场竞争必然推动贸易保护主义持续发展，不仅传统贸易保护主义，一些新型贸易保护主义措施也不断产生和发展。

贸易和投资自由化的深入发展，使得传统贸易保护措施的功能正在逐步弱化，所以，出于对本国市场保护的需要，新的贸易保护主义措施不断推陈出新，贸易保护的形式越来越多样化、隐蔽性越来越高，以至于甄别一项政策措施是否属于贸易保护主义，都变得越发困难甚至成为不可能。本次国际金融危机之后，新贸易保护主义表现出新特征。

第一，新贸易保护主义成为全球性现象。经济全球化使金融和国际分工日渐融合的同时，也增加了经济不稳定性和不可预测性。美国次贷危机引起的金融海啸通过经济全球化的各种渠道向世界其他国家和地区蔓延，并演变成为世界性金融危机，使得新贸易保护主义再次抬头，不仅发达国家，发展中国家和地区也频繁采用贸易保护措施来保护本国市场。由此引发的贸易保护主义如果产生连锁和示范效应，就可能引燃全球性的贸易保护主义之火，无一国家可以幸免。

在此，以新贸易保护主义的新变种——竞争性货币贬值为例。国际金融危机的爆发使西方主要经济体均不同程度地受到影响，随后，不断反复和蔓延的欧洲债务危机再次严重影响了欧元区的经济复苏，其他经济体也遭受了较大冲击。面对如此严峻的经济形势，美国、欧盟和日本等主要发达国家仍纷纷采取了价格宽松和量化宽松的货币政策，试图通过推动本国货币贬值来提升出口产品的国际竞争力，以达到扩大出口、刺激经济复苏的目的。竞争性货币贬值政策被西方主要经济体广泛使用，也对发展中国家产生了示范作用，阿根廷、巴西、墨西哥、智利和乌拉圭等国也纷纷通过货币贬值，试图保护国内企业和市场。

第二，贸易保护的商品范围不断扩大且针对性更强。随着经济全球化和区域经济一体化的深入和贸易保护主义被各国广泛采用，被保护的商品范围正在不断扩大，由主要保护陷入结构性危机的产业部门，如农业、纺织服装、钢铁、汽车、造船、家电等行业，延伸到高新技术领域，如电子计算机、光纤通讯、宇航工程等。尤其是，新兴产业成为新一轮贸易保护主义的众矢之的。纵观世界历史，几乎每次国际经济危机之后，都会由于科技创新催生出一些新兴产业。这主要是由于经济危机导致世界经济低迷，而新兴产业是带动世界经济复苏的重要引擎，也是各主要经济体努力寻求的新经济增长点。因此，不论发达国家还是新兴市场经济国家，都试图依靠其自身优势，在应对国际金融危机的同时，积极培育新兴产业竞争力，从而确立其在世界范围内的新竞争优势，占领新兴产业的制高点。

第三，贸易保护的手段更加多样性和复杂性。国际金融危机之后，从国家利益出发的原则迫使更多的国家寻求新的贸易保护手段，在反倾销被广泛应用的同时，隐蔽性的技术壁垒、打着保护知识产权幌子的知识产权壁垒、以保护生态环境为目的的绿色壁垒、设立严格劳工标准和社会责任标准的蓝色壁垒等成为新贸易保护主义的最佳选择。例如，由于全球变暖和能源危机不断加剧，促进了低碳经济的发展，以“碳关税”为代表的隐性贸易壁垒也逐渐成为新贸易保护主义发展的主要趋势。其复杂性表现在：保护措施超出世贸组织现有协定与协议的约束范围；名目繁多的保护手段的合理性难以判断；由于科技、资金和检验能力的相对落后，在新贸易保护主义面前，发展中国家处于被动和弱势地位。

第四，贸易保护名义合法合理，但暗含歧视性。反倾销、技术壁垒、绿色壁垒等新贸易保护主义措施都是依据一系列的国际公约或条约制定的，或是依据世贸组织相关规则通过立法制定的，其表面都有一层合法的“外衣”，并抓住大众的普遍心理，以保护人类、动植物的生命和健康，保护环境和资源等经济可持续发展为理由，以实现新贸易保护主义名义的合理性。贸易保护从国家向贸易集团延伸，经济贸易集团开放型趋势逆转为封闭和排他性。例如，区域合作本来是推动经济全球化途径之一，但是国际金融危机之后，签订区域贸易协定被一些国家视为应对金融危机而实施贸易保护主义的工具。对于一国而言，区域贸易协定可起到某种“双锁功能”，即把竞争锁在区域外，而把贸易和投资锁在区域内。因此，在区域贸易协定的框架下，各成员就可以合理合法地对区域内外的国家加以区别对待：对区域内实行贸易和投资的自由化，促进组织内相互之间的经贸往来；而对区域外国家则实施贸易投资壁垒，从而保护区域内成员的市场和产业。

这些手段表面上是为了提升国际产品的品质，实质上是借本国领先的科技水平进行贸易保护，严重损害发展中国家的利益，相应引起一系列连锁反应，对处于恢复期的国际市场运行起着很大的消极作用，损害了公平贸易，终究是两败俱伤的“零和”游戏。可以说，国际贸易保护主义无论如何变化，都无法摆脱其破坏自由贸易伤害各国利益的基本实质。新一轮贸易保护主义虽然推行时间不长，但已发展成为贸易全球化的重大障碍。

第一，使经济全球化发生逆转，阻碍世界经济复苏。国际金融危机的冲击下，世界经济已经陷入困境，在全球企业投资和消费者需求下降之际，一旦各国采取贸易保护政策，就破坏了已经形成的金融体系、全球性分工体系、生产体系和销售体系链条。从世界范围来看，不利于生产要素的合理配置，扰乱了国际贸易秩序。那么，经济增长引擎就会被关闭，世界经济也会因此减缓恢复的速度。

第二，使出口导向型国家经济蒙受较大伤害。正常进行国际贸易的国家需从其他国家进口价格更为低廉的产品，若一国实施较严厉的贸易保护政策，将使得依赖于向该国出口产品的贸易伙伴贸易额骤然下降。而出口导向型国家一直以出口作为拉动经济发展的“三驾马车”之一，受到贸易伙伴贸易保护政策的影响，其国内企业必将大面积倒闭、破产，进而影响该国就业率，拖累该国经济增长。某一个国家开始搭建贸易壁垒，那么它的邻国也会跟随搭建，然后将是邻国的邻国，这样下去最终会形成一个恶性循环。在经济全球化背景下，倘若各国都采取贸易保护主义，企图独善其身，那么国际金融危机的影响将会进一步扩大。

第三，将冲击全球贸易，引发贸易战，使世界性贸易摩擦增多，扰乱国际贸易秩序。贸易保护主义可能会引发全球性的报复措施，扭曲贸易性质、改变贸易流向、妨碍资源优化配置，进一步拖累世界经济增长。若经济危机爆发后，一国实施危害其他国家的贸易保护政策，将影响其他一国或多国对该国的贸易额，使其他国家的产业利益受到损害。这一歧视性的政策必然会引起其他国家的应对措施，限制该国向其他国家出口商品。因此，一国实施贸易保护政策不仅影响其他国家向该国的出口，还会影响该国向其他国家的出口，危害本国的产业发展。

第四，由已形成的或即将形成的多边贸易组织和体制推动的贸易投资自由化将受到阻碍。例如，以世贸组织为组织和法律基础的多边贸易体制所推动的贸易自由化将会受阻，多哈回合谈判进程将继续久拖不决。

第五，实施贸易保护政策的通常为经济较发达的国家，其实施的贸易保护政策会逐渐向发展中国家蔓延，使发展中国家利益受到损害。但在经济全球化传递机制不断拓宽的情况下，又会出现反向作用，危及发达国家的经济增长。

第六，如果国际社会尤其是发达国家和贸易大国不采取切实有力的举措，甚至阳奉阴违，势必会放纵贸易保护主义泛滥，使复苏乏力的世界经济增长更举步维艰，可能会引发社会动荡和政治危机，从而酿成全球性灾难。

特朗普政府祭出许多贸易保护“怪招”和“新招”，表现出和前任诸多不同之处。比如退出跨太平洋伙伴关系协定（TPP）、重谈北美自由贸易协定（NAFTA）、大谈“对等贸易”，甚至不惜得罪同盟国等。这种种言行让特朗普政府给人以偏爱贸易保护的印象。对于中美经贸关系也是如此，特朗普执政第一年，在贸易保护主义方面耍了不少“新花招”，贸易理念相比前任也更加偏向贸易保护主义，这也导致中美贸易冲突升级的风险在加大。并且，贸易保护主义开始从纯粹的贸易领域蔓延至直接投资领域。美财政部在2018年4月19日透露，美政府正在评估针对中国投资启动《紧急权力法案》的可能性，以通过这一政策限制中资对美投资，保护那些被美国视为“战略性”的技术。美国商务部部长罗斯也曾证实，美将推动CFIUS（美国外资投资委员会）改革来收紧对中资赴美投资的限制。

当前，美国频繁挑起贸易争端，表面针对贸易差额，实则担心中国先进技术以及先进制造业的不断崛起。例如，美国从技术上制裁中兴通讯证实了美国发动“贸易战”“醉翁之意不在酒”。美国这一举动也导致了“杀敌一千，自损八百”的结局。一方面，据中兴通讯于4月20日举行的发布会称，美国禁令可能导致中兴通讯进入休克状态，对公司全体员工、遍布全球的运营商客户、终端消费者和股东的利益造成直接损害。另一方面，受到该禁令影响的美国国内公司和其他国家在美投资的公司实际数量会更多。公开资料显示，从中兴目前的软硬件与零部件采购状况来看，美国厂商占其采购比重高达 30% 到 40%。最近几年来，中兴通讯在美国芯片和美国设备上投入已达140亿美元，并为美国市场直接和间接地创造了2万个就业岗位。并且有分析称，对于注册地不在美国，但业务据点、技术服务据点在美国的公司而言，也同样在美国商务部禁令范围中。

贸易保护将全球化推入深渊

世贸组织前总干事帕斯卡尔·拉米在2005年向世贸组织提出的竞选申请书中曾经指出：“开放贸易，减少障碍，无论在过去、现在和将来，对于推动（经济）增长和发展都是必不可少的。”经济形势恶化是滋生保护主义的温床，为保证自己国家的企业渡过难关，不少国家采取保护主义做法，高筑贸易壁垒，限制他国商品进入。由发生在2007—2009年国际金融危机引发的经济危机，其影响时至今日仍未真正消退，贸易保护主义却愈演愈烈，人们把矛头指向发展中国家或者其他竞争对手国家，通过搭建壁垒保护本国市场，希望本国市场能够最大程度消化掉本国产品，以此帮助本国经济恢复增长。从只买国货到关税纠纷，世界各国剑拔弩张，一夜之间好像站在了一个火药桶上，在这个当口，只要哪个国家率先打响了贸易战的第一枪，其他经济体要么报复，要么效仿，我们所担心的世界贸易乱局将成为现实。经济危机爆发后，美国联合墨西哥向世贸组织控告中国进行不公平贸易；与此同时，墨西哥扬言要禁止从美国进口某些肉制品，以报复美国要求进口的肉类贴上国别标签；美国试图对意大利饮用水和法国奶酪征收报复性关税，以报复欧盟对美国鸡肉和牛肉实施的进口限令；欧盟则考虑对美国产生物柴油征收进口关税，以报复美国为其生产商提供每吨300美元的出口补贴；俄罗斯对来自欧盟、瑞士和土库曼斯坦的卡车开征特别养路费；印度商工部则决定对中国、日本、韩国、泰国、欧盟、南非和美国进口的不锈钢冷轧薄板进行反倾销调查；西班牙旅游和工业部部长建议西班牙人不要去法国而到西班牙的安达卢西亚去度冬假，为本国创造就业岗位。在国际金融危机的严冬考验中，五花八门的贸易保护政策正在“你方唱罢我登场”，而自由贸易在这场混战中则被人们远远地抛在了脑后。

贸易保护不会解决经济危机，不会带动全球经济复苏，却一步步地将经济全球化推向深渊。在近代史中，凡是闭关锁国的国家都受到了极度严格的惩罚，贸易保护主义的泛滥曾经让世界经济深受其害，教训深刻。1929年，经济危机席卷全球，各国经济摇摇欲坠。为保护本国利益，1930年6月17日，美国大幅提高超过2万种外国商品的进口关税，关上了自己的大门，结果导致美国一跃站上风口浪尖、成为众矢之的，来自各国的贸易保护措施纷纷瞄准美国，全球贸易大战从此一发不可收拾。全球贸易额从1929年的360亿美元下降到1932年的120亿美元，美国本土出口额则从1929年的52亿美元左右锐减到12亿美元。贸易保护带来的不是就业而是更多的失业，世界经济进一步陷入萧条。1933年罗斯福推行新政，推出《互惠贸易协定法案》，并实行“最惠国待遇原则”，才使美国重回自由贸易轨道，世界经济开始复苏。根据数据显示，2007年之前，全球贸易增长速度远快于全球经济增长速度，这意味着经济全球化的扩张与深化，但从2011—2016年则出现了反转，全球贸易增长速度一直低于经济增长速度。在20世纪90年代，全球经济每增长1%就能带动2.5倍的贸易增长，但在2011—2015年，同样的经济增长只能带动0.7%的贸易增长，也就是说国际贸易增长滞后于全球经济增长。

在世界各国联系日益紧密、经济全球化程度日益提高的今天，贸易保护主义只会让经济形势恶化，并且，贸易保护对于世界经济、对于全球化的打击不局限于眼前，更伤及长远。国际货币基金组织副总裁张涛在2018年IMF与世界银行春季年会期间表示，贸易保护主义没有赢家，最大的输家则是全球经济；贸易保护主义会损及所有人，尤其是低收入人群。

在2017年冬季达沃斯世界经济论坛上，我们看到，一方面贸易保护主义的风险正在急剧加大，另一方面反对和警惕贸易保护主义的声音也在迅速提高。世贸组织前总干事帕斯卡尔·拉米说：“保护主义只会让情势恶化，因为如果你开始搭建壁垒，我也会开始，邻国也会开始，然后是邻国的邻国，最终就形成一个恶性循环，这块蛋糕会越来越小，而它本来已经被瓜分了很多。”渣打银行董事长皮特·桑德斯认为:“目前我们面临的挑战很严重，不是哪一个国家能独自解决的。”日产&雷诺CEO卡洛斯·戈恩指出:“希望政府相互合作，采取有效的策略让经济复苏。”麦肯锡亚洲区董事长鲍达民认为:“现在正是政府官员、银行家和CEO们聚在一起研究解决方案的最佳时机，但如果大家互相指责，什么问题也解决不了。”

构建人类命运共同体

当今世界，各国相互联系、相互依存的程度空前加深，经济活动超越国界，通过对外贸易、资本流动、技术转移、提供服务、人员交往等活动，各国和地区之间的经济相互开放、相互依存，在全球范围内形成了有机经济整体。全球化是全球经济健康、稳定、持续增长必不可少的重要条件，也是改善人民生活、创造人类文明的有效途径。尤其是进入互联网时代之后，全球化合作打破了国别与区域的限制并走向互联互通、共同发展，人类生活在同一个“地球村”里。我们要进一步坚守和支持全球化，打造共同发展繁荣的强劲引擎，共同拓展国际合作的伙伴网络，携手造福人类和地球。

人类同住“地球村”

1967年，加拿大传播学家M.麦克卢汉在他的《理解媒介：人的延伸》一书中提出“地球村”（global village）的概念，在他看来，“地球村”是指随着广播、电视、互联网和其他电子媒介的出现，随着各种现代交通方式的飞速发展，人与人之间的时空距离骤然缩短，人们的交往方式以及人的社会和文化形态发生了重大变化，全球化趋势不断加强，地域和时空对人与人、国与国之间的限制越来越小，整个世界浓缩成一个人人参与的、新型的、整合的“村落”，人类大家庭结为一体。

在“地球村”时代，人类的共同利益远大于彼此的分歧，地球人面对经济全球化及生态危机、核武器威胁、极端主义，真正成为风雨同舟、荣辱与共的共同体。当前国际形势基本特点是世界多极化、经济全球化、文化多样化和社会信息化，粮食安全、资源短缺、气候变化、环境污染等全球非传统安全问题层出不穷，对国际秩序和人类生存构成了严峻挑战。不论人们身处何国、信仰何如、是否愿意，国际社会日益成为一个你中有我、我中有你的“命运共同体”，并且只有一个共同的未来，一荣俱荣、一损俱损。面对国际形势的深刻变化和世界各国同舟共济的客观要求，任何国家都不可能独善其身。

习近平主席在2013年海南博鳌亚洲论坛发表主旨演讲时指出，人类只有一个地球，各国共处一个世界。共同发展是持续发展的重要基础，符合各国人民长远利益和根本利益。在2018年博鳌年会上，习主席在发表主旨演讲中再次强调，世界已经成为你中有我、我中有你的“地球村”，各国经济社会发展日益相互联系、相互影响，推进互联互通、加快融合发展成为促进共同繁荣发展的必然选择。李克强总理在大连2013达沃斯论坛开幕式上致辞时说，当今世界，经济全球化、世界多极化、社会信息化深入发展，我们同住一个“地球村”，没有哪一个国家能变成离群索居的“鲁宾逊”。地球就如同一艘大船，世界各国只有相互尊重、平等相待，合作共赢、共同发展，实现共同、综合、合作、可持续的安全，坚持不同文明兼容并蓄、交流互鉴，承载着全人类共同命运的“地球号”才能乘风破浪、平稳前行。

在2018年博鳌年会上，习主席在发表主旨演讲中指出：“当今世界，和平合作的潮流滚滚向前。和平与发展是世界各国人民的共同心声，冷战思维、零和博弈愈发陈旧落伍，妄自尊大或独善其身只能四处碰壁。只有坚持和平发展、携手合作，才能真正实现共赢、多赢”。国际社会应该倡导综合安全、共同安全、合作安全的理念，坚持通过对话协商与和平谈判，妥善解决矛盾分歧，维护相互关系发展大局，使我们的“地球村”成为共谋发展的大舞台。共同发展是持续发展的重要基础，符合各国人民长远利益和根本利益。2008年国际金融危机发生之后，国际上共召开了11次20国峰会，世界上绝大多数国家已经达成了一种全球共识：全球性金融危机，必须依靠全世界人民的力量、各国政府协调一致的行动共同应对。在世界各国之间相互依存度不断提高的今天，实现可持续增长的责任必须由全球各国共同承担。各国要本着互利共赢的伙伴精神，共商应对国际金融危机、促进全球共同发展之策，进一步凝聚共识、促进合作。防止全球危机转变为一场社会、环境和人道主义悲剧。

世界和平与发展需要各国人民同舟共济、共同推进。正如习近平主席指出的，我们生活在同一个“地球村”，应该牢固树立命运共同体意识，国家无论大小、强弱、贫富，都应该做和平的维护者和促进者，不能这边搭台、那边拆台，而应该相互补台、好戏连台。当今世界各国联系日益紧密，要互通有无、优势互补，不断扩大共同利益汇合点；加强南南合作和南北对话，推动发展中国家和发达国家平衡发展，夯实世界经济长期稳定发展基础；积极创造更多合作机遇，提高合作水平，让发展成果更好地惠及各国人民，为促进世界经济增长多作贡献。

只有新型全球化才能实现“地球村”和平繁荣

经济全球化始于第二次世界大战以后，到20世纪80年代，各国经济已互相渗透、相互依存、趋于一体，经济全球化雏形已显露，表现为贸易的全球化、生产的全球化、金融的全球化和劳务的全球化。进入20世纪90年代，经济全球化加速发展，资源和生产要素在全球合理配置，资本和产品在全球性流动，科技在全球性扩张。今天，经济全球化已成为强劲的时代潮流，促成了贸易大繁荣、投资大便利、人员大流动、技术大发展，有力促进了各国和世界经济发展。

世界要发展、人类要进步，国家间资金、技术、产品、产业、人员交流只会越来越广泛、紧密、深化，这是任何力量都改变不了的大趋势。经济全球化浪潮促使各国经济相互依赖性空前加强，不少国家的对外贸易依存度已超过

30%，个别国家则达到了50%~60%。但是，传统全球化在有力推动世界发展进程的同时，“双刃剑”效应不断累积，它既加快了世界经济发展，又在全球范围内扩大了贫富差距，出现了国家间失衡、地域间失衡和阶层间失衡的现象。经济无国界化使主权国家的经济安全受到空前压力，市场破坏性力量过度膨胀，全球经济风险与转型重叠，金融动荡传递渠道复杂难辨，溢出波及效应迅速难测，国际资本的巨额流动和国际金融投机活动规模远超过许多国家的抵御能力。

欧洲委员会曾在1995年委托里斯本专家小组写过一本著作——《竞争的极限——经济全球化与人类未来》。其指出，适当有效的竞争能提高资源配置效率，但当竞争过度而碰到极限时，将导致如下消极后果：把技术体系与工具放到优先地位代替了人与人的相互合作，人的重要性仅仅在于作为生产者与消费者；把短期金融考虑放到首位，同时造成过度生产与紧缺；减少了民族市场的竞争，加剧了全球范围内工业与金融的集中化，因此促成了全球寡头政治市场的出现；在进入革新过程方面，加剧了国家内部以及各国之间的区域不平衡；加剧了世界居民与世界区域的分裂，使它们分裂为一个“一体化的世界”与一个“受到排挤的世界”；尽管它鼓励人们寻找新的工艺过程与新的产品，但在很大程度上还是加剧了生态破坏；导致大规模社会排挤，使那些没有竞争能力的人、公司企业、城市与国家都失去了独立性，无法长期地充任历史的主体；使个人与集体的好斗成性恶性循环，阻碍了人与人之间、国与国之间和与共同体之间团结互助与对话的发展；在地方、民族国家与全球范围内削弱了公共组织的活动能力和所代表的民主。

在这种环境下，经济波动和危机的国际传染便成为经常性的而且是不可避免的事情。任何一国内部失衡都会反映成为外部失衡，进而很快影响到与其具有紧密贸易和投资关系的国家，最后极有可能将所有国家不同程度地引入失衡与危机的境地。况且当前，国际分工体系加速演变，全球价值链深度调整，世界正处于新一轮科技和产业革命前夕。同时，世界经济复苏不及预期，新矛盾、新风险、新挑战不断显现，贸易投资增长低迷，大宗商品和金融市场反复动荡，保护主义思潮泛起，地缘政治风险加大，不确定不稳定因素不断增多。如果不能有效地控制经济全球化的消极因素，其对发展中国家的负面影响可能使发展中国家经济陷入困境，而新兴市场的不稳定性对发达国家也会产生强烈冲击，发达国家最终也难以独善其身。在此种背景下，经济全球化发展遭遇了短期波折，部分声音将当前的全球问题简单归咎于经济全球化本身，这既不符合事实，也无助于问题解决。

随着人类社会发展经历不同历史阶段，经济全球化的活动内涵、主导动力、交往形式、所起作用和出现的问题必然随着时代特征的变化而变化。在当前的大发展大变革大调整全球时代，世界经济持续低迷、增长乏力，整体面临结构调整、发展转型的艰难时期，新技术、新业态、新手段大量出现和迅速传播，也带来了很多新问题、新挑战。传统的全球化道路在今天难以行进，但实施保护主义又不可行。贸易保护主义和逆全球化思潮日益涌动的根源在于现有的全球治理体系不能适应未来发展的需要。因此，唯有走新型全球化之路，对经济全球化因势利导、兴利除弊，建立公正、合理的国际经济新秩序，才是能实现“地球村”和平繁荣的可行途径，才能实现世界经济平衡增长，才符合各国的长远利益。

新型全球化是“平衡”的全球化，就是要推动南北平衡、产业平衡和地域平衡，实现世界经济平衡增长。为此，在各自寻求并坚持符合国情的发展道路的同时，必须形成符合新型经济全球化要求的共识与互动，主要是要开门而不关门；要破墙而不垒墙；要搭桥而不拆桥；要携手而不独行；要合作而不对抗；要包容而不排斥；要共赢而不零和；要互信而不瞎猜。要总结凝聚各方共识，对接各国发展战略，明确优势互补、共同繁荣的大方向；梳理重点领域合作，围绕基础设施互联互通、贸易投资、金融支持、人文交流等方面确定一批重大合作项目；提出中长期合作举措，探讨共建“一带一路”长效合作机制，构建更加紧密务实的伙伴关系网络。世界各国要在平等合作的基础上，互相开放市场，允许商品、要素和劳务自由跨境流动，遵循平衡普惠的发展模式，确保在新型全球化所带来的技术进步、资源流动、机遇分享中都能够实现共赢。

在全球经济增长乏力的背景下，创新是新型全球化的主要驱动力，新技术会带来大量的新产品、新业态，为全球经济发展提供重要动力。新的技术革命需要全球的分工协作，既不可能只在一国内部进行，也不能因文化、制度、实力、意识形态的差异排斥他国。主要大国作为推动科学技术创新的主要力量，在重塑全球经济增长动力方面起着不可替代的作用。要下大力气发展全球互联互通，让世界各国实现联动增长，走向共同繁荣，让经济全球化更有活力、更加包容、更可持续。面向未来，我们要在经济全球化的大潮中坚持开放发展，以实践丰富理论、以开放完善制度、以担当彰显责任，努力引领经济全球化走向合作共赢的新时代，开启更高层次、更大范围、更宽领域的崭新的经济全球化进程。

随着全球化导致社会不平等加剧、社会凝聚力瓦解及环境灾难等问题，全世界越来越认识到全球化1.0并非一个完善的发展模式。当前，世界正迫切寻求一个包容、有远见、全面的和可以应对21世纪挑战的发展模式。而这一模式绝对不是以战制战。“上兵伐谋”是《孙子兵法》的重要思想，强调以谋取胜，而这个“谋”早已超越了贸易战，进入了全球化2.0时代。“一带一路”正是实现这一全球化2.0时代需求的答案。“一带一路”倡议是一个具有包容性的战略构思，它通过发展沿线国家基础设施建设，帮助当地创造需求和就业，在促进经济增长和繁荣的同时，维护社会平等和倡议环保责任等。这一倡议体现了一个促进世界可持续发展的全新模式，也就是全球化2.0。“一带一路”倡议背后的思想是要与世界分享中国的发展机遇，实现共同繁荣。而联合国2030发展议程也为全球经济发展和合作设定了整体框架。两者都是要强化全球合作，推动共同发展。

因此，这一看似“中国方案”的倡议，实为世界人民的心愿——超越贸易战，让世界更美好。长期来看，在20年、30年以后，“一带一路”沿线相关地区会与中国形成一个形式上紧密的、内容上比较有效的经济共同体，这些地区在一起协调关税、货币政策、财政政策和金融政策，经济合作联系得到加强，这则是“一带一路”所倡议的最高境界。

全球契约为世界而谋

地球是人类共同生活的迄今为止的唯一家园，世界是地球上各主权国家共同拥有的活动舞台。世界的前途、人类的命运，只能由各国人民共同掌握；人类面临的全球性挑战，必须由国际社会共同担当和应对。要根本扭转全球经济低迷困局，进而转入稳健持续发展的轨道，必须同时面对国际经济、政治、文化、安全、生态、外交等诸方面的矛盾和问题，进行全球性战略思考与谋划。

全球治理是经济全球化发展到一定程度的必然产物，全球治理的有效性也会反作用于经济全球化进程。在世界经济加速发展和融合的同时，世界力量组合和利益分配也在发生新的深刻变化。经济全球化存在的问题暴露了现行国际经济秩序的不适应性，让人们开始不断反思国际经济“游戏规则”的公正性与合理性。2008年国际金融危机之前，国际经济组织和发达国家片面敦促发展中国家加速自由化进程，忽视其自身稳定世界经济的责任，放松了对国际流动资金的监管，国际经济机制呈现出严重的不平衡状态。不可否认，第二次世界大战以后确立并逐步完善的国际秩序和全球治理体系对于保障世界和平、促进经济繁荣功不可没。但是，经济全球化新趋势和世界经济新形势对全球经济治理提出了新要求。全球经济治理需要国际社会开拓进取、平等协商、携手共治，从而适应经济全球化螺旋式上升这一发展趋势，推动全球化向着更有利于人类共同发展的方向演进。

目前，国际社会正在达成一个共识：发达国家和发展中国家应当共同推动国际经济秩序的调整与改革。改造和更新国际经济秩序，应以加强国际金融监督、重建国际金融秩序为起点。当务之急是防止国际游资和国际债务对发展中国家经济构成新的冲击。由于经济结构不合理、金融体制不健全及外债负担过重，相当多的发展中国家存在着爆发金融危机的潜在危险，一旦触发连锁反应，必然影响国际金融秩序的稳定。因此，发达国家尤其是具有全球金融影响的大国，有义务、有责任采取主动行动，积极防止和抑制国际资本的过度投机和金融市场的剧烈波动，帮助发展中国家克服困难，避免出现新的危机。

里斯本专家小组认为，为了实现这种真正有效的全球调控，不能用竞争来管理全球，而是需要一个世界性契约，用于制定共同协作政策来加强协调合作。首先必须遵循以下四个原则：一是使用手段必须具有协调合作的特点；二是全球市民社会必须得到支持、鼓励与尊重；三是地方的行动与经验必须得到系统的承认；四是文化的多元性必须得到承认。在上述原则基础上，该专家小组提出，需要缔结四个全球社会契约作为共同协作政策的组成部分。一是基本需求契约，以满足全社会基本需求和愿望，消除不平等。二是文化契约，以实现不同文化上互认以及相互富有成果的交流，它的目的是支持为了促进不同文化之间的宽容与对话而采取的措施与斗争。三是民主契约，以建立全球调控手段，通过建立全球公民大会，在全球市民社会的框架内提出确定全球公共福利的建设性建议，并将该框架条件转变为作为竞争选择的协调合作的经济调控。四是地球契约，以保护生态资源，该契约主要鼓励国家在发展的同时保护环境，实现全球的可持续发展。

习近平主席指出，随着全球性挑战增多，加强全球治理、推进全球治理体制变革已是大势所趋。这不仅事关应对各种全球性挑战，而且事关给国际秩序和国际体系定规则、定方向；不仅事关对发展制高点的争夺，而且事关各国在国际秩序和国际体系长远制度性安排中的地位和作用。全球治理体制变革正处在历史转折点上。传统的国际秩序由少数西方发达国家制定，其他发展中国家、弱小国家在传统国际秩序中缺少话语权，但现在国际力量对比发生深刻变化，新兴市场国家和一大批发展中国家快速发展，国际影响力不断增强，是近代以来国际力量对比中最具革命性的变化。而随着发展中国家的经济发展，旧的经济秩序对发展中国家的不公平性日益严重，已难以适应如今的世界经济形势。随着全球化程度日益加深，发展中国家经济的不断发展，合作共赢成为当今历史发展的潮流，新的世界秩序、全球治理体系理应由“地球村”中的每一个成员，在互相平等、友好协商的基础上共同制定和平、稳定、公正、合理的新秩序，摒弃“零和”游戏、你输我赢的旧思维，树立双赢、共赢的新理念，在追求自身利益时兼顾他方利益，在寻求自身发展时促进共同发展。这一思想与里斯本专家小组所提出的全球调控观点是高度吻合的。

新型全球化不是推倒重来，也不是另起炉灶，而是在现有国际经济运行机制的基础上，对其失衡的地方作出补充和完善。各国应该抱有开放的心态，以“共商、共建、共享”的原则去探索新架构、新共识。未来的全球治理模式将超越地域分歧、意识形态分歧和货币分歧，充分考虑不同国家不同人群的需求差异，在助力经济长期增长的同时，更加注重发展成果的公平分配，及时兑现发展红利，将原有的全球利益共同体凝聚为人类命运共同体。

推进新型全球化、实现经济全球化再平衡是一项系统工程，事关全人类每个成员的福祉，无论是发达国家、新兴市场国家和发展中国家，还是政党、智库和民间社会组织，都应担负起相应的责任，履行好自己的义务。我们要倡导共商、共建、共享的全球经济治理理念，确立公正高效的全球经济治理制度和规范，构建更加公平、公正、开放的国际经济体系。要增强全球经济治理的代表性和包容性，坚定不移推进全球贸易和投资自由化、便利化，确保各国、各地区在国际经济合作中权利平等、机会平等、规则平等。要提高全球经济治理的有效性，为国际社会提供更多公共物品，推动建立更加均衡普惠的治理模式和原则，以促进国际分工体系和全球价值链优化重塑，从而形成联动发展格局。由此，促进经济全球化朝着更加包容互惠、公正合理的方向发展，让它更好地惠及每个国家、每个民族、每个地区。

携手迈向人类命运共同体

宇宙只有一个地球，人类共有一个家园。尽管单边主义、贸易保护主义、逆全球化思潮不断有新的表现，但“地球村”的世界决定了各国利益日益交融、命运与共，很多问题不再局限于一国内部，很多挑战也不再是一国之力所能应对。新的时代呼唤新的思维。面对“地球村”的新发展，如何发展新型全球化，如何建立新国际秩序，如何实现国际社会合作共赢成为时代的问题。

我国登高望远，正确认识和把握世界大势和时代潮流，提出的打造“人类命运共同体”这一新理念，深刻洞察人类前途命运和时代发展趋势，准确把握中国与世界关系的战略走向，引起国际社会热烈反响，对当代国际关系正在产生积极而深远的影响。2011年《中国的和平发展》白皮书提出，要以“命运共同体”的新视角，寻求人类共同利益和共同价值的新内涵。2012年11月，党的十八大报告中提出：“这个世界，各国相互联系、相互依存的程度空前加深，人类生活在同一个地球村里，生活在历史和现实交汇的同一个时空里，越来越成为你中有我、我中有你的命运共同体”。2017年2月10日，联合国社会发展委员会第55届会议协商一致通过“非洲发展新伙伴关系的社会层面”决议，首次将“构建人类命运共同体”理念写入联合国决议中，这体现了这一理念已得到广大会员国的普遍认同，也彰显了中国对全球治理的巨大贡献。2018年3月，十三届全国人大一次会议表决通过中华人民共和国宪法修正案，并将“构建人类命运共同体”写入宪法序言部分。近年来，“构建人类命运共同体”又被写入联合国安理会决议、联合国人权理事会决议等。这一思想理念正日益凸显其时代价值，显示出强大的国际影响力、感召力、塑造力。

习近平主席在多个国际场合阐述了人类命运共同体的理念，贯穿其中的一条主线是把握人类利益和价值的通约性，在国与国关系中寻找最大公约数，接力抓住人类社会作为“类本质”的属性，以此作为打开世界未来之谜的钥匙。2015年9月28日，在第70届联合国大会上，习近平主席发表了题为《携手构建合作共赢的新伙伴　同心打造人类命运共同体》的讲话，强调“当今世界，各国相互依存、休戚与共，我们要继承和弘扬联合国宪章宗旨和原则，构建以合作共赢为核心的新型国际关系，打造人类命运共同体”，并首次对如何打造人类命运共同体进行了解读，提出了努力方向。2017年1月18日，习近平主席在日内瓦万国宫出席“共商共筑人类命运共同体”高级别会议，并发表题为《共同构建人类命运共同体》的主旨演讲，深刻、全面、系统阐述人类命运共同体理念。在第十三届全国人民代表大会第一次会议闭幕会上，习近平主席发表重要讲话并指出，“我们生活的世界充满希望，也充满挑战。中国人民历来富有正义感和同情心，历来把自己的前途命运同各国人民的前途命运紧密联系在一起，始终愿意尽最大努力为人类和平与发展作出贡献。中国将继续高举和平、发展、合作、共赢的旗帜，始终不渝走和平发展道路、奉行互利共赢的开放战略，为世界贡献更多中国智慧、中国方案、中国力量，推动建设持久和平、普遍安全、共同繁荣、开放包容、清洁美丽的世界，让人类命运共同体建设的阳光普照世界”。在2018年博鳌亚洲论坛年会上，习近平主席进一步指出，中国人民将继续与世界同行、为人类作出更大贡献，坚定不移走和平发展道路，积极发展全球伙伴关系，坚定支持多边主义，积极参与推动全球治理体系变革，构建新型国际关系，推动构建人类命运共同体。

“人类命运共同体”意识超越种族、文化、国家与意识形态的界限，为思考人类未来提供了全新的视角，为推动世界和平发展给出了一个理性可行的行动方案。相互依存的国际权力观、共同利益观、可持续发展观和全球治理观，为建设人类命运共同体提供了基本的价值观基础。习近平主席指出：“构建人类命运共同体，关键在行动”，并强调，要建立平等相待、互商互谅的伙伴关系，建设一个持久和平的世界；营造公道正义、共建共享的安全格局，建设一个普遍安全的世界；谋求开放创新、包容互惠的发展前景，建设一个共同繁荣的世界；促进和而不同、兼收并蓄的文明交流，建设一个开放包容的世界；构筑尊崇自然、绿色发展的生态体系，建设一个持久和平的世界。

人类命运共同体理念植根于源远流长的中华文明和波澜壮阔的中国外交实践，契合各国求和平、谋发展、促合作、要进步的真诚愿望和崇高追求，有着深刻丰富的理论内涵。这一理念体现了中华文明历经沧桑始终不变的“天下”情怀，以及将自身发展与世界共同发展相统一的全球视野、世界胸怀和大国担当。从“以和为贵”“以和邦国”“和衷共济”的和平思想，到“己所不欲，勿施于人”“四海之内皆兄弟”的处世之道，再到“计利当计天下利”“穷则独善其身，达则兼济天下”“合则强，孤则弱”的价值判断，再到“一枝独秀不是春，百花齐放春满园”“对话而不对抗，结伴而不结盟”“和而不同，世界大同”的天下为公情怀，是中华文化的重要基因，追求的不仅是中国人民的福祉，也是各国人民共同的福祉。打造人类命运共同体，正是对“世界大同”“天人合一”等中华文化的接续传承，同坚持独立自主的和平外交政策、坚持和平共处五项原则、坚持互利共赢的开放战略、坚持推动建设和谐世界等中国外交理念一脉相承。中国不仅坚持走和平发展道路，更敞开胸怀欢迎各国搭乘中国“快车”、共享发展机遇，以实际行动构建人类命运共同体，这是新时期中国特色大国外交的生动实践，是中国领导人基于对世界大势的准确把握而贡献的“中国方案”和“中国智慧”。

中国不仅是打造人类命运共同体的倡导者，也是实践者、贡献者和先行者。中国提出的“一带一路”倡议是探索新型全球化、改善全球治理、实现共同繁荣发展、构建人类命运共同体的伟大探索与实践。当前，“一带一路”建设将众多国家和地区紧密联系起来，激发参与各方持续发展的动力，激活了人类向好、向善、向新、向远的憧憬与期待，成为引领世界经济增长的重要力量，从多边、双边和国家等多层面推进人类命运共同体构建。“一带一路”正成为加强各国人民友谊的桥梁、纽带、平台和渠道，成为维护世界和平的润滑剂和稳定器，成为推动全球经济走出低迷的重要引擎。

正如习近平主席在2018年博鳌亚洲论坛年会主旨演讲中指出的，共建“一带一路”倡议源于中国，但机会和成果属于世界，中国不打地缘博弈小算盘，不搞封闭排他小圈子，不做凌驾于人的强买强卖。同时习近平主席进一步强调，“一带一路”建设是全新的事物，在合作中有些不同意见是完全正常的，只要各方秉持和遵循共商共建共享的原则，就一定能增进合作、化解分歧，把“一带一路”打造成为顺应经济全球化潮流的最广泛国际合作平台，让共建“一带一路”更好造福各国人民。

参考文献

[1] 韩青，高先民，张凯华．贸易战争——500年全球贸易进化史[M]．成都：四川教育出版社，2011.

[2] 托马司·孟．英国得自对外贸易的财富[M]．北京：商务印书馆，1965.

[3] 国宴兵．西方国际贸易理论：历史与发展[M]．杭州：浙江大学出版社，2004.

[4] 任烈．贸易保护理论与政策[M]．上海：立信会计出版社．1997.

[5] 徐梅．日美贸易摩擦再探讨[M]．北京：中国税务出版社，2016.

[6] 强永昌，权家敏．贸易摩擦与争端解决机制研究[M]．上海：复旦大学出版社，2015.

[7] 赵育琴．新贸易壁垒及其应对[M]．成都：西南财经大学出版社，2015.

[8] 徐滇庆，李昕．中国不怕[M]．北京：社会科学文献出版社，2011.

[9] 金圣荣．贸易战——全球贸易进化史[M]．北京：电子工业出版社，2011.

[10] 张玉卿．WTO案例精选WTO热点问题荟萃[M]．北京：中国商务出版社，2015.

[11] 王厚双．贸易战离中国有多远[M]．北京：经济日报出版社，2002.

[12] 中央编译局．列宁选集第1卷[M]．北京：人民出版社，1995.

[13] 佟家栋，周申．国际贸易学——理论与政策（第三版）[M]．北京：高等教育出版社，2014.

[14] 姜波克．国际金融新编（第五版）[M]．上海：复旦大学出版社，2012.

[15] 里斯本小组(著)．张世鹏(译)．竞争的极限——经济全球化与人类的未来[M]．北京：中央编译出版社，2000.

[16] 中国人民大学重阳金融研究院．G20与中国[M]．北京：中信出版社，2016.

[17] 林毅夫．解读中国经济[M]．北京：北京大学出版社，2014.

[18] [美]罗伯特·特里芬．黄金与美元危机自由兑换的未来[M]．北京：商务印书馆.

[19] 潘英丽．国际货币体系未来变革与人民币国际化[M]．上海：格致出版社，2014.

[20] [美]罗伯特·J. 希勒（著）．郭艳、胡波（译）．金融新秩序：管理21世纪的经济风险[M]．北京：中国人民大学出版社，2004.

[21] [英]亚当·斯密(著)．贾拥民(译)．国富论[M]．北京：中国人民大学出版社，2016.

[22] 海闻．国际贸易[M]．上海：上海人民出版社，2003.

[23] 薛荣久．国际贸易(第五版)[M]．北京：对外经济贸易大学出版社，2015.

[24] 彼得·林德特，查尔斯·金德尔伯格．国际经济学[M]．上海：上海译文出版社，1985.

[25] 金立群、林毅夫、李稻葵、余永定等. 布雷顿森林体系的历史、蜕变与

未来[M]．北京：中信出版社，2016.

［26］靳玉英，万超．论美国财政部对其贸易国操纵汇率的认定在汇率影响上的有效性[J]．国际金融研究．2009（04）：25–31.

［27］孙华妤，潘红宇．操纵人民币汇率的可能与现实[J]．世界经济．2010（10）：43–56.

［28］朱孟楠，赵茜，王宇光.人民币汇率变动的政治诱因——基于美国政治周期外溢效应的考察[J]．管理世界．2015（04）：38–51.

［29］崔凡．中美经贸关系的未来发展趋势[J]．中国外汇．2018（05）：15–17.

［30］姚博．美国“301调查”和中美“贸易战”[J]．亚太经济．2018（05）：45–52.

［31］彭波，中美贸易摩擦、关税保护与贸易对等[J]，济南大学学报（社会科学版），2018（05）.

［32］李明刚，金融危机后中美贸易摩擦的市场主体策略分析[J]，新疆社会科学，2013（03）.

［33］王有鑫，谢峰.新汇改以来人民币汇率走势、管理特征和框架[J]．新金融，2018（02）.

［34］王有鑫．美联储缩表对中国影响及对策[J]．清华金融评论，2017（11）.

［35］丁志杰．人民币贬值管理与影响[J]．新金融，2016（05）.

［36］管涛．尊重价值规律：人民币汇率形成机制改革未来之出路[J]．金融研究，2016（12）.

［37］孙伊然．后危机时代全球经济治理的观念融合与竞争[J]．欧洲研究，2013（05）.

[38] 徐秀军．逆全球化思潮下中国全球治理观的对外传播[J]．对外传播，2017（03）．

[39] 陈伟光．全球治理与全球经济治理：若干问题的思考[J]．教学与研究，2014（02）．

[40] 叶玉．全球经济治理体系的冲突与协调[J]．国际观察，2013（04）．

[41] 高虎城．反对贸易保护主义[J]．求是，2011（02）．

[42] 郑科扬．合力构建人类命运共同体，发展新型经济全球化[J]．世界社会主义研究，2017（03）．

[43] 耿瑛．经济全球化与贸易保护[J]．科技创业周刊，2006（03）．

[44] 王永、江耀生．论经济全球化下贸易自由与贸易保护[J]．经济师，2003（01）．

[45] 宗良、黄雪菲．新型全球化的前景、路径与中国角色[J]．金融论坛，2017（06）．

[46] 周文重．为更具包容性的新型全球化鼓与呼[J]．全球化，2016（10）．

[47] 陈志昂．经济全球化与“新特里芬悖论”[J]．经济理论与经济管理，2005（01）．

[48] 王秋玉．关于“特里芬”悖论和新“特里芬”悖论的思考[J]．经济研究导刊，2007（11）．

[49] 江山．特里芬悖论掩盖下的美国金融霸权及我国应对新思路[J]．浙江金融，2008（09）．

[50] 凌晓东．国际货币体系改革：难以跨越两个“悖论”[J]．世界知识，2009（01）．

[51] 许钊颖．《新资本论》连载系列五十八：卷一第十章布雷顿森林体系内在不稳定性的“特里芬悖论”[J]．IMI研究动态合辑，2016（12）．

[52] 郭晴、陈伟光．中国参与全球经济治理机制与战略选择的探讨[J]．国际经贸探索，2018（03）．

[53] 徐秀军．2018：全球经济治理的挑战与展望[J]．紫光阁，2018（01）．

[54] 沈伟．逆全球化背景下的国际金融治理体系和国际经济秩序新近演化——以二十国集团和“一带一路”为代表的新制度主义[J]．当代法学，2018（01）．

[55] 贺鉴、王璐．中国参与全球经济治理：从“被治理”、被动参与到积极重塑[J]．中国海洋大学学报（社会科学版），2018（05）．

[56] 高海红．布雷顿森林遗产与国际金融体系重建[J]．世界经济与政治，2015（03）．

[57] 李杰．从金融危机透视国际体系转型动向[J]．国际问题研究，2009（05）．

[58] 郭树勇．二十国集团的兴起与国际社会的分野[J]．当代世界与社会主义，2016（08）．

[59] 李晓、冯永琦．国际货币体系改革的集体行动与二十国集团的作用[J]．世界经济与政治，2012（02）．

[60] 范小云、陈雷、王道平．人民币国际化与国际货币体系的稳定[J]．世界经济，2014（09）．

[61] 管涛、赵玉超、高铮．未竟的改革：后布雷顿森林时代的国际货币体系[J]．国际金融研究，2014（10）．

[62] 王道平、范小云．现行的国际货币体系是否是全球经济失衡和金融危机的原因[J]．世界经济，2011（01）．

[63] 李稻葵、尹兴中．国际货币体系新架构:后金融危机时代的研究[J]．金融研究，2010（02）.

[64] 黄梅波、熊爱宗．特别提款权与国际货币体系改革[J]．国际金融研究，2009（08）.

[65] 陆磊、李宏瑾．纳入SDR后的人民币国际化与国际货币体系改革：基于货币功能和储备货币供求的视角[J]．国际经济评论，2016（05）.

[66] 肖立晟．人民币加入SDR货币篮子的影响及我国的未来行动策略[J]．经济纵横，2016（02）.

[67] 陶瑜．国际货币体系改革与人民币国际化[J] .国际论坛，2016（03）.

[68] 王煌、张秀英．技术创新、产业结构升级与国际贸易效应的实证分析[J]．统计与决策，2017（05）.

[69] 宗良、黄雪菲．新型全球化的前景、路径与中国角色[J]．金融论坛，2017（06）.

[70] 辜胜、吴沁沁、王建润．新型全球化与“一带一路”国际合作研究[J]．国际金融研究，2017（08）.

[71] 王义桅．“一带一路”2.0引领新型全球化[J]．中国科学院院刊，2017（04）.

[72] 竺彩华．全球化的反思与东亚经济一体化的未来[J]．国际观察，2017（05）.

[73] 季思．中国应积极倡导“新型全球化”[J]．当代世界，2016（08）.

[74] 刘英奎．中国已成为新型全球化的引领者、贡献者和示范者[J]．智慧中国，2017（02）.

[75] 李爱敏．“人类命运共同体”：理论本质、基本内涵与中国特色[J]．中共福建省委党校学报，2016（04）．

[76] 丛占修．人类命运共同体：历史、现实与意蕴[J]．理论与改革，2016（05）．

[77] 赵可金．通向人类命运共同体的“一带一路”[J]．当代世界，2016（06）．

[78] 明浩．“一带一路”与“人类命运共同体”[J]．中央民族大学学报(哲学社会科学版)，2015（11）．

[79] 高奇琦．全球治理、人的流动与人类命运共同体[J]．世界经济与政治，2017（01）．

[80] 陈向阳．以“人类命运共同体”引领世界秩序重塑[J]．当代世界，2016（05）．

[81] 于增成．当前国际贸易保护和贸易争端现状及我国对策分析[D]．济南：山东大学，2005.

[82] 马跃．大国崛起过程中的国际贸易摩擦研究[D]．大连：东北财经大学，2013.

[83] 李艳．论国际贸易理论的体系与发展[D]．哈尔滨：黑龙江大学，2005.

[84] 赵辰辉．中日贸易摩擦研究[D]．青岛：中国海洋大学，2008.

[85] 黄荣芳．行业协会在应对贸易摩擦中的作用及对策研究[D]．福州：福州大学，2006.

[86] 杜笑云．中美稀土贸易争端案例分析[D]．济南：山东大学，2016.

[87] 徐丽．英国1651年航海法研究[D]．长春：吉林大学，2012.

[88] 胡晴，论中国国际贸易纠纷司法解决机制的完善[D]，兰州大学，2014年.

[89] 林晨曦，中国反倾销行政诉讼制度问题研究[D]，清华大学，2015年.

[90] 郭璇．全球治理中国方案的话语建构与国际认知[D]．上海：上海外国语大学，2017.

[91] 杨珩．基于国际贸易、国际资本流动和国际货币体系视角的全球经济失衡研究[D]．吉林：吉林大学，2017.

[92] 卢锋．美国对华经贸政策转变——事实观察和根源分析．北大国学院.

[93] 高善文．处理中美贸易摩擦需要更系统性的思考．CF40双周内部研讨会第202期.

[94] Global Trade Alert. The 21st Global Trade Alert Report [R], 2017（7）.

[95] 赫荣亮．从容应对 打好四张牌[N]．现代物流报，2018/4/9 : A06.

[96] 王义桅．开创“新型全球化”[N]．北京日报，2017（4）.

[97] 王义桅．“一带一路”开创新型全球化[N]．文汇报，2017（3）.

[98] 姜超，梁中华．中美贸易冲突的影响有多大？海通宏观．2018/2/21.

[99] 商务部官方网站：http://www.mofcom.gov.cn/.

[100] 联合国官网（中文），https://www.un.org/zh/.

[101] 中国商务部贸易救济调查局网站http://trb.mofcom.gov.cn/.

[102] 汇率战的表现形式、盈利方式和攻击策略，http://www.bokee.net.

[103] 外交部官方网站：http://www.fmprc.gov.cn/web/.

[104] 中国政府网：http://www.gov.cn/.